アクティビスト

取締役会の野蛮な侵入者

OWEN WALKER

BARBARIANS IN THE BOARDROOM

オーウェン・ウォーカー

染田屋茂 訳

日本経済新聞出版

Barbarians in the Boardroom
by
Owen Walker

アクティビスト

取締役会の野蛮な侵入者

出典に関する注記

本書に取り入れている情報はほぼすべて、それぞれの事例に関わった人々への、多くは匿名を条件としたインタビューから得たものである。また同時に、企業と法律に関する公開文書、ならびに著者が入手した文書から得た情報も含まれている。二次資料が明記されていない限り、引用はすべて本書の下調べの過程で行われたインタビューにもとづいている。その他の情報源と参考文献は、巻末の「参考文献」を参照されたい。

謝辞

まずは本書で語られる挿話で中心的役割を果たし、寛容にも多くの時間を割いて、錯綜しがちな経緯をわかりやすく話してくれた多くの人々に感謝しなければならない。また、私の注文に応じて無償でデータファイルを用意するのに、多大な時間と労力を注いでくれた調査会社の何人かの人々、とりわけアクティビスト・インサイトのジョシュ・ブラックには心からの謝意を表したい。さらに、フィナンシャル・タイムズ出版の担当編集者クリス・カドモアは、最初の構想から執筆のあいだの指導まで、本書の着想を発展させていくうえで大きな助けになってくれた。

日常の業務を行いながら本書のための調査と執筆をする私に時間とスペースを与えてくれた、ニューヨークでの以前の上司アンディ・ウィルモットとダン・リンクにもお礼を言いたい。コーポレートガバナンス（企業統治）に関する百科事典的知識にもとづいた洞察を提供してくれたアマンダ・ジェラット、健康を保ち、常に冷静でいられるよう助言してくれたトニー・チャペル、その他アジェンダ社の元同僚、メリッサ・アンダーソン、リンゼイ・フロスト、マーク・ホーガン、ジェイク・サフェイン、リザ・ボッターにも感謝する。

最後に、家族の忍耐と支援にも感謝しておきたい。最初に本のテーマになりそうなアイデアを教えてくれた父親のジョン、それに母親のエドウィナはじめ、サンドラ、ジョー、ジャック、ローリー、エヴァ、ならびにシアマン家の男性たち、女性たち――クリフ、スー、ドロシー、アレックス、プリヤ、リー、ルーシー、マットへ。だが、一番に感謝を捧げるべきなのは、揺るぎない応援と励ましをくれた妻のサラだ。おいしい料理を欠かさず出してくれたことは言うまでもない。きみがいなければ、この仕事を完成できなかっただろう。

出版社からの謝辞

著作物の使用を許可してくれた各位に感謝する。

‘Starboard sweeps away entire Darden board’, Financial Times, 10/10/2014（Foley S）, © The Financial Times Limited. All Rights Reserved; ‘Valeant “a house of cards,” say Morgan Stanley emails’, Financial Times, 16/06/2014（Hammond E）, © The Financial Times Limited. All Rights Reserved; ‘Autonomy deal debacle takes toll at HP’, Financial Times, 4/4/2013（Nuttall, C; Waters R; McCrum D）, © The Financial Times Limited. All Rights Reserved; ‘Walgreens urged to leave US to gain tax benefit’, Financial Times, 13/04/2014（Hammond E）, © The Financial Times Limited. All Rights Reserved.

アクティビスト　取締役会の野蛮な侵入者　目次

I　はじめに

第1章　アクティビスト投資家とは何者か？　14

III　決着

Ⅳ 結論

I

はじめに

第1章　アクティビスト投資家とは何者か？

アクティビスト投資家（物言う株主）は、世評を大きく二分する存在である。ある者に言わせれば、彼らは資本主義の究極のヒーローであり、業績の悪い企業を懲らしめ、世の企業と取締役会に株主の利益を最優先して経営するよう仕向ける、アダム・スミスの愛弟子とも言える人々だという。逆に彼らを、目先しか見ず、欲望に煽られる現代社会をまさに体現した人々だと評する者もいる。手っ取り早く稼いで次の獲物に移る前に、人員と研究開発費を削減して、十分機能している企業から貴重な資産を剥ぎ取っていくだけの存在というわけだ。

アクティビストについては毀誉褒貶《きよほうへん》が相なかばする。日本の安倍晋三首相は自国への彼らの進出を歓迎しており、その存在が生気を失った取締役会の活性化に役立ち、ひいては停滞した経済の起爆剤になるだろうと述べている。一方ヒラリー・クリントンは、企業の長期的成長を犠牲にして、短期的決断を強制する「ひき逃げアクティビスト」と非難する。

最も著名なアクティビストは同時に、世界で最も崇拝され、最も恐れられる投資家である。アクティビスト・ヘッジファンドの少人数のエリート集団はいまや米国の、そして徐々に世界の大企業に対して無視しえぬ影響力をもつようになり、さらに力を伸ばし続けている。ここ一〇年のあいだに、アクティビストの圧力によって急激な改革を強いられた企業の数はますます拡大した。米金融情報調査会社ファクトセットのデータによれば、S&P500種株価指数採用企業（米国の最大手上場企業）の四〇％以上が二〇〇九年以降アクティビストの調査対象となり、一五％はアクティビストとの対立がおおやけになっている。

テクノロジー関連の巨人（マイクロソフト、アップル、ソニー）から長い歴史をもつ企業（サザビーズ、デュポン、ロールスロイス）まで、最大手の国際ブランド（プロクター・アンド・ギャンブル、マクドナルド、ペプシコ）から地域主体の事業（カナディアン・パシフィック鉄道、モリソンズ）まで、ありとあらゆるタイプの企業がアクティビストの圧力にさらされてきた。その評判と財力が高まるにつれ、アクティビストはさらに大きな獲物に対して、より大胆な活動を行えるようになっている。

普通、アクティビストのアプローチはどちらかといえば正攻法である。オーバーホールの機が熟したと思える企業を識別すると、その株式の一部（たいていは五％から一〇％程度）を取得し、その立場を利用して社内改革を行うよう働きかける。彼らはターゲット企業の取締役会や経営陣に、面談や書簡を通じて影響力を行使する一方で、さらに圧力を増すために、裁判所やメディア、他の株主とのつながりを利用する。

本書では、アクティビスト・ヘッジファンドがなぜこれほどの成功を収め、影響力をもつようになったのかを詳述していく。各章では、通常アクティビストが企業に何を要求し、どんなふうに企業の意思を曲げさせるかを確認する。近年で最も顕著なアクティビストの活動のいくつかを（その渦中にいた人々のインタビューを通じて）ケーススタディーすることで、アクティビストに狙われた世界最大手の企業がどう対処したのかを深く掘り下げていく。最後に、アクティビズムが今後どう進化していくのかを考察して締めくくるつもりだが、その前にまずアクティビスト投資の起源とおもな牽引役を見ていくところから始めよう。

企業乗っ取り屋からアクティビストへ

この世に公開企業がある限り、必ずその経営方針を左右しようとする敵対的投資家が現れる。世界初の株式公開企業で、最初の多国籍企業でもあるオランダ東インド会社でさえ、役員の選出方法だけに留まらない要求を突きつける小株主集団の圧力にさらされた。一六二二年にはそうした集団が、組織トップの背任行為と思われるものに世の関心を喚起しようと、小冊子を発行している。

もっとも、現代のアクティビストが用いる戦略の原点は半世紀少し前にある。一九四〇年代と五〇年代に米国経済が低迷するなか、株価を上げて株主に利益をもたらす、いわゆる株主価値の最大化に寄与できると考えるひと握りの投資家たちがいた。ルイス・ウォルフソン、トマス・メロン・エバンズ、レオポルド・シルバースタインといった投資家は、航空機用エンジン製造のプラット・アンド・ホイットニーや、金属生産のアレゲニー、映画スタジオの20世紀フォックスなどの企業をターゲットにした。彼らは経営陣を揺さぶり、議決権行使《プロキシー・ボーティング》キャンペーンを行って取締役会に代表を送り込む手法をとったことで、「プロキシティア」と呼ばれた。

当時の代表的なキャンペーンの例としては、一九五四年にウォルフソンがシカゴを拠点にする通信販売業者モンゴメリー・ワードの株式を六・五％取得したものがある。造船所などの競争の激しい事業の売買で財を成したウォルフソンは、八〇歳を過ぎた同社会長シーウェル・エイヴリーの追放を望んでいた。ウォルフソンはエイヴリーの蓄財志向と店舗閉鎖の方針が、モンゴメリー社がシアーズのようなライバル企業に後れをとる原因になっていると考えたのだ。

モンゴメリーの取締役会への代表送り込みを画策したウォルフソンのキャンペーンは、今日のアクティビストにいまなお大きな影響を与えている。ウォルフソンは全米九つの都市をめぐって、モンゴメリーの株主と会い、コーヒーを飲みながら自分のプランについて話し合った。彼は自社株の保有があまりにも少ないとモンゴメリーの経営陣を非難し、会社の利益が必ずしも株主全般の利益にはなっていないと主張した。また、的を射ていたことがのちにわかるが、ウォルフソンはキャンペーンの目標である取締役会の席を全部押さえられなくても、自分の投資は利益を生むと予言した。

一九五五年五月に行われたモンゴメリーの定時株主総会で、ウォルフソンの推す役員候補者のリストが三一％の票を集め、社内規定によって彼自身とあと二名の協力者が役員に選任された。議決の結果はウォルフソンのキャンペーンの全面的勝利とは言えなかったものの、多くの株主が現職の役員に投票すべきだと考えたのは、エイヴリー側が勝てばエイヴリー自身は引退すると聞かされたからだった。エイヴリーはまもなく正式に辞任した。後継者はウォルフソンの提案に従って、会社に蓄積された豊富な資金を使って事業を拡大し、株主への配当を増額した。株価は急騰し、このキャンペーンは株主アクティビズムの手本の一つになった。

一九八〇年代には、扇動的投資家の新世代が大挙して出現した。悪名高き企業乗っ取り屋である。

こうした投資家は、ウォルフソンやエバンズ、シルバースタインなどとは比較にならないほど攻撃的だった。彼らは映画『ウォール街』に登場するアンチヒーローで、「他にいい言葉が見つからないが、強欲は善だ」をモットーにするゴードン・ゲッコーのイメージそのものであった。T・ブーン・ピケンズ、アッシャー・エーデルマン、ロナルド・ペレルマン、サー・ジェームズ・ゴールドスミスといった乗っ取り屋は、買収されることを望まない企業の乗っ取り（敵対的買収提案という）を目指し、通常はそのために多額の資金を借り入れる。投資家が経営権を握った場合、たいていは経費削減を行い、借入金を返済するために企業の一部を売却し（資産引き剥がしという）、その過程で途方もない利益を手にする。こうした投資家は、巨大コングロマリットの多くは肥大化して無駄が多く、分割することで財を生み出せると考えており、最大手企業のほとんどが、会社全体より各部門の総和のほうが価値が高いと主張した。

過去にはよくあったことだが、乗っ取り屋は大量の株式を取得すると、企業と大株主に対して、高値で持ち株を買い取らなければ会社を分割すると迫った。こうした行為は「グリーンメーリング」（訳注：ドル紙幣の緑色と脅迫状を意味するブラックメールを合わせた造語）と呼ばれ、乗っ取り屋は欲張りで自己本位だという評判を強める結果になった。

だが、一九八〇年代を境に乗っ取り屋の時代は終わった。企業の弁護士が彼らを締め出す巧妙な防衛戦術をいくつか編み出したからだ。なかでも、ポイズンピル（毒薬条項）と呼ばれる株主権プランは最も効果的だった。投資家が企業の株式を一定比率（一〇％から二〇％程度が一般的）以上取得すると、この法的メカニズムが発動する。その時点で企業は新株を発行して市場にあふれさせ、敵対者の保有分の価値を下落させる。これによって、敵対的買収者が取締役会の意思に反して企業の経営権を握ることがほぼ不可能になる。企業はまた、バランスシート上の負債の金額を増やして、乗っ取り屋の目に魅力的なターゲットだと映らないようにすることまでした。

立法府の議員もまた、乗っ取り屋が経営権を握るのを難しくする法律を立て続けに制定して、攻撃される企業を支援した。そのうえ、一九八〇年代末から九〇年代初頭にかけて米国の株式市場が過熱して株価が高騰したため、企業を支配するのに必要な数の株式を買い集めることがますます難しくなった。

もっとも、企業乗っ取り屋自体も自分たちの凋落《ちょうらく》に一役買っている。いくつかの大きな買収が失敗に終わったために、巨額の借り入れをした敵対的投資家やその財政的支援者の損失が拡大したからだ。それと同時に、自分の投資銀行ドレクセル・バーナム・ランベールを通じてジャンク債市場で企業乗っ取り屋を支援していた、ゴードン・ゲッコーのモデルの一人でもあるマイケル・ミルケンが金融関連の罪で刑務所に送られると、そこからの融資も途絶えてしまった。

破竹の勢いのアクティビスト

世紀の変わり目を迎える頃には、ヘッジファンド業界は狂乱的とも言えるペースで成長していた。そのなかには、どの企業に改善の余地があるかを予測するだけでなく、企業に様々な改革を強いることで金を稼ごうとするヘッジファンドの小さなグループがあった。そうしたグループが中核となって、急速に成長するアクティビスト・ヘッジファンド業界が形づくられた。彼らも企業乗っ取り屋と同じく企業を揺さぶるのを好んだが、手法はルイス・ウォルフソンなど一九五〇年代の「プロキシティア」のほうに近かった。新世代のアクティビストの多くは、一九八〇年代から九〇年代にかけて企業乗っ取り屋と行動をともにして経験を積んでいた。ただし、そういった新しいタイプの人間は、企業をまるごと乗っ取ることにさほど関心がなかった。比較的少量の株式を取得し、他の投資家やアドバイザー、メディアなどと協調して改革を促すために影響力を行使した。

ターゲットにした企業の株式の保有を少量にすることで、アクティビスト・ヘッジファンドは企業乗っ取り屋より少ない資金でキャンペーンを始められる。保有株式が少なければ、企業に関わることも離れることも比較的容易になり、数多くの企業をターゲットにすることもできる。もう一つ、ヘッジファンドが少量の株式を好むのは、ポイズンピルの発動を防げるからでもある。

企業乗っ取り屋が札束をおもな武器にしたのとは違い、ヘッジファンドはターゲット企業の弱点を暴くことにキャンペーンの焦点を絞る。そうした弱点は、コーポレートガバナンス（企業統治）として知られる、会社経営を管理監督する仕組みを規定する組織構造やルール、あるいは企業戦略や経営資源の配分方法と関連することが多い。そこでアクティビストは他の株主に、もっと別の優れた企業経営のプランがあり、ひいてはそれが株主全体の利益の増加につながると信じ込ませようとする。自分と支援者の利益のためにのみ行動しているのを隠そうとしない企業乗っ取り屋とは違って、アクティビスト・ヘッジファンドは全株主のために企業の業績改善を目指していると主張する場合が多い。

アクティビストは手始めに中小企業をターゲットにし、普通は世間の目に触れないように行動する。小規模の企業であれば、さほど資本を投下しなくても相当量の株式を取得できる。当初アクティビスト・ヘッジファンドは、経営がうまくいっておらず、どのみち変化が必要な小企業に狙いを定める無定見なご都合主義者と見られていた。その活動が広く関心を引くのは、ターゲットを特に辛辣に批判したときだけだった。

だが、二〇〇〇年代初頭に続けざまに起きて注目を浴びたエンロンやワールドコムの倒産をはじめとする企業スキャンダルが、思いがけずアクティビストの背中を押すことになった。米国政府はこうした出来事に対処するために、二〇〇二年、企業の経営方法の改善を目的とする多くの条項を含むサーベンス・オクスリー法（SOX法）を制定し、その中心にコーポレートガバナンスの原則を置いた。米国の株式市場の監視役である証券取引委員会（SEC）も、証券取引だけでなく、取締役会の役割と責任を体系化する努力を行った。

スキャンダルは、受託者責任の履行と経営管理の監督を怠ったとして非難された取締役会や、企業の真の所有者としての責任をなおざりにしたと追及された大株主をひどく困惑させた。この頃には、ほとんどの企業の株式は個人や一族ではなく、機関投資家がその大半を握るようになっていた。そうした投資家には大きく分けて二種類ある。一つは、アクティブ運用を行うオープンエンド型の投資信託《ミューチュアル・ファンド》や年金基金、ヘッジファンド、大学基金といった、企業を選んで投資し、業績が気に入らなければ持ち株を売り払う機関であり、もう一つは、企業の業績に関係なく、一定の指数《インデックス》内のあらゆる企業に投資を行うパッシブファンド、ないしはインデックスファンドと呼ばれるものである。

その結果ほとんどの企業が、長期にわたって投資を維持し、ビジネスの継続的な成功に関心を抱く大株主を失うことになった。企業スキャンダルによって、投資家は企業の経営方針にそれまで以上に強い関心を寄せなければならなくなり、そこへアクティビスト・ヘッジファンドが、我こそがこの問題に対する有望な解決策であると名乗り出た。大手の機関投資家もまた自前のコーポレートガバナンスチームに金をかけ、投資先企業の経営がうまく行われるよう積極的に関与できるようにした。

二〇〇七年から〇八年にかけて起きた世界金融危機が、アクティビストに思いがけない恩恵をもたらした。当初はそうしたヘッジファンドの多くが、投資先の企業価値下落と、投資家の自ファンドからの資金引き揚げに苦しんでいたが、騒ぎが収まると、生き残ったアクティビストには新たなチャンスが生まれたことが明らかになった。

この危機によって企業の抱える多くの問題が白日の下にさらされたおかげで、アクティビストは自分たちの改善案を支援するよう他の株主を説得するのが容易になった。株価の下落によって、大企業にもアクティビスト・ヘッジファンドの手が届くようになった。また、有力な議決権行使助言会社もアクティビストを後押しして、パッシブ投資家に取締役選任の際にどう票を投じるべきかを推奨し始めた。

それに加えて、世界金融危機によって世間やメディアが企業の経営ミスに以前より厳しい目を向けるようになっていた。なかでも過大な経営者報酬などは、アクティビストにとって絶好の攻撃材料になる。世界各国の政府が「報酬に対する発言権」、つまり最高経営責任者（ＣＥＯ）の報酬について株主が口出しをできるようにした法律を制定したことも、この問題への関心と監視の目を強める助けになった。企業経営陣と株主の関わりが以前より深まり、取締役会は報酬規定についても株主の広範な支持を得なければならなくなったのだ。

世界金融危機以降、多くのヘッジファンドが（全部ではないが）並外れて高い成果を上げ、彼らの高い報酬を差し引いても、市場との競争に負けないようになった。同時に大胆さも増して、さらに大きなターゲットに狙いをつけることで世間の目を集め始めた。この二つの流れによって、アクティビスト・ヘッジファンドに流れ込む金もふくれ上がり、最大手の企業さえ狙えるようになった。

ではここで、あとの章で重要な役割を果たすことになる著名アクティビストを簡単に紹介しておこう。

カール・アイカーン――アクティビストのゴッドファーザー

カール・アイカーンは、企業乗っ取り屋時代から生き残っている大物投資家である。一九七〇年代末に頭角を現した彼は、いまでは最も名の知られたアクティビストとなり、米国で第二〇位（世界で第三一位）の富豪へ上りつめた。なかでも一九八五年のトランスワールド航空（TWA）との熾烈な戦いの際には、TWAの社長兼CEOをして、「地上で最も強欲な男の一人」と言わしめたほどだった。TWAに対する敵対的買収を成功させると、その資産の大半を売却して買収のために借りた金を返済した。数年後にはTWAを非公開企業にし、四億六九〇〇万ドルの個人的利益を得て、会社に五億四〇〇〇万ドルの負債を残した。それもアイカーンが主導する、世間を騒がせた非情な取引の一端にすぎなかった。

八〇代になったいまも持ち前の粘り強さを失っていないが、その手法はレバレッジド・バイアウト（訳注：買収先企業の資産または将来のキャッシュフローを担保に資金調達して行う企業買収）から、ヘッジファンド・アクティビズムへと変化した。ターゲット企業やその経営陣に対しては昔と変わらぬ攻撃的で尊大な態度をとるものの、コーポレートガバナンスの原則や株主の権利を強く主張するアイカーンの評価はふたたび高まっている。彼の投資ポートフォリオには、二〇一四年の原油価格暴落で彼の資産に深刻な打撃を与えたエネルギー関連企業数社も含む幅広い業界の企業が含まれているが、近年はシリコンバレーに焦点を絞った投資が際立った成功を収めている。二〇一四年に電子商取引大手イーベイが決済大手ペイパルの分離を決めた際も、アイカーンが重要な役割を果たした。その一方で、最大の投資先であるアップルへは執拗に投資を続け、この世界最大の企業から数千億ドルの株主還元を引き出した。

アイカーンはよく、狙いをつけた企業のCEOを自宅に招いて夕食を振る舞う。あるとき、ディスカウント販売のファミリー・ダラーのCEOに食前酒を勧めると、CEOは「私はマティーニに目がないんだ。飲みたいのはやまやまなんだが、今夜は分別を失わないようにしなければね」と応じたと、アイカーン自身が二〇一五年にニューヨーク・タイムズ紙の金融情報サイト「ディールブック」で語っている。それに対して、この大物アクティビストはこう答えたという。「そんなことをしても無駄だよ」

ポール・シンガー——借金国家の悩みの種

ポール・シンガーのエリオット・マネジメントは、世界で最も成功したアクティビスト投資会社の一つであるが、その名を世に知らしめたのは財政難に陥った国々の政府との戦いだった。エリオット社は苦境にある政府の債務を安く買い取り、売却して大きな儲けを得るか、債券発行体を訴えて全額払い戻しを保証させる手法をとる。二〇〇一年のデフォルト（債務不履行）をめぐるアルゼンチン政府との長期にわたる係争は、最終的に米国最高裁にまで持ち込まれた。エリオット社はアルゼンチン大統領クリスティーナ・フェルナンデス・デ・キルチネルに「ハゲタカ」と名指しされ、一時はこの南アメリカ国家における公敵ナンバーワンにもなっている。その最中には、要求に応じなかったアルゼンチンの海軍艦艇をこのアクティビスト投資会社が差し押さえる事件も起きた。エリオット社は他にもペルーやコンゴ共和国の公的債務にも同様の投資を行ってきた。

エリオット社のアクティビズム活動はおもに、シトリックス・システムズやリバーベッドテクノロジー、ジュニパー・ネットワークス、インフォマティカといったバックエンド技術会社を専門に扱ってきたジェシー・コーンが指揮をとっている。ここ何年か、この会社はアジア企業をターゲットにする数少ないアクティビスト会社の一つとなり、普通は見逃されがちな韓国の市場に特化している。二〇一五年には、二つの子会社を統合しようとするサムスンの計画に異を唱えて戦ったこともあった。ヨーロッパについては、フランスでは通信システムと装置のアルカテル・ルーセント、ドイツではクレーン製造・販売大手のデマーグ・クレーンズやボーダフォン・グループのカベル・ドイチェランド、医薬品卸売のセレシオなどをターゲットにしている。

投資以外に目を向けると、ジンガーは米国共和党の大口献金者で、ジョージ・W・ブッシュとミット・ロムニーの選挙運動にそれぞれ多額の資金を提供した。また、ゲイの法的権利や同性婚の拡大運動にも少なからぬ寄付を行っている。

ネルソン・ペルツ——自称・構成主義アクティビスト

ネルソン・ペルツは、一九八〇年代の企業買収の世界に深く関わった人物の一人だ。彼はスキーのインストラクターになるために大学を中退し、その後家族が経営する食料品卸売会社で働き始めた。父親の経営理念である「売上増加、経費削減」をモットーに、一連の取引を通じて業績を伸ばし、一九七八年に会社を売却した。一九八〇年代に入るとピーター・メイと共同で仕事を始め、長きにわたるパートナーとなる。二人は少しずつ規模を拡大しながら、借金をして企業を買収し、経費削減を行って業績を回復させてから売却して利益を得る事業を広げていった。

二〇〇五年に、ペルツとメイはトライアン・パートナーズを設立した。ペルツは二〇〇六年の独立記念日に、ネイサンズ国際ホットドッグ早食い選手権のテレビ中継を見ていて、ハインツ社をターゲットにすることを思いついた。ケチャップ製造業者であるのに、この高視聴率番組に目立つ広告を打っていないのはおかしいと考えたからだ。これが、トライアン社が二度仕掛けた委任状争奪戦の一つとなった。一年後、トライアン社は取締役会に二つの席を獲得、ハインツ社のロゴが早食い選手権の放送中ずっと目立つ場所に映し出されることになる。ペルツは、「構成主義アクティビスト」アプローチと称する手法を誇りにしており、これまでトライアン社が取締役会に席を得て、内紛を世間に知られることなく企業改革を求めた相手には、食品メーカー大手のクラフトやモンデリーズ、ペプシコ、ニューヨーク・メロン銀行、資産運用会社のレッグ・メイソンなどがある。

二〇〇六年にトライアン社がウェンディーズをターゲットにしたときは、ペルツ自身がこのファストフード・チェーンの取締役会で、カリフォルニア州でライバル関係にあるイン・アンド・アウト・バーガーと比較するプレゼンテーションを行った。彼はその場に、それぞれの店の昼食時の外観を撮影したポスター大の写真を持ち込んだ。イン・アンド・アウト・バーガーの店舗の写真にはまるまる一ブロック分の列ができていたが、ウェンディーズの店はがらがらだった。ペルツはまた、空輸したハンバーガーを役員室に運ばせ、あっけにとられる取締役の前で味見を行うことまでして、ウェンディーズの商品が劣っているという自説を実証してみせた。ペルツはのちにウェンディーズの会長に就任する。

ダン・ローブ——大量破壊の書簡

ダン・ローブは、経済メディアに人気のある新種のアクティビストを代表する人物である。彼は企業の取締役会との戦いを、トライアスロンやマラソンのレースに出場したり、アシュタンガヨガの瞑想にふけったり、インドネシアでサーフィンをしたりするのと変わらないリラックスした雰囲気で行うことができる。現に、彼が設立したヘッジファンド、サード・ポイント社はカリフォルニア州マリブにある人気のビーチ、サーフィンポイントの名に由来する。もっとも、仕事を離れて行うそうしたくつろいだ活動からは、彼のプロとしての本性をうかがい知ることはできない。

ローブが注目されるようになったのは、みずから「大量破壊の書簡」と名づけた文書によるところが大きい。彼は書簡で投資先企業の経営者や役員を直接攻撃し、そのあとメディアに広く取り上げられるように、関連資料と合わせて文書を公開する。二〇〇五年のスター・ガス・パートナーズCEO

アイリック・セビン宛ての書簡で、ローブはこう忠告している。「あなたはそろそろCEOと取締役の地位を降りるべきだ。それがあなたにできる最善のことである。ハンプトンズの海辺のマンションに隠棲し、お仲間の名士たちとおしゃべりをしたり、テニスをしたりすればいい。あなたが生み出した混乱の修復は、プロの経営者と業績に利害関係をもつ人々にまかせるべきだ」

未公開株式《プライベート・エクイティ》投資から始めて、経営不振企業の株式や社債を安価で買い取るディストレスト投資のアナリストになると、ローブは家族や友人から三三〇万ドルをかき集めて、一九九五年にサード・ポイント・パートナーズを設立した。それから一〇年ほど、おもに小規模の企業をターゲットにして、会社の資産と自身の評価を築き上げた。会社は世界金融危機で大きな打撃を受けたが、ローブは大企業を対象に大きな賭けを繰り返すことで会社の資産の回復を自力でなし遂げた。

ここ何年か、日本にアクティビズムのブランドを持ち込もうとするローブの、ターゲット企業に対する発言の辛辣さは、大幅にトーンダウンしている。二〇一三年には、サード・ポイント社がソニーにエンターテインメント資産を分離させようとして、俳優のジョージ・クルーニーの怒りを買った。クルーニーはエンターテインメント系ウェブサイトの「デッドライン・ハリウッド」で次のように述べた。「『ローブは』アクティビストを自称しているが、私なら彼を、カーペット・バッガー（訳注：南北戦争後に米南部に移住して搾取の限りを尽くした北部人を指す）と呼ぶだろう。映画スタジオに恐怖を蔓延させて『高額予算《ビッグバジェット》のものしか』作品をつくりたがらないようにさせている張本人だからだ」。それでもローブは、日本で安倍晋三首相という盟友を得た。

ラルフ・ホイットワース――コーポレートガバナンスの専門家

アクティビストには攻撃的戦術で知られる者が少なくないが、ラルフ・ホイットワースの商売道具は企業の経営方法に対する関心と専門的知識である。一九九〇年、彼はコーポレートガバナンスの慣例の大幅な見直しを提唱する論文を発表した。その二年後、米国証券取引委員会はそれらの提案の多くを採用し、アクティビストに門戸が開かれるきっかけになった。二〇〇七年にホイットワースは、CEOの報酬が会社の株価動向と合致しないと言って、ホーム・センター大手、ホーム・デポのCEOと四人の役員の交代を要求した。

もっともホイットワース本人は、対決姿勢を鮮明にする同業者ほど知られておらず、むしろ危機の際にそばに置くと便利なコーポレートガバナンスのエキスパートと見られるほうがはるかに多い。彼はこれまで一一の企業の取締役を務め、会長として難局の舵取りをしたこともある。たとえばウェイスト・マネジメントが一九九九年に経理とインサイダー取引に関する危機を乗り切れたのは、当時取締役で、のちに会長となるホイットワースの手腕によるところが大きい。その一四年後にヒューレット・パッカードで同様のことが起きたとき、やはりホイットワースが取締役会に名をつらねていた。

一九九六年に、ホイットワースはデビッド・バチェルダーとともに、リレーショナル・インベスターズを創立した。二人とも一九八〇年代に、企業乗っ取り屋のT・ブーン・ピケンズのもとで働いた経験がある。設立当初から米国最大の年金基金であるカリフォルニア州職員退職年金基金（カルパース）がリレーショナル・インベスターズに投資し、その後も投資を継続していたが、近年は表向きにはヘッジファンドと距離をとる姿勢を見せている。二〇一四年に、リレーショナル・インベスターズは取引を段階的に縮小し、投資物件を売却していくと発表した。その年の初頭に喉頭がんを再発させたホイットワースが無期限の休暇を取って会社と距離を置いたせいだった。

投資業務を離れたホイットワースは、ときおりとっぴな行動をして、経済関係以外のメディアをにぎやかしている。二〇〇三年、現在の妻の五〇歳の誕生日には、ポール・マッカートニーの貸切公演を行って妻を驚かせた。彼はこの公演のために、地雷除去と犠牲者救済を目的としたチャリティーに一〇〇万ドル寄付しなければならなかった。その一二年後の本人の六〇回目の誕生日には、またしても私的な集まりでローリング・ストーンズに演奏させた。このときの費用は三〇〇万ドルかかったという。

ジェフリー・アッベン――長期投資家

おおかたの投資家とは違って、ジェフリー・アッベンはフィデリティに入社して、投資信託業務からキャリアをスタートした。そうした背景があるために、アッベンは投資を考えるときに並外れて長期的な見通しをもてるようになった。フィデリティでバリュー・ファンド（訳注：株価の割安な銘柄を対象に投資する投資信託の総称）の運用に従事し、伝説的証券アナリスト、ピーター・リンチの影響を受けたのち、未公開株式投資会社ブラム・キャピタル・パートナーズに移り、二〇〇〇年にジョージ・ハメルと共同でバリューアクト・キャピタル・マネジメントを創立した。アッベンは自社の投資に未公開株式投資の手法を採用し、ポートフォリオは一五社程度の企業に絞り、平均五年を原則に投資を行うことにした。

バリューアクト社は、医療やテクノロジー、情報サービスなどの知的財産権を保有する企業をターゲットにした。また、投資先企業の役員や経営幹部だけでなく、機関投資家とも強力な関係を結ぶことに注力した。将来活動を行う際に、広範な株主層とターゲット企業自体から支持を得るのに不可欠だと考えたからだ。

会社を創立して数年後、アッベンはそれまで経験しなかった大きな難問にぶつかる。バリューアクト社は米国のテレビで重用される大物パーソナリティーが経営する会社、マーサ・スチュワート・リビング・オムニメディアに多額の投資を行っていた。マーサ・スチュワートがインサイダー取引に関与した廉《かど》で有罪になり、五カ月間収監されたとき、バリューアクト社は第二位の出資元になっていた。株価は急落し、会社再生を委ねられたアッベンは、マーサの会社の会長に就任した。このときの経験を、アッベンはウォール・ストリート・ジャーナル紙に「まるで中国式水責め（訳注：人間の頭部に長時間水滴を垂らし続ける拷問方法）だった」と述べている。それ以来バリューアクト社は、同じく業績不振に陥った食品大手のサラ・リーや情報サービス大手のトムソン・ロイターに対して、舞台裏から企業改革を促すようになった。また、マイクロソフトやアドビ・システムズ、モトローラ・ソリューションズなどの取締役会にも代表を送り込んでいる。

バリー・ローゼンスタイン――外柔内剛アプローチ

バリー・ローゼンスタインも、一九八〇年代に金融界で経験を積んだアクティビストである。メリルリンチに勤めたあと、敵対的買収のスペシャリストとして伝説的存在だったエーデルマンに見込まれて、その傘下で働いた。一九九〇年代は、サンフランシスコで自前のプライベート・エクイティ投資会社を経営し、その後二〇〇一年にニューヨークへ戻って、ジャナ・パートナーズを創立した。

企業をターゲットにしても、ジャナ社は常に舞台裏から働きかけを行い、表面に出ることは稀だった。ローゼンスタインのアクティビズム手法は、外柔内剛を特徴としている。セーフウェイにキャンペーンを仕掛けたときは、三〇億ドルを投資したうえ、このスーパーマーケット・チェーンに低業績の地域からの撤退を迫った。セーフウェイはこの要求に応じて、七〇店舗を閉鎖し、六〇〇〇人の従業員をレイオフした。セーフウェイの株価は急上昇し、のちに未公開株式投資会社に買収された。ジャナ社はまた、出版社のマグロウヒルやマラソン・オイルといった企業に事業部門を分社化させるキャンペーンも成功させている。二〇一五年には、半導体大手のクアルコムに二〇億ドルを投資して、会社の分割を強く求めた。クアルコムはジャナ社の要求に対して、取締役会の席を二つ明け渡し、経費削減と経営幹部の報酬制度の変更で応じた。

ローゼンスタインはダン・ローブと同様、ヨガにのめり込んでいる。この二〇年間、自分で建てたスタジオで週に六日、朝二時間半ほどヨガの実践を行ってきた。二〇一四年には、ハンプトンズの海辺の所有地に一億四七〇〇万ドルかけて、当時全米で最も高価と言われた自宅を建てた。もっとも、不動産だけが彼のおもな支出ではない。ニュージャージー出身のローゼンスタインがバロンズ誌のインタビューで語ったところによれば、彼は一六〇回以上世界中の会場に足を運び、ブルース・スプリングスティーンの公演を観ているという。

クリス・ホーン卿――英国の慈善家アクティビスト

自分のヘッジファンドをザ・チルドレンズ・インベストメント・ファンド（TCIとして知られる）という社名にしたクリス・ホーン卿のネーミングは、多くの人からマーケティングの神技と見なされている。これほど健全そうな名称であれば、どんな会社でも欲しがるに違いない。この社名は、かつてこのヘッジファンドの慈善事業部門であり、ビル・クリントンなどから称賛を受けたザ・チルドレンズ・インベストメント・ファンド財団との歴史的関係に由来する。ホーンと当時の妻が二〇〇二年にこの慈善事業を創設して以来、ヘッジファンドは財団に一二億ポンドの寄付を行ってきた。財団はその金を、HIVやエイズ関連のプロジェクトなど、全世界の子どもの福祉のために使った。もっとも世間を騒がせてホーンと妻が離婚すると、ヘッジファンドと財団の公式のつながりは断ち切られた。離婚は二〇一四年、当時英国で最高額となる三億三七〇〇万ポンドの慰謝料で成立した。

とはいえ、ホーンのネーミングやもともとの博愛主義は、決して彼のアクティビズム手法を言い表したものとは言えない。ホーンはあまり目立たぬようにビジネスをするのを好んではいるが、それでもヨーロッパで最も畏怖される投資家の一人として知られている。証券取引所運営と金融サービスを行うドイツ取引所が二〇〇四年にロンドン証券取引所との経営統合を検討していたとき、TCIはドイツ取引所の主要株主だった。この動きに納得がいかなかったホーンは、買収を阻止するキャンペーンを行って成功させ、最終的にドイツ取引所のCEOと会長を失職させている。ホーンは世界金融危機直前の二〇〇七年に、オランダのABNアムロ銀行を分割して本体を売却する動きにも貢献した。

近年、TCIの業績はジェットコースターもどきの変動を見せている。二〇〇〇年代なかばには巨額の利益を得ていたのに、二〇一〇年は散々な年《アナス・ホリビリス》になった。それでもTCIの評価は、英国の郵便大手ロイヤル・メール（この会社が二〇一三年に株式公開を行って以降、TCIが最大の出資元になっている）や欧州航空防衛大手のEADS（のちにエアバス・グループ）、メディア大手のニューズ・コーポレーションへの投資を成功させてから上向いている。二〇一五年には世界で最も成功したヘッジファンドの一つになり、同業各社が悪戦苦闘するのを尻目に年間収益率を一四％に伸ばした。

ビル・アックマン——大金をつぎ込むアクティビスト

ビル・アックマンは大胆な賭けを繰り返し行うことでキャリアと評判を築いてきた。常に目論見どおりの結果を得たわけではないが、だいたいは大きな利益を手にして取引を終えている。ハーバード大学のMBA（経営学修士）を取得してわずか三年後の一九九五年、アックマンは最初の賭けに出た。共同で設立した投資会社ゴッサム・パートナーズを通して、同じ投資会社のルーカディア・ナショナルと組み、マンハッタンの象徴とも言えるロックフェラーセンターの入札に参加した。入札は不成功に終わったものの、ゴッサム社の評価はうなぎ上りとなり、生まれたばかりの会社はその後三年間で五億ドルの投資金を集めた。

一〇年後、アックマンはもう一度大きな賭けに出る。今度は、世界最大の金融保証会社MBIAが相手だった。彼はMBIAの債務に対するクレジット・デフォルト・スワップ（訳注：企業などの信用リスクを取引する金融商品）に巨額の投資を行い、二〇〇八年の世界金融危機の際に大きな利益を得た。それ以前に、彼は自分のアクティビスト・ヘッジファンド、パーシング・スクエア・キャピタル・マネジメントを立ち上げ、これを通じてウェンディーズや、ディスカウントストアのターゲット、百貨店大手のJCペニーなどに対してキャンペーンを仕掛けた。ところが、JCペニーに対するキャンペーンはうまくいかず、パーシング社は五億ドルを超す損失を出した。それでも二〇一二年にカナディアン・パシフィック鉄道に仕掛けたキャンペーンでは、アックマンの分も含めて七つの取締役会の席を手に入れ、カナディアン鉄道のCEOを辞職に追い込んだ。これはカナダで最も成功したアクティビスト・キャンペーンとして広く知られている。

これまでにアックマンが行った最も大きなギャンブルの一つは、健康食品大手のハーバライフに対するネガティブ・キャンペーンだった。二〇一二年、彼はこの会社に対して一〇億ドルのショート・ポジション（売り持ち）を取ったと発表した。要は、株価の下落に賭けたわけである。その後、彼はメディアに対して、この会社は事情にうとい貧しい人々を餌食にするマルチ商法を行っていると決めつけ、株価は下がると主張した。だがこの行動は、ハーバライフの最大出資者二人――同じアクティビストのカール・アイカーンとダン・ローブとの直接対決を招くことになった。アックマンは二〇一四年に、三時間半に及ぶ反ハーバライフの大仰なプレゼンテーションを行ったが、世間を納得させることはできず、そのあいだに株価は二五％上昇した。

ジェフリー・スミス――CEOが最も恐れる投資家

ジェフリー・スミスは大手のヘッジファンドで働いて学んだことを活かし、自分の会社を立ち上げようと決意した新世代のアクティビストの典型である。フランスの銀行大手ソシエテ・ジェネラルのM&A（合併・買収）部門で短期間働いたのち、父親の所有するジュース製造会社を数年経営してから、一九九八年に二一〇〇万ドルで売却した。その後、投資運用会社のラミアス・キャピタル・グループに勤め、数年後にはこの会社のアクティビスト戦略チームを率いる立場になった。ラミアス・キャピタルは二〇〇八年に、投資銀行と金融サービス大手のコーワン・グループを買収している。

二〇一〇年、スミスはピーター・フェルド、マーク・ミッチェルとともにアクティビスト戦略チームをラミアス・キャピタルから分離して別会社化し、スターボード・バリューを立ち上げた。この会社は最も多忙なアクティビストとして知られ、いちどきに仕掛けるキャンペーンの数では他のどんなファンドにも負けなかった。フォーチュン誌は、スミスを「CEOが最も恐れる投資家」と呼んだ。企業に狙いを定めたときの容赦のなさと、相手の弱みを見つける細部までの目配りが、彼の特徴と言われている。

スターボード社が仕掛けた最初の大きなキャンペーンは、二〇〇一年と〇二年にネット企業の老舗、AOLに対して行ったものだった。取締役会の席を確保しようとするスミスの企ては結局失敗に終わったが、プレッシャーを受けたCEOのティム・アームストロングがローカル・ニュース・ウェブサイトのネットワークを独立させて株主に利益を還元したことで、AOLの株価は二五〇％上昇した。続いてスターボード社は、事務用品大手のオフィス・デポに矛先を向け、スミスは取締役会に三つの席を確保したうえ、CEOのニール・オーストリアンを辞職に追い込み、予告どおりに同業のオフィスマックスとの合併を成功させた。だが、スミスとスターボード社の活動で、全米の取締役会を最も震撼させたのは、二〇一四年にダーデン・レストランツの取締役を全員追放し、スミスが会長に収まることになったキャンペーンだった。

第2章　アクティビストは何を求め、どうやってそれを手に入れているのか

アクティビストが求めるもの

企業のトップに誰を据えるか、どんな経営をするかの最終判断を行う、実業界の聖域ともいうべきものが取締役会である。近年、その聖域の壁に風穴を開けようとするアクティビストの試みが信じ難いほどの成功を収めている。金融情報調査会社ファクトセットによれば、二〇一〇年から一五年のあいだに、アクティビストは全米の一五二六社に対して取締役会の席を手に入れる試みを行い、うち五八一回成功させている。取締役会の席を要求するキャンペーンは通常メディア注視のもとで行われ、よくある個性のぶつかり合いや公開論争は大見出しに格好の材料を提供する。政治の選挙と同様、企業の定時株主総会における株主の議決権行使のドラマは、キャンペーンの白熱した戦いの掉尾《ちょうび》を飾る興奮の大団円となる。

取締役会の席の要求は（といっても、実のところ取締役会に代理人を送るキャンペーンを始めるぞと脅すことなのだが）ほとんどの場合、目的を達成するための手段にすぎない。ヘッジファンドが取

締役会内部に代表を送り込めれば、会社の今後の方針に影響力をもつことになり、地位を失うことを恐れる現職の役員がアクティビストの要求を進んで受け入れるようにもなる。

ここ数年で注目を集めたキャンペーンのいくつかについては、あとで詳細に見ていくことにするが、どの場合もアクティビストは取締役会の席を要求し、程度の差はあれ成功している。とはいえ、ほとんどすべての事例において、取締役会への参加はアクティビストの目的の一つでしかなかった。そうしたキャンペーンを細かく検証する前に、まずはアクティビストがターゲット企業にどんな要求をしたか、どうやってその要求をのませたかを見ていくとしよう。

コーポレートガバナンスは変貌する

アクティビストは、コーポレートガバナンスが貧弱なターゲット企業に対する効果的な戦術を発見している。役員報酬が高すぎる企業がその一例で、そうした高額の報酬は株主の利益と相反し、その額を決めた役員は経営陣寄りと見なして攻撃できる。

コーポレートガバナンスをキャンペーンの主要な争点にすれば、アクティビストは広範な層から支援を得られる。大変強い影響力をもち、賛否が争われる議決の際にどちらに票を投じるべきかを大株主に指南する議決権行使助言会社は、何よりコーポレートガバナンスの強化に重きを置く。彼らは、自分たちがおもに反対する経営方針がどれか、もし議決権を与えられたらその方針と役員の選任に反対票を投じるかどうかを明確に示してみせる。また、社会的な責任を負う年金基金や組合、専門投資ファンドなどの株主グループも、企業改革に焦点を絞ったキャンペーンの場合は、アクティビストを支援することが多い。

アクティビストはこれまで、一九八〇年代の企業乗っ取り屋の敵対的買収に対する防衛策を導入した企業をターゲットにすることが多かった。そうした防衛策には、ポイズンピルや、敵対的買収者に取締役会全体を一気に乗っ取られないために全役員の再選を毎年行わないようにする期差取締役会制などがある。それらは乗っ取りを防ぐには効果的だが、株主にはおおむね不人気である。株主からすれば、取締役会の株主に対する説明責任に限界を設けたり、取締役会の固定化に拍車をかけたりするものだからだ。

アクティビストや株主は、ここ一〇年ほどのあいだに、そうした防衛策の導入を思い留まらせるのにとても効果的な手法を編み出した。二〇〇四年には、米国の主要五〇〇社（S&P500種株価指数の構成企業）の五三%がポイズンピルを採用していたのに、二〇一四年には六%まで激減した。同様に、期差取締役会制を採用していたS&P500の企業の割合も五三%から一〇%へと減っている。こうした乗っ取り防止手段の撤廃は、取締役会をさらに無防備にするとともに、アクティビストの力を強めるのに一役買った。

株主還元

アクティビストが好むもう一つの要求に、社内の手元資金を使って株主への配当増額を迫ることがある。近年はアクティビストが企業側に、超低金利を活用して借りた金を使って株主から株を買い戻す自社株買いを求めるケースが少なくない。そうすることで一般市場に出回る株数を大幅に減らせるので、一株当たりの利益を高めることができる。株価も上がる場合が多い。

カール・アイカーンと別のアクティビスト、グリーンライト・キャピタルのデイビッド・アインホーンがそれぞれ別個に、アップルに対して株主還元を強要するキャンペーンを行ったことがある。アップルは要求を部分的に受け入れて、二〇一七年に二〇〇〇億ドルの現金を還元するプランを発表した。株主還元を行うようにアクティビストから圧力をかけられた大手企業にはゼネラル・モーターズ（GM）もあり、二〇一五年三月に五〇億ドルの自社株買いプランでそれに応じた。

こうした動きは投資家には歓迎されたが、それを強要すると、アクティビストは目先の利益しか考えていないと批判されることが少なくない。その批判の根底には、資金は企業買収や研究開発といった企業の長期的成長を後押しするものに使うべきだという考え方がある。事実、ウォール・ストリート・ジャーナル紙に掲載されたS&PキャピタルIQの分析によれば、二〇一三年に企業が配当や自社株買いに使った金の営業キャッシュフローに対する比率は、S&P500企業の平均で一〇年前の一八%から三六%に倍増している。その一方、同じ期間に工場設備に投資した額は三三%から二九%に減少した。そうした批判に対してアクティビストは、うまくいって遠い将来、株主に利益をもたらす企業買収や研究開発に金を使うよりは、いますぐ株主にその資金を還元したほうがいいと主張した。

アクティビストと取締役会は、会社の手元資金の使い方で衝突することがよくある。アクティビストは、経営陣の資金活用能力に対する投資家の信頼を失わせるために経営陣の信用を貶《おとし》めようとする。もしアクティビストがそれをうまくやり遂げれば、経営陣が弱体化するだけでなく、自社株買いに資金を使わなければならなくなり、その結果、株主還元が増えることになる。

会社を再編する

アクティビストはよく、客観的視点をもつ自分たちのほうがターゲット企業の取締役会や経営陣より有利な立場にあると主張する。長期雇用の社員や管理職が会社の事業分野に愛着を抱きがちなのに対して、アクティビストは会社をあくまで投資可能資産としか見ていないからだという。

したがって、アクティビストは始終、事業の再編を強要し、儲からない事業分野の売却や企業分割を求める。普通そうした再編は雇用削減につながり、仕事のやり方を指図されるのを嫌う経営陣の抵抗を受ける。それでも他の株主は、会社の価値が高まると思えばアクティビストの要求を支持する場合が多い。

二〇一四年の一年を通してカール・アイカーンは、イーベイ社にオンライン決済サービス事業のペイパルを切り離すよう圧力をかけ続けた。いわゆる事業の分離・独立《スピンオフ》である。アイカーンは、ペイパルは独立したほうが利益を生むという考えだった。ところがこの提案はイーベイ社取締役会の抵抗に遭い、イーベイ社の役員で、シリコンバレーでも名の知られたベンチャー・キャピタリストであるマーク・アンドリーセンとの公開討論に発展した。結局アイカーンは自分の提案が有効であるのを十分な数の株主に納得させることができ、二〇一四年九月、イーベイ社はペイパルの分離を発表した。

取締役会と経営陣の交代

アクティビストがＣＥＯや経営幹部の退任を要求すると、その対決の人間模様が浮き彫りにされるため、メディアの関心をかき立てることが少なくない。一方、アクティビストが役員を辞めさせて自分たちの選んだ人物を後釜に据えようとしたときは、アクティビストとターゲット企業のあいだに根本的な意見の不一致がある場合が多い。ファクトセットによれば、二〇一〇年から一五年までに行われた五二九回の委任状キャンペーンのうち一五二回は、取締役会に代表を送り込もうとしたアクティビストが役員の過半数を占める結果に終わった。

アクティビストが狙う取締役会の席数は、持ち株比率の多寡だけでなく、どれだけ他の株主の支持を集められるかにかかっている。取締役会に代表を送り込むために、アクティビストはみずから選んだ候補者を会社に受け入れさせるか、あるいは委任状争奪戦として知られる戦いを仕掛けて、定時株主総会で他の株主の支持を十分に得ようと努める。

二〇一一年にヘッジファンドのパーシング・スクエア・キャピタル・マネジメントがカナディアン・パシフィック鉄道の株式を買い始めたのは、カナディアン鉄道の取締役会とCEOが会社の足を引っ張っていると判断したからだった。パーシング社はカナディアン鉄道の大株主の一部から強い支持を得て、キャンペーンを大成功に導いた。その終盤には、再任は困難と見たカナディアン鉄道のCEOと会長、その他四人の役員がそろって辞任した。それによってパーシング社のCEOビル・アックマンはじめ、ヘッジファンドの推す候補者が取締役会の過半数を占めることになり、ひと月後には彼らの選んだCEOが就任した。

複雑なM&A

ときにはアクティビストが、ライバル会社に買収されかけている企業をターゲットにして、被買収企業の株主の利益になるよう売却条件の修正を要求することもある。二〇一三年、豚肉生産企業スミスフィールド・フーズの株式五・七％を取得したアクティビスト、スターボード・バリューは、すでに合意ができていた香港の双匯国際によるスミスフィールド社買収の代替案を見つけようとした。買収額は四七億ドルで、中国企業の米国競合企業買収としては史上最大規模のものだった。だがスターボード社は、スミスフィールド社を三つに分割すれば、株主にとってさらに価値のある会社になると考えた。スターボード社は代替案を提出したが失敗に終わり、売却はそのまま進行した。

他にも、アクティビストのエリオット・マネジメントが、ドイツの医薬品卸売大手のセレシオが米国のライバル企業マッケソンに買収される過程で、セレシオに一八億ドルを投資した例がある。エリオット社はすぐに、提示額を引き上げるようマッケソンに猛烈な攻勢をかけた。結局、マッケソンは二・一％上げただけだったが、エリオット社は全投資額の一三％の利益を得た。おもに、転換社債（CB）を売却した利益だった。ファクトセットのデータによれば、二〇一〇年から一五年のあいだに吸収合併を妨害する目的で行われたキャンペーンは一一四回に上っている。

買収の最終段階にアクティビストが介入して、買収額の増額を要求する手法は次第に人気が出て、「バンピトラージ（bumpitrage）」なる覚えやすい造語（訳注：衝突《バンプ》とさや取り売買《アービトラージ》の合成語）まで生み出した。

企業買収

アクティビストがその先祖ともいうべき企業乗っ取り屋と一番よく比較されるのは、彼らが競合他社に身売りするよう企業に迫る場合である。企業買収は常に成功するわけではないが、アクティビストはターゲット企業の対応次第で利益を得ることができる。

二〇一二年に、アクティビストであるサウスイースタン・アセット・マネジメントは、当時苦境にあった石油・天然ガス開発大手のチェサピーク・エナジーの株式一三％を取得したと発表し、身売りを検討するようチェサピーク社に提案した。チェサピーク株は前年、ガスの価格下落と、CEOで創業者でもあるオーブリー・マクレンドンの役員報酬への批判のあおりを受けて、四〇％も下落していた。最終的にチェサピーク社は身売りに応じなかったものの、サウスイースタン社CEOのメイソン・ホーキンスにカール・アイカーンも加わって圧力をかけたため、二人のアクティビストが取締役会に代表を送り込むのを認めざるを得なかった。その後、二人はマクレンドンを退任させることができた。

それ以外にも、二〇一〇年三月にエリオット・マネジメントがソフトウエア開発・販売会社ノベルの事業を二〇億ドルで買い取ろうとした例がある。ノベル社はこのオファーを拒絶したが、それ以外の提案には耳を傾け、ちょうど半年後、二二億ドルでライバル会社に身売りすることに同意した。ノベル社に少なからぬ投資を行ったエリオット社は、この取引からわずかながら利益を得た。

急落する株価

アクティビストの戦略のなかで最も論議を呼ぶのが、ネガティブ・キャンペーンである。事実、その破壊的な性格から、業界内部にはアクティビズムには分類できないと主張する者もいる。それはアクティビストが一つの会社のショート・ポジションを取ることによって実行されるもので、要はその会社の株価が将来下がることに賭けるわけだ。その目標のためにアクティビストは不正行為を暴いたり、業績不振をことさらに言い立てたりして、会社の評判を公然と貶める。他の投資家が同調すれば、株価は下がり、アクティビストは利益を得る。だが、アクティビストの主張に説得力がなければ、株価は上がり、大きな損失を出す場合もある。

一番よく知られた例に、ビル・アックマンが健康食品大手のハーバライフに仕掛けた一〇億ドルの賭けがある。グリーンライト・キャピタルを率いるデビッド・アインホーンも、格付け会社のムーディーズや、同じ格付け会社スタンダード・アンド・プアーズの親会社マグロウヒル・ファイナンシャルに対するショート・ポジションを取った。アインホーンは、この二つの格付け会社が世界金融危機以降、評判を「台無しにした」と批判した。ところがアインホーンが空売りをしたあと、二つの会社の株価は大幅に上昇した。

この戦略も広く使われており、アクティビストのキャンペーンを追跡している調査機関アクティビスト・ショートによれば、こうした空売り公開キャンペーンは二〇一四年の四六回から、翌一五年には一七一回に急増している。

アクティビストはどうやって望むものを手に入れるのか

アクティビストのキャンペーンの仕組みは様々で、彼らの要求や気質、ターゲット企業の反応、キャンペーンに対する他の株主の考えなどで変わってくる。それでも、一九五〇年代にルイス・ウォルフソンとその仲間たちの時代から使われてきた、十分テスト済みの戦略書は存在する。アクティビストが勝つにせよ、企業側が勝つにせよ、派手なキャンペーンが行われると、戦略書の一部は進化した戦術を加えて書き換えられる。アクティビストが別の文化基準をもつ外国でキャンペーンを行う場合は、戦略書を翻訳したものが必要になる。それでも、以下に紹介するのが典型的なキャンペーンのあらましである。

ターゲットを特定する

アクティビスト・ヘッジファンドは通常アナリスト・チームを抱えており、チームは改善可能ではあるが何らかの理由で業績の上がらない企業を見つけることに時間を費やす。財務書類を熟読し、その企業の競合他社や投資家、同僚のアナリストと意見交換をし、ときには可能な限りの情報を入手するために件《くだん》の企業を直接訪ねることもある。そうしながら、アナリストは企業の粗探しをする。消費者にブランドを認識されているかどうか、事業の特定分野やコーポレートガバナンスの面で無駄遣いが行われていないか、等々。アクティビストはそうした点を企業が取り組むべき課題と見るだけでなく、企業の欠陥を指摘するときの攻撃材料と考える。

近年、存在感を増すにつれて、アクティビストは難敵であれ弱い敵であれ、ターゲットを見つけ出す能力を身につけていった。アクティビストに目をつけられないための一番簡単な方法は、気づかれる前に自分たちの弱点を解消する取り組みをすることだと、取締役会も気づき始めた。ここ数年は特に、高すぎる役員報酬に対する株主の懸念への対処や、株主に友好的に見える方針の導入など、ガバナンスを強化する協調努力を行っている。

それでもアクティビストの成功は、他の株主が彼らを単なる私利私欲のための扇動家ではなく、変化を生み出す行為者と見るかどうかにかかっている。事例を見れば、アクティビストが、アクティビズムを求める声を反映する存在であるのがわかる。投資信託会社や年金基金といった長期投資家が、投資先企業の怠慢経営の情報を、こっそりアクティビストに漏らすのもそのためだ。そうした投資家は企業をおおやけに批判するより、自分たちの代わりにアクティビストが変化をもたらすことを望んでいる。

アクティビストはターゲット企業評価の一環として、キャンペーンを開始したときに他の株主の支持を得られるかどうかを査定する。もし企業の大株主が情報を漏らすようであれば、暗黙のうちに支持を約束したことになる。

最初の投資と接触

ターゲットを特定すると、アクティビストはその企業の株式の取得を始める。通常は相当数の持ち株になるのを待って、ターゲット企業の取締役会か経営陣に最初の接触を行い、どれだけの株式を購入したかを通告する。そうした内密のミーティングの席で、アクティビストはターゲット企業の代表者に、弱点と考えられる点や現在とは違う経営法など、企業に関するみずからの見解を伝える。話し合いは表面上、なごやかな雰囲気で進む場合が多いが、この最初の接近に対する企業側の対応次第で、その後の双方の駆け引きの性格が決まることになる。

米国の証券法によれば、アクティビストが企業の株式の五%を取得した場合、一〇日以内に証券取引委員会に大量保有を知らせる13D報告書を提出しなければならない。この報告書を出すことで、新たな投資家が企業の株式公開買い付けを考慮しているか、あるいは企業に影響力をもつ手段を探していることが、全株主の知るところとなる。報告書には、企業の株式を取得する目的の詳細を記入しなければならない。添付文書をつけるかつけないかは選択できる。

こうした報告書は、投資運用業界とメディア双方の関心を引きつける。したがってアクティビストは、この13D報告書を世間の注目を集めて、戦いの火蓋を切る合図として利用することが多い。よく使われる戦術として、ターゲット企業の取締役会かCEOに対する強い調子の書簡を報告書に添付する。特に最初の接触が歓迎されなかった場合にはそうすることが多い。書簡の文章が派手であればあるほど、メディアに取り上げられる機会が増える。その時点で、アクティビストが会社に前向きの影響を与えられると他の株主が判断した場合は特に、株価がはね上がるケースが多い。アクティビストは13D報告書に、企業の詳細な分析と改革案を細かく記した、ホワイトペーパーと呼ばれる提案書を添付する場合もある。

アクティビストが米国企業に合併や身売りを強要するときは、ハート・スコット・ロディノ反トラスト改正法にもとづき、連邦取引委員会（ＦＴＣ）と司法省に報告する義務がある。この二つの連邦機関は三〇日以内に、この働きかけが競争制限禁止規制に抵触しないかどうかを判断する。

委任状争奪戦

この時点でアクティビストが会社の取締役会や経営陣の対応に満足せず、見込みなしと判断して交渉を打ち切り、投資を回収して別のターゲットに移ることもある。もっともそれよりずっと多いのが、力を誇示して会社に委任状争奪戦と呼ばれるものを仕掛けることである。ここからの過程は、政治家の選挙運動に似てくる。

会社の定時株主総会は、選挙の投票日と同じ意味をもつ。そこでは会社の今後の方針と、この先一年の取締役会の顔ぶれを株主が投票で選ぶ。それに備えて、アクティビストは会社に対する要望書をまとめ、現職の取締役のすげ替えを狙うなら、それに代わる候補者のリストを用意しておく。もしこの候補者が株主の票を集めるだけの魅力をもっていれば、取締役会の内部から会社に変化を促していくことが可能になる。アクティビストが自分自身を候補者リストに入れることも少なくない。

敵対的投資家が定時株主総会の場で会社に挑戦する意思を明らかにすると、全面対決の委任状争奪戦の火蓋が切られる。この時点で、双方が委任状勧誘代理人《プロキシー・ソリシター》（以下ソリシター）を雇うことになる。その役割は政治選挙の世論調査員に似ており、一般株主も含めてどちらの側を支持する投資家が多いかを推定する。ソリシターはまた、自分の顧客を勝たせるためにコネを利用して機関投資家を味方につけようと動く。同時におびただしい時間と労力を費やして電子メールや電話などで働きかけを行い、一般株主に自分の側を支持するよう呼びかける。

委任状争奪戦において最も重要な役割を果たすのは、議決権行使助言会社であると言っても間違いないだろう。インスティテューショナル・シェアホルダー・サービシーズ（ISS）、グラスルイス、イーガン・ジョーンズ・レーティングスの三大会社がほぼ市場を支配し、数百もの企業の株式を保有する大株主に雇われて議決権行使の際にどう投票すべきかを推奨する役目を果たしている。したがって、議決の結果に及ぼす影響は大変大きく、彼らはお粗末なコーポレートガバナンスの是正に特に関心をもっている。議決権行使助言会社の推奨を受けられなかった企業経営者のなかには、助言会社がアクティビストと密着しすぎていると非難する者も多いが、助言会社はこの非難を否定している。

政治家は選挙前に何カ月も遊説の旅に出るが、アクティビストも会社のCEOも同様の動きをする。委任状争奪戦が行われているあいだは、会社の大株主と直接会って働きかけを行う。双方とも弁護士やアドバイザーを伴い、総計数千マイルもの空の旅をしておもな株主のオフィスを訪ね、会社の未来のためには自分たちのプランのほうが優れていると説得してまわる。

一方、これも政治選挙と同様に、みずからの陣営に有利な情報を広めるのに長けたいわゆる「スピンドクター」が大きな役割を果たす。アクティビスト側もターゲット企業側もそれぞれ競合するPR会社と契約し、キャンペーンをさらに周知させるための情報発信源として、宣伝資料を制作・配布させることがよくある。宣伝のプロがプレスリリースや辛辣な声明をジャーナリストに次々と送りつけ、双方が相手の過去の実績や将来のプランを非難し合う。取締役会の席取りが行われているときは、公開論争で個人の身辺が取り沙汰されることもめずらしくなく、現職と候補者両方の評判にスポットライトが当てられる。政治の選挙運動と同じく、こうした個人攻撃には暗い側面がある場合が多い。株主の議決権行使の前に、私立探偵が雇われて個人の信用を貶めようと後ろ暗い部分を調べ上げることも少なくない。

世間の注目を集めるキャンペーンであれば、双方がウェブサイトを立ち上げ、自分たちの主張を周知させるために、大衆受けするビデオやプレゼンテーションを流すこともある。ターゲット企業の株主に占める個人株主の割合が多い場合は、どちらの側も新聞やオンライン広告に金を注ぎ込み、彼らにメッセージを伝えようとする。

あまり知られてはいないが、もう一つの宣伝戦術として、場外応援団とも呼べる支持者の広範なネットワークを利用することがある。こうした専門家は学者であったり、ビジネス界の大物であったり、特定の問題を扱う運動家であったりするが、いずれも問題のキャンペーンとは直接のつながりのない人々である。彼らは効果的な頃合いを見計らって、メディアで見解を発表したり公式声明を出したりして委任状争奪戦の一方の側を支持し、世論を一方の側からもう一方へ動かす助けをする。その間、キャンペーンとは関係のないふりをする。

別のアクティビストがキャンペーンに一役買うこともある。ときには、一人ないし複数のアクティビストがターゲット企業の株式を取得して、もともとのアクティビスト側に立って運動を行うこともある。群狼作戦《ウルフ・パック》と呼ばれる手法だ。

防衛戦術

準備不足の企業に対するアクティビストの華々しい勝利が続いた結果、企業の取締役会はアクティビストに狙われた場合に備えて、以前とは比べものにならないほど準備に心を砕くようになった。弁護士事務所や投資銀行からアドバイザーチームを招き、アクティビスト撃退の戦いに勝てるよう助力することに専念させる。いまでは、上級管理職や弁護士、その他のアドバイザーなど少人数のグループを組織し、アクティビストに目をつけられたときの対応策を用意させるのが、取締役会の標準的なやり方になっている。こうしたグループは、アクティビストによる攻撃でほぼ確実に使われると思われる手法に対処するため、火災避難訓練方式の演習を行っているものも少なくない。

そのため、取締役会はこれまで以上に、一年を通して自社の大株主たちとの連絡を緊密に保つようになっている。アクティビストが攻撃を仕掛けてきても、大株主と腹を割って話し合っておけば、どんな問題が生じるかを大まかにでも把握しておけるからだ。

ターゲット企業の防衛戦術書も近年、内容が改訂されている。アクティビストが最初に接触してきたときに、企業の代表者がその提案をにべもなく拒絶するケースはきわめて少なくなった。たとえ内心はそんなつもりがなくても、経営幹部や役員は相手の提案を進んで検討するように見せかける場合が多い。同様に、アクティビストが分析や提案を盛り込んだホワイトペーパーを公開したときも、企業はそれを受け取ったことを公式に認め、株主からの情報提供を感謝する態度を見せる。

キャンペーンが進行し、議決権行使の帰趨が明らかになってくると、両陣営とも議決を回避するのが得策であると判断し、休戦を模索することがある。場合によっては、ターゲット企業はアクティビストの候補者を一人か二人、取締役会に加えることを認め、代わりに一定期間キャンペーンを停止させる。これを停止協定《スタンドスティル・アグリーメント》という。アクティビストは、議決の結果一つも取締役会の席を取れないリスクを冒すことなく、代表を送り込む保証を得たと考えるかもしれない。ターゲット企業は、損害を生じかねないアクティビストのキャンペーンを終わらせるとともに、取締役会におけるアクティビストの影響力を最小限に抑えられるという理由で合意を歓迎するだろう。ファクトセットのデータによれば、二〇一〇年から一五年のあいだに行われたアクティビスト・キャンペーンの四五・五％が休戦で終結したという。

株主総会

ただし双方が合意に至らなかった場合は、他の株主が総会の準備段階で意見を表明することになる。ほとんどの票は事前に送られてくるので、最終集計が行われ、総会の場で結果が発表される。そこでアクティビストが役員に選出されるか代表を送り込めれば、取締役会内部から影響力を行使し続けられることになる。だが、アクティビストが十分な影響力をもてず、インパクトを与えられないと判断した場合は、取締役会との協定に縛られない限り、同じ考えをもつ役員をさらに増やすためにキャンペーンを継続することもある。そうなると、全体の手順がふたたび繰り返される。あるいは、アクティビストが投資を行った短い期間に株価が十分に上がったときは、従来のやり方に固執する頑固な取締役会を変えようと努力するより、利益ある撤退のほうがはるかに楽だと判断することも考えられる。

II

戦い

第3章　ダーデン・レストランツ取締役会の政変

スティックパンが多すぎる

二〇一四年九月一二日の朝、マンハッタンのミッドタウンにあるスターボード・バリュー社のオフィスはちょっとしたパニック状態にあった。全米各地から、失望した人々の怒りのメールがアクティビスト・ヘッジファンドの一八人の社員の受信ボックスに洪水のように押し寄せたのだ。スターボード社はいまや、全米を巻き込んだ思いがけない論争の中心にいた。

その前日、スターボード社は有罪宣告とも呼べる二九四ページもの提案書《ホワイトペーパー》を公表した。それは米国最大の中規模レストラン・チェーン運営会社、ダーデン・レストランツの経営立て直し案を示したもので、そこには個別具体的な批判と、微に入り細を穿《うが》つ分析が記されていた。主張の骨子は、ダーデン社の低迷が経営の失敗によるものであり、この衰退を逆転させるには経費削減と、いくつかの専門レストランチェーンの売却を合わせて行う必要があるというものだった。スターボード社によれば、このプランを実行することで、利払い・税引き・償却前利益（ＥＢＩＴＤＡ：企業の収益性の指標）

を最大年間三億二六〇〇万ドルまで増やせるし、同時に現在の四八ドル前後の株価も八六ドルまで上昇するという。

このプランにはまた、ダーデン社の保有する一二七〇の不動産資産の大半を切り離して、別会社化することも含まれていた。こうした手段をとれば、企業は短期的に不動産ポートフォリオから金を生み出し、負債の返済や株主への再分配に充てることができる。その半面、長期的には賃借料の上昇の打撃を受けやすくなる。だがメディアや世間の注目を集めたのは、それよりはるかにありふれた提案だった。

株主による提案書は詳細をきわめたものになる場合が多いが、スターボード社によるダーデン評価はその基準をはるかに超えていた。そこには、ダーデン社の旗艦チェーンともいうべきオリーブガーデンと、そこで提供される料理の質に対する痛烈な批判が並べられていた。ソースをパスタにからめずに、上からかける習慣が酷評された。イタリア料理とは「名ばかり」の揚げたラザニア・フリッタータやトスカーナ風白いんげん豆のフムスも厳しい非難の対象になった。提案書には客にふだん出している、どうにも食欲をそそられない料理の写真が、同じ料理をいかにもおいしそうに撮影した宣伝用写真と並べて添えてあった。また、オリーブガーデンが料理鍋を長持ちさせるのにこだわって、パスタを茹《ゆ》でるときに塩を入れない点もやり玉に挙がった。スターボード社いわく、その結果、「同じコストでありながら競争相手の出す料理にとうてい及ばない、魅力に欠ける中途半端な商品になっている」

もっとも、スターボード社の批判のなかでメディアが集中して取り上げたのは、スティックパンの食べ放題といういかにも客受けするサービスについてだった。スターボード社の要求は、テーブルのバスケットにあふれんばかりにスティックパンを盛っておくのではなく、客一人に一本、プラスおまけの一本だけに限る節度ある方針をチェーン各店に徹底することだった。なくなれば、そのたびに接客係が補給すればよい。オリーブガーデン全体で年間七億本、つまり客一人当たり三本ずつのスティックパンを提供していた。もっと節度ある方法をとれば、年間五〇〇万ドルの経費が浮くだけでなく、ふわふわのスティックパンが供され、接客係と話す機会も増えて、客の顧客体験《カスタマー・エクスペリエンス》も大いに高まるだろう、とスターボード社は主張した。

ところがその提案が公表されると、ほとんどのニュースでスターボード社が現在の方針の全廃を望んでいると報じられた。九月一一日深夜の人気の高いトークショーでは、提案の詳細が笑いのタネにされ、ここでもスターボード社がスティックパンの食べ放題を廃止しようとしていると吹聴された。

翌朝、スターボード社の社員の受信ボックスには、全米各地のオリーブガーデンの忠実な顧客から、提案への不満のメールが殺到し、スティックパンの食べ放題サービス存続を断固求めてきた。スターボード社のCEOジェフリー・スミスは当時のことを「社員の頭にまず浮かんだのは、〝こんな事態にはどう対処すればいいのだろう、どうすれば収拾できるのだろうか〟という疑問だった。いまや委任状争奪戦のことなど心配してはいられなかった。頭にあるのは、〝自分たちはダーデン社の大株主なのだから、顧客を怒らせたくない〟ということだけだった」と振り返る。

ひとっ飛びサービス

ダーデン・レストランツの歴史は、一九三八年、一九歳のビル・ダーデンがジョージア州ウェークロスに最初のレストラン、ザ・グリーン・フロッグを開店したときに始まる。食事は安価で手早くという不況の時代の要求に応えるべく、ダーデンはこの軽食堂を「ひとっ飛びサービス」という謳い文句で宣伝した。

一九六八年になると、それまでに大きなレストランチェーンを築き上げていたダーデンは、メニューのなかでシーフードが最も人気を集めているのに目を留めた。彼は、フロリダ州レイクランドに最初のシーフード専門レストラン、レッドロブスター（当初はレッドロブスター・イン）を開く。店員が席で注文をとり配膳するフルサービスのシーフード・レストランチェーンにも市場があると考えたからだ。そこでは大都市の高級シーフードレストランよりも料金が安く、それでいながらもっと安価なファストフード店では得られない上質な料理と、家族そろって楽しめる雰囲気を提供する。支配人には同じジョージア州出身で、ダーデン子飼いのジョー・リーを据えた。

このチェーンは南部人の好みに合い、フロリダ住民のあいだで人気を博した。しかし、ダーデンにはチェーンを全国展開するだけのキャッシュフローがなかったため、食料品大手のコングロマリット、ゼネラル・ミルズへ売却するオファーを受け入れた。ゼネラル・ミルズが後ろ盾になったことで、レッドロブスターのチェーンは一九七〇年代に急成長し、七六年までに二六州一七四店舗へと拡大した。シーフードレストラン市場が飽和状態になるのを警戒したゼネラル・ミルズは、一九八二年にオリーブガーデンを開店した。このイタリア風レストランチェーンは評論家の受けはいま一つだったものの、ディナー客には驚くほど好評だった。まもなくフルサービスのイタリア風レストランチェーンとしては全米最大となり、一九八九年までに一四五の店舗を展開して、ゼネラル・ミルズの最成長事業となった。一九九二年には店舗数三四一となり、その年の年間売上高は八億八〇〇〇万ドル、翌年の売上高は一〇億ドルに達した。

一九九五年に米国初の中華レストランチェーンを立ち上げようとして失敗したゼネラル・ミルズは、消費者向け食品の販売に専念するためにレストラン事業の売却を決めた。分社化されたレストラン事業のCEO兼会長にはリーが就任し、社名を、前年に亡くなった自分の師であり創業者である人物に敬意を表してダーデン・レストランツとした。保有店舗は米国四九州に一二五〇、カナダに七三あった。

二〇〇四年一一月にCEOを退任したリーを引き継いだのが、ゼネラル・ミルズが売却する直前に財務担当者として入社したクラレンス・オーティスだった。投資銀行業務の経験があるオーティスはダーデン社の財務部門で出世し、一九九九年に最高財務責任者（CFO）に就任していた。

オーティスの旗振りで、ダーデン社は拡大と多様化の戦略に着手する。二〇〇七年に、キャピタルグリルとロングホーン・ステーキハウスのチェーンを一四億ドルで取得。二〇一一年には、高級シーフードチェーンのエディV'sとワイルドフィッシュ・シーフード・グリルを五九〇〇万ドルで、翌年には地ビールに特化したパブ三九店舗を保有するチェーン、ヤードハウスを五億八五〇〇万ドルで買収した。戦略は当初、成果を上げているように見え、収益は二〇〇四年の五〇億ドルから一一年の七五億ドルへと増加した。ところがダーデン社の業績は次の一〇年間で下降し、オリーブガーデンとレッドロブスターという二つの主要ブランドの売り上げは競合他社を下回るようになった。

その間、ダーデン社の取締役会では何度もレッドロブスター・チェーンの売却が議題に上っていた。レストラン業界のベテランで、ゼネラル・ミルズで役員を務め、二〇〇四年に役員としてダーデン社に移ったマイケル・ローズは次のように語る。「レッドロブスターは二番目に大きい事業で、企業の母艦とも言える存在だった。しかし、この一〇年間、店舗数は増えず、既存店の顧客数は減少していた。収益性の高いブランドではあったが、成長していなかった。成長は、公開会社が注力すべきことの一つである。レッドロブスターは常に会社の足を引っ張っていた」

二〇一三年三月、ダーデン社の事業所得は前年同期比で一八%減となり、売り上げも減少した。明るい材料は、ヤードハウス、キャピタルグリル、エディV's、バハマブリーズ、それにヘルシーな料理が売り物のシーズン52などの専門レストランが順調に成長しており、売り上げも前年同期比で六一・一%増加したことだった。だが、その成長も主要ブランドの不振で帳消しにされた。オリーブガーデン、レッドロブスター、ロングホーン・ステーキハウスの既存店の売り上げは、前年同期比でそれぞれ四・一%、六・六%、一・六%減少していた。

アクティビストという追い打ち

実はこの頃、アクティビスト・ヘッジファンドのバーリントン・キャピタル・グループのCEOジェームズ・ミタロトンダが、ダーデン社に目をつけていた。ミタロトンダはレストラン業界で働いた経験があり、ローンスター・ステーキハウスに不動産売却を勧めて成功したことがあった。

バーリントン社はダーデン社を入念に調査し、数カ月後には業績回復のプランをまとめた。同時に、ダーデン社の株式取得を始め、最終的には持ち株比率が一・四％ほどになった。バーリントン社のプランは三つの主要な部分からなっていた。一つは、ダーデン社のレストランチェーン事業を二つの別会社に分割して、それぞれに飽和状態にあるブランド（レッドロブスター、オリーブガーデン）と、後発の専門的なブランド（ロングホーン・ステーキハウス、キャピタルグリル、バハマブリーズ、シーズン52、エディV's、ヤードハウス）を集中させる案だった。その理由は、飽和状態にあるブランドの会社の経営陣は常連客の引き止めや、効率化の促進、増配による株主還元に専念できるからだという。一方、専門的ブランドの会社のほうは、新しい料理を試したりメニューに加えたりしてブランドを育て、市場シェアの拡大を目指せる。当面、専門的ブランド会社は株主への配当は行わない予定だった。

プランの主要部分の二つ目は、ダーデン社の評価額およそ四二億ドルの不動産ポートフォリオの分離だった。ポートフォリオを不動産投資信託（ＲＥＩＴ）で証券化することで売却にかかる税金を減らせるし、同時に株主還元の源資となる資産を生み出せる。最後の一つは、年間一億ドルから一億五〇〇〇万ドルの営業費用の節約である。ミタロトンダは、役職の階層があまりにも多いせいで、ダーデン社の営業費用が無駄に膨れ上がっていると考えていた。

プランの策定が終わると、ミタロトンダは手始めにダーデン社のＣＥＯ兼会長クラレンス・オーティスに電話をかけた。その後まもなく、彼はフロリダ州オーランドにあるダーデン本社でのミーティングに招かれて、バーリントン社の考えを発表することになった。

二〇一三年六月、ミタロトンダは二人のアドバイザーとともにダーデン社の四六万九〇〇〇平方フィートもの広さがある敷地に到着した。ヤシの木に囲まれたガラス張りの建物が、湖を見下ろしていた。玄関を入ると広々とした広間があり、そのまわりにオフィスが並んでいる。敷地内には従業員用にクリーニング店や銀行、ジム、一万八〇〇〇平方フィートの屋外カフェテリア、スターバックス、売店などの施設がそろっていた。ダーデン社は四年前に一億五二〇〇万ドルかけてこの施設を建設した。ミタロトンダは、そのときの様子をこう回想する。「足を踏み入れた瞬間、私は思わず〝これぞまさしく天国だ〟と言ったものだ。外は申し分ない日和で、屋内はカルバン・クラインの広告みたいに何もかもが真っ白だった。まるでミニマリストの絵のようで、大階段まである。完璧な美しさだ。だが、こうも思った。〝やれやれ、文句なしの無駄遣いだ！〟」

テーブルの片側にはミタロトンダとアドバイザー、その向かいにオーティスと、CFO兼取締役のブラッド・リッチモンド、財務責任者のビル・ホワイト、投資家向け広報（IR）担当のマシュー・ストラウドが座った。バーリントン側は、ダーデン社の業績回復を可能にすると信じるプランを提示した。だが、ダーデン社の経営陣には、そのプランを受け入れる考えはなかった。彼らが言うには、自社の資産ポートフォリオはバーリントン社の分析が示すほどの価値はなく、その売却で生み出される株主の利益は限定されているという。また、レストランの業績が悪いのは経営手法のせいではなく、中流階級の家族がいまだに不況の影響を引きずっていて、外食にあまり金を使おうとしないためだとも言った。

ミーティングのあと、ダーデン社の取締役会は、株主やアドバイザーにバーリントン社の提案について の意見を求めた。おおかたの意見は、バーリントン社は小規模なヘッジファンドであるから、大きな脅威にはならないというものだった。バーリントン社が大企業にアクティビスト・キャンペーンを仕掛けることはほとんどなく、もっと大手のアクティビストの行うキャンペーンに便乗するだけである。ミタロトンダとの協議は経営管理チームにまかせて、経営陣はその報告を受ければよい、とアドバイスする者もいた。

六月の最初のミーティングのあとも、ミタロトンダはダーデン社の経営陣との協議を継続した。バーリントン社は九月に提案書をダーデン取締役会へ送り、一〇月九日にはウォール・ストリート・ジャーナル紙が、バーリントン社がダーデン社の株式を買い集めていることを明らかにした。市場はこのニュースを好意的に受け止め、四六ドル前後で推移していた株価は五〇ドル強まで上昇した。

拡大するアクティビストによる包囲網

だが、ダーデン社に目をつけたアクティビストはバーリントン社だけではなかった。同じヘッジファンドのジャナ・パートナーズが、ダーデン社の株式を少量取得して、経営陣にミーティングを開くよう求めてきたのだ。二〇一三年一二月にジャナ社の代表者がクラレンス・オーティスCEOに会って、ダーデン社の業績を回復するための独自の案をいくつか提示した。これには経費削減や、役員報酬を既存店増収率に整合させる案などが入っていたが、不動産ポートフォリオの分離についてはいっさい触れていなかった。オーティスと経営陣はジャナ社の分析に感銘を受けた。彼らは、バーリントン社よりもジャナ社と組んで仕事をするほうが成功の可能性がはるかに高いと感じ、ジャナ社が重宝な協力者になるかもしれないと考えた。

それに対してバーリントン社は、投資銀行フーリハン・ローキーを味方につけ、さらに詳細な分析を依頼していた。その成果が、バーリントン社の最初の提案をさらに前進させた八五ページに及ぶ提案書で、それを実行すれば株価は八〇ドルまで上昇するとしていた。バーリントン社がアプローチの仕方を変えたのはこのときだった。ダーデン社の経営陣が自分の提案を真剣に受け止めておらず、交渉が徒労に終わりそうだと感じたミタロトンダは、ダーデン社の広範な株主層に訴えることにした。二〇一三年一二月一七日、バーリントン社はフーリハン・ローキーが作成した提案書を含むプレスリリースを配信した。

だが、ダーデン社には別の考えがあった。同社の一二月の取締役会で話し合われた最重要議題は、経営陣がアドバイザー役のゴールドマン・サックスとともに提出した、レッドロブスター・チェーンの売却、ないしは別会社化のプランだった。取締役会は売却案に傾いたが、分社化の可能性を残すことで世間の関心を高め、しかるべき買い手にきちんとした行動計画があると感じさせるようにすべきだという助言もあった。

バーリントン社のプレスリリース配信からわずか二日後、ダーデン社は四半期決算とともに独自の業績回復プランを発表した。決算はまたも期待外れだった。オリーブガーデンとレッドロブスターの既存店売上高と来店客数は、前年同期を下回った。さらに、二〇一四年度の希薄化後一株当たり純利益は前年を一五%から二〇%下回ると予測されていた。

だが、業績回復プランのほうは意表をつくものだった。そこには、成長ブランドの拡大ペースを遅らせ、支出を減らす方針をとると書かれていた。また、年間六〇〇〇万ドルの経費削減、役員報酬の見直し、配当と自社株買いによる株主還元の強化も謳われた。もっともこうした案はどれも、会社の最重要告知――最も人気のあるブランド、レッドロブスターの売却プランに対する株主の反発を鎮めるためのおまけのようなものだった。しかも、この売却については株主の議決権行使に委ねないというのが社の方針だった。決算も期待外れだったために、ニュースが流れるや、株価は五％近く下落した。

告知後にオーティスはジャナ社の代表に会って、レッドロブスター売却の決定については心配ないと伝えた。また、株価が下落したのは売却プランのせいではなく、決算の数字の影響が大きいと考えているとも。だがそれからまもなく、ジャナ社がダーデン株を売却したため、オーティスは重宝な協力者を失うことになる。またそのあいだに、第三のアクティビストが行動を起こす準備を整えていた。

二〇一三年のなかばから、業績に不満を覚えるダーデン社担当のアナリストや株主が、代わる代わる同社をターゲットにするようスターボード社をけしかけるようになった。スターボード社はダーデン社の分析を行ったうえで、株式の購入を始めた。その結果、不動産ポートフォリオを分離して、そこから生まれた利益を株主に還元すべきだとする、バーリントン社と同じ結論に達した。また、営業利益の拡大も求めた。

スターボード社はレストラン業界の専門家の話に耳を傾けて、ダーデン社の内情や同業他社との違いについて理解を深めた。他の株主にも意見を求めたところ、ダーデン社の経営陣がスターボード社と組むとは考えられず、したがって対立が生じる可能性が高いと聞かされた。それでもこうした意見交換を行ったことで、委任状争奪戦になったときに大株主の一部の支持を得られることに確信をもてた。

スターボード社は株式の購入を続け、持ち株比率を上げていった。二〇一三年一〇月にバーリントン社の立ち位置が世間に知られて株価が上がったときはいったん中断したが、ダーデン社のレッドロブスター売却プランの公表によって株価が下落した機会を捉えて、ふたたび買い増しを始めた。一二月二〇日までに、スターボード社はダーデン株の五・六％を集め、五％を超える株式を取得した際に課せられる規定に則り、ニューヨークの証券取引委員会に13D報告書を提出して、みずからの立場を明らかにした。その発表によって、株価は六・四％上昇した。

二〇一三年が暮れかける頃には、ダーデン社は合わせて七％の株式をもつアクティビスト二社の包囲網に対面すると同時に、業績不振に不満を募らせる株主にも対応しなければならなくなった。そのうえ、会社の象徴的ブランドであるレッドロブスターの売却が控えていた。舞台は整い、ダーデン社の歴史のなかで最もドラマチックとも言える年が始まろうとしていた。

戦闘準備完了

ダーデン社の取締役会は、スターボード社の介入をバーリントン社のときよりずっと深刻に受け止めた。スターボード社の持ち株はバーリントン社より大量だったし、同社はＡＯＬやオフィス・デポのような大企業の経営に異を唱えて取締役会の席を求めた経験をもつアクティビストでもあった。取締役会と経営陣は相手の意図を確かめ、どんな対応をとればいいかを探るためにスターボード社と話し合いをもつことにした。

二〇一四年一月八日、スターボード社のCEOジェフリー・スミスは、クラレンス・オーティスCEOはじめCFOのブラッド・リッチモンド、財務責任者のビル・ホワイト、IR担当のマシュー・ストラウドなどダーデン社の経営陣と会ってレッドロブスターを売却する理由の説明を聞いた。だが、スミスは納得しなかった。レッドロブスターの保有する不動産は分社化で生まれた新会社に属することになるから、不動産ポートフォリオを分離するという自分のプランに支障が出ると思ったからだ。それに、たとえレッドロブスターを売却しても、ダーデン社の業績不振をもたらした根本的な問題の解決にはならないとも思った。問題は、経営ミスと肥大化したコスト構造にあるのだ。二週間後、スミスはそうした考えをしたためた書簡をオーティスに送った。同時に同じ書簡を取締役会へも送ったうえ、世間にも公開した。ダーデン社はただちに、レッドロブスター売却の意思は変わらないと返信した。

それ以前にダーデン社の取締役会はアドバイザーに依頼して、自社の不動産ポートフォリオを分析して、REITにすることが可能かどうかを査定していた。スターボード社は不動産の分離を行えば株価は一〇ドル程度上昇すると主張していたが、ダーデン社のアドバイザーはそれほど楽観的ではなく、上がってもせいぜい二ドルから四ドルだと見積もった。また、そこから生じる利益は長続きしないともしていた。取締役会は不動産ポートフォリオを切り離せば柔軟性が失われるという理由で、REITプランに反対していた。不動産を保有していれば、経営するレストランの数の増減を完全にコントロールできる。不動産を分離してしまうと、柔軟性は低下する。

この頃スターボード社は、ダーデン社の株主と定期的に話し合う場をもつようになっていた。最大株主であるキャピタル・リサーチ・グループはじめおもな株主は、レッドロブスター売却プランには懐疑的で、会社に再考を迫るようスターボード社をけしかけた。リスクが高まり、委任状争奪戦が始まったら、おそらく取締役会と対峙するスターボード社を支持するだろうとも言っていた。二〇一四年一月二九日、スターボード社のジェフリー・スミスはふたたびオーティスら経営陣と話し合ってから再度書簡を送り、そのコピーを取締役会へも送付して公開した。この時点で、風向きが変わり始めた。スミスは、レッドロブスター売却プランの進行を遅らせるようダーデン社に勧告した。ダーデン社は当初、売却を二〇一四年五月までに完了する予定にしていた。スミスが指摘したように、問題はこれが取締役再選の議決が行われる九月の定時株主総会の前である点だった。この日程は、異論の多い案件に株主が口出しできないように設定されたものだと、スターボード社は主張した。

ここに至って、スミスは初めて取締役会に対する強い不満を表明し、その年後半に開かれる株主総会に、定員の過半数に達する役員候補者リストを提出する考えを明らかにした。「現取締役会のもとで長く続く業績不振と、会社を利益ある成長に戻すために必要な行動を考えれば、われわれはすぐにも取締役会の再編を行わなければならないと考えている」と、スミスは書いた。その意味は明らかだった。もしダーデン社が株主の同意を得ていないレッドロブスター売却案を撤回しなければ、委任状争奪戦は不可避であり、役員は職を失う可能性があると言っているのだ。

どちらの側も、来るべき戦いに備えて準備を始めた。ダーデン社はそれ以前に財務アドバイザーとしてゴールドマン・サックスと、レッドロブスター売却の案件で法務アドバイザーとしてレイサム・アンド・ワトキンス法律事務所と契約していたが、取締役会はさらに、長年敵対的株主の攻撃に対する企業防衛を行ってきたワクテル・リプトン・ローゼン・アンド・カッツ法律事務所を法務アドバイザーに据え、不動産取引の交渉に豊かな経験をもつモルガン・スタンレーも味方に引き入れた。さらに、メディアを利用した戦いを想定して、PR会社のジョエル・フランクを雇い入れた。

ダーデン社は特別取引委員会（メンバーは、取締役のマイケル・ローズ、筆頭社外取締役のチャールズ・レッドシンガー、財務に強い二名の役員ウィリアム・ルイスとビクトリア・ガネット）を組織し、レッドロブスターの売却案件、およびスターボード社との委任状争奪戦の対策に専念させた。同時にモルガン・スタンレーには、スターボード社の不動産分離案の詳細な分析を依頼した。銀行家たちの出した結論は、短期的にはいくらか利益を生むだろうが、何種類もの税金がかかり債務リスクも負うので複雑な取引になるだろうというものだった。

一方スターボード社は、オカピ・パートナーズをソリシターとして雇い、自社の改革案が最善の利益になることを他の株主や議決権行使助言会社に納得させるのに助力する役目を与えた。オカピ社はずっと以前からスターボード社と協働しており、AOLやオフィス・デポなどに仕掛けたキャンペーンでは支援を行った。オカピ社のCEOブルース・ゴールドファーブは、前年の秋にバーリントン社がダーデン社をターゲットにしていると聞き、それ以来ダーデン社に関心を寄せていた。当初は、バーリントン社に対する企業防衛の助力者としてダーデン社に雇われることを画策したのだが、取締役会のアドバイザーから委任状争奪戦が起きるとは考えていないと言われて引き下がった。それから半年後、オカピ社は流血必至と思われる対決のなかで、反ダーデン社の隊列についた。

臨時株主総会

スターボード社はまもなく大胆な動きに出た。二〇一四年二月二四日に、いわゆる同意勧誘キャンペーンと呼ばれるものを始めたのだ。ダーデン社の株主に書簡を送り、レッドロブスター売却プランを議論するための臨時株主総会を開いてこの案件について拘束力をもたない議決を行いたいので支持してほしいと要請した。ダーデン社の定款およびフロリダ州法に則れば、発行済み株式数の半数以上をもつ株主がスターボード社の支持に回った場合は、臨時株主総会を開かなければならない。たとえダーデン社がこの議決結果を無視したとしても、こうすることで株主はレッドロブスターの分離案に対する考えをはっきり示すことができる、というのがスターボード社の言い分だった。株主は売却案に関する情報が伝わってこないことに不満を募らせているから、自分たちの味方についてくれるはずだとスターボード社は確信していた。

この動きがダーデン社に再考を促すだろうと考えていたのなら、ジェフリー・スミスの読みは間違っていた。三月三日、ダーデン社は株主のための電話会議を行い、そこでレッドロブスターの分離プランが予定どおり進んでいると発表した。一週間後、証券取引委員会への報告もすませ、プランは正式に売却に向けて始動した。

スターボード社は改めてダーデン社の経営陣と話し合いを行ったが、もはやどちらも一歩も引かないことがはっきりしただけだった。三月三一日、スターボード社は一〇八ページの提案書を公表し、同じ考えをもつ株主に臨時株主総会の開催を支持するよう呼びかけた。それとともに、ダーデン社の不動産ポートフォリオを分離するプランを詳述する、もう一通の株主提案書を配布した。それまでに、スターボード社はレストラン経営に携わった経験のある人々を数人、アドバイザーとして雇い入れていた。そのなかには、オリーブガーデンの元執行副社長ボブ・モックと、ダーデン社の元副会長ブラッド・ブラムも名を連ねていた。

ブラムはもともとゼネラル・ミルズのマーケティング責任者だった。一九九〇年代なかばにオリーブガーデンの社長に就任、チェーンの歴史上、最も成功した時期に指揮をとった。やがてダーデン社の副会長へ昇進、将来のCEOと目されていた。だが、すぐにも就けると考えていたトップの座があまりにも遠いことに焦れて、二〇〇二年にバーガーキングのCEOに就任した。スターボード社が十分な支持を得られれば、ブラムはダーデン社の役員として経営に参加するだろうと、アナリストたちは予想した。ダーデン社内では、スターボード社が勝てばブラムがCEOに就任するかもしれないと考える者が少なくなかった。

ダーデン社は四月一日付の声明でスターボード社の提案書に回答した。そこには、ゴールドマン・サックス、モルガン・スタンレー、ワクテル・リプトンの三社の協力を得て、自社の不動産ポートフォリオをどうすべきかについて徹底的な分析を行ったと書かれてあった。そこから導き出された結論は、不動産の分離は株主に十分な長期的価値をもたらさないというものだった。

そうこうするあいだに、ダーデン社にはレッドロブスターを買いたいというオファーがいくつか届いていた。スターボード社の要求をのんでこの案件を株主の議決にかければ、取引が四週間から六週間繰り延べされ、買い手を逃がす可能性があると助言する者もいた。ポートフォリオ・マネジャーが言うには、取締役会が大株主と話し合いをしているのでレッドロブスターの売却については特に心配ないが、コーポレートガバナンス・チームのなかには臨時株主総会を開く必要があると考えている者がいるという。

ダーデン社の役員は、どちらを選んでも不本意な二つの選択肢を突きつけられたと感じていた。いずれにしても、ここまで大変な時間をかけて進めてきた、会社にとって最大の長期的利益を見込めるレッドロブスター売却を進めることに変わりはないが、強行すれば臨時株主総会に賛成していた株主を敵に回してしまうだろう。それが嫌ならスターボード社の要求をのむしかないが、売却交渉は総会が終わるまで中断しなければならず、社内体制の弱みを露呈することにもなる。どちらの道を選んでも、秋の定時株主総会で取締役の席を失うことは覚悟しなければならない。当面の問題は、失う数をどこまで抑えられるかだ。

それから二週間ほどのあいだに、三つの大手議決権行使助言会社が臨時株主総会の開催に対する態度を明らかにした。ISSとグラスルイスはどちらもスターボード社を支持し、イーガン・ジョーンズ・レーティングスはダーデン社側について、総会は必要ないと主張した。最も影響力のある議決権行使助言会社であるISSとグラスルイスの二社に支持されたことで、同意勧誘キャンペーンは勢いづいた。五月上旬、スターボード社は、ダーデン社の株式の五七%を保有する株主がアクティビストの臨時株主総会提案に賛成票を投じたと明らかにした。

スターボード社のジェフリー・スミスは次のように述べた。「五七%というのは大変な数字だ。残りの二〇％は個人株主の保有で、五％は自社株保有なのだから、実際には七五％のうちの五七％ということになる。機関投資家のほとんど全部が含まれているので、これ以上ないほどの信任と言える。これほど明確な同意を得たのだから、私は経営陣と取締役会が株主の声に耳を傾けるだろうと思った。広範な株主層から同意を得たら、取締役会は継続を断念するだろうと。私の考えは間違っていた」

中指を立てたロブスター

二〇一四年五月一六日、ダーデン社はレッドロブスターをサンフランシスコに本社を置く未公開株式投資会社ゴールデンゲート・キャピタルに現金二一億ドルで売却することに同意したと発表した。この取引は、取締役会において満場一致で承認されたものだった。ダーデン社は税金と取引費用を差し引いて、一六億ドルを受け取ることになる。そのうち一〇億ドルを負債の返済に充て、残りの六億ドルは自社株買いプランの一部に充てて株主に還元する予定だった。ダーデン社はこの取引を自画自賛し、苦戦している企業にとっては前年のＥＢＩＴＤＡの九倍を超える魅力的な価格であると言い立てた。だが、株主は激怒した。バーリントン社のジェームズ・ミタロトンダは、ダーデン社がレッドロブスターを「激安価格」で売ったのは「恥知らず」だという声明を出した。スターボード社のジェフリー・スミスも声明を出し、これほど強い株主の反対があるにもかかわらず事業を売却した役員たちの「厚顔無恥」は「とても信じ難い」と述べた。その一方で、ジャニー・キャピタル・マーケッツのアナリスト、マーク・カリノウスキーは売却の発表を聞いて、「ロブスターに中指があったとは誰が知っていただろうか？」なる題名の調査メモを書いた。

スターボード社のソリシターであるオカピ・パートナーズのCEOブルース・ゴールドファーブは、この決定がダーデン社の取締役会の運命を決めたと言う。「それは委任状争奪戦の炎を燃え上がらせる焚き付けの役割を果たした。これまでこの売却にさほど関心をもたず、疑わしきは罰せずの態度で取締役会の行動を見ていた株主もいたかもしれないが、取締役会は彼らに、自分たちはあなた方の利益など少しも考えていないというメッセージを送ったに等しい。これで委任状争奪戦を戦うのが楽になった」

夏が終わる頃にレッドロブスターの買収が完了すると、ゴールデンゲート・キャピタルは間髪を入れずレッドロブスターの不動産ポートフォリオを一五億ドルでアメリカン・リアルティー・キャピタル・パートナーズなる不動産投資会社に売却し、それを改めてリースバックした。売却プランを進めるあいだ、ダーデン社はゴールデンゲート社以外の買い手候補とも何度か話し合いを行っていた。レッドロブスターの事業全体を引き取る意欲を見せた者もいたが、単に事業の運営だけに関心がある者もいたし、不動産ポートフォリオにしか興味のない者もいた。ダーデン社の役員マイケル・ローズに言わせると、取締役会も売却がどんなかたちになるか予想できなかったという。ダーデン社は、ゴールデンゲート社から事業運営譲渡に六億ドルのオファーを、不動産ポートフォリオの価格として別に一五億ドルのオファーを受けた。「われわれは完全な売買を望んでいた」と、ローズは語る。「そのため、切り売りするリスクを負わずに単独の事業体へ売却して、事後それをどう切り分けるかは相手の問題であることを明確に示した。その姿勢については十分に議論を重ねており、進むべき道としてアドバイザーからも強く推奨されていた」

だが、スターボード社のジェフリー・スミスに言わせれば、ダーデン社の経営陣は二つの売却を別々に行えるとは思っていなかったという。運営事業の売却価格が安すぎるように見えてしまうからだ。スミスはまた、この売却に五億ドルほどの税金がかかったことを批判した。スターボード、バーリントンの両社が提唱したように、レッドロブスターの不動産ポートフォリオを保持してREITにすれば、もっと安くすんだだろう、と。「そうすれば非課税の一五億ドルが手に入ったのに、彼らが得た税引き後利益は、手数料と費用も含めてわずか一六億ドルだった。これは、この取引で売り払ったレッドロブスターの不動産の価値と同じだ。要するに、二億ドルを超すEBITDAのある象徴的ブランド、レッドロブスターの事業を純額ベースでただ同然で譲渡したことを意味する」とスミスは言う。

ダメージの抑制

レッドロブスターの売却決定によって、スミスの堪忍袋の緒が切れた。それまでは役員の過半数をすげ替えるつもりだったが、全員を取り替える方向に戦術を切り替えた。彼は次のように語っている。「われわれはゆったり腰を下ろしてこう言った。〝冗談だろう?〟〝あなた方は株主の希望を無視したうえに、レッドロブスターをただ同然で手放した。それなのに、取締役会に反対を唱える者が一人もいなかったって? 誰一人、立ち上がって、これは正しい行動だろうかと疑問を呈さなかったのか?〟。それからこう言ってやった。〝この役員室で何が起きているのかは知らないが、こんなことはあってはならない〟とね。役員は株主の利益を代表する者であるべきで、それがあなた方の仕事だ。多くの株主がはっきり意思を明らかにしているのに、役員全員が株主の希望を無視したのだ」

このとき取締役会は、委任状争奪戦が不可避であり、それによってダメージを受けることを覚悟した。マイケル・ローズはこう述べている。「だが、取締役会はこう応じた。〝これがなすべき正しい意思決定である。そのためにわれわれの一部が職を失うことになるかもしれないが、株主にとって最善の長期的利益になると信じている〟」

スミスは候補者指名期限までのわずか一週間ほどで、必要な経験と専門知識をもち、この世間注視の委任状争奪戦に参加を希望する役員候補者のリストをまとめ上げた。二〇一四年五月二二日、スターボード社は株主への公開書簡を配信して正式に委任状争奪戦の宣戦布告を行った。そこには、改めて現取締役会に対する不満の表明と、持ち株比率が六・二％まで増えたこと、役員候補者一二名の名前が明記されていた。候補者リストには、ダーデン社の元幹部ブラッド・ブラムなど飲食業界で働いた経験をもつ経営幹部と、様々な業界でいくつかの企業の取締役会に身を置いたことのある者が混在していた。スミスは、スターボード社の調査責任者であるピーター・フェルドとともに自分の名前もリストに加えた。

夏のあいだ、ダーデン社は大株主と連絡をとり、スターボード社の敵対的候補者に投票する可能性のある人数を把握しようとした。戻ってきた反応は芳しいものではなかった。レッドロブスターの売却が特に不評というわけではなかったものの、臨時株主総会開催への広範な支持を無視して売却を進めた取締役会の決定は、多くの投資家にはやりすぎと受け取られていた。取締役会は、怒った投資家をなだめるには、いくつかの面で譲歩が必要であろうと判断した。

七月二八日、ダーデン社はレッドロブスターの売却が完了したことと、CEOのクラレンス・オーティスが会長を退任して再選には臨まないことを発表した。「彼はしばらく前から辞任したいと取締役会に伝えていた」と、ローズは語る。「レッドロブスターの売却をすませたことで、自分がやるべき成長戦略上のおもな義務を果たしたつもりだったが、アクティビストや一部の株主は彼本人が問題の一端であると主張していた。そこで、身を引くべきだと考えたのだ」。筆頭社外取締役のチャールズ・レッドシンガーが独立非業務執行議長に任命された。後任が決まるまで、オーティスはCEOに留まることも発表された。取締役会のなかでは、社長兼最高執行責任者（COO）であるジーン・リーが後継者と目されていたが、彼はその職に就いてまだ日が浅かったので、引き継ぎを遅らせれば有益な移行期を生み出せると考える者が多かった。ダーデン社はまた、来るべき委任状争奪戦には九名の独立取締役だけを候補者リストに載せ、スターボード社のリストから少なくとも三人の候補者の選任に賛成すると発表した。

翌月いっぱい、レッドシンガーはジェフリー・スミス、およびダーデン社への大口投資家であるキャピタル・リサーチのポートフォリオ・マネジャー、グレッグ・ウェンツとたびたび電話や会議で話し合った。三者は、スターボード社は取締役会に代表を送り込む代わりにキャンペーンを終了させるという和解案を成立させようとした。取締役会の再編を支持し、スターボード社の重要な協力者ではあったが、ウェンツは継続性保持のために少なくとも数名の現取締役が残ることを強く望んだ。この時点で、スターボード社の持ち株比率は九％近くまで増えていた。当初ダーデン社は七名の候補者を擁立し、スターボード社に残りの五名を譲ろうとした。だが、スミスはもっと多くを望んでいた。双方六名ずつという二度目の提案がはねつけられると、ダーデン社は現取締役のうち四名だけを擁立する案に切り替えた。スターボード社が過半数の八名を得るわけだ。それでも、こうした懇請はすべてはねつけられた。スミスは取締役会をまるごと手に入れると決めていたのだ。

オカピ社のブルース・ゴールドファーブは、ダーデン社の交渉戦術がキャンペーンそのものと、それに対する株主の見方に大きな影響を与えたと考えている。「その戦術は信頼性という面で会社を傷つけた」と、彼は言う。「投資家たちは、〝なぜ彼らはこんなことをしているんだ？　誰を救おうとしているんだ？　なぜ救おうとしているんだ？〟と疑問を抱いた」

ローズが言うには、取締役会は席の大半を失うことになるのを覚悟していたが、経営陣や株主が継続性を求めていたので、議決後も取締役会に何人かの代表者を残すための努力を続けたという。

臨時株主総会開催を求めるキャンペーンのあいだ、スターボード社とそのソリシターであるオカピ社は、レッドロブスター売却の判断だけでなく、ダーデン社再興のためのスターボード社のプランや戦略についても株主に説明を続けていた。つまり、委任状争奪戦がたけなわになる前に、ダーデン社のための自社のプランを広める地盤づくりができていたことになる。いまやスミスと配下のチームは、自分たちの候補者の信頼性と、オリーブガーデンにも改善すべき点があることの宣伝に集中できた。

二〇一四年九月二日、ダーデン社は事前議決権行使勧誘書類を発行して、八名の候補者の擁立を明らかにした。ローズを含む現役員四名に加え、レストラン経営に長い経験をもつ二名と社外の新顔二名の社外候補者四名という顔ぶれだった。この四名の追加は、スターボード社陣営では冗談めかして「生贄《いけにえ》の子羊」と呼ばれた。新議長のチャールズ・レッドシンガーを含む八名の現役員は再選を断念した。スターボード社はこの知らせを聞いて声明を出し、これは「反動的で、見切り発車の、混乱した決断である」として、取締役会は「リーダーシップに欠け、方向を見失って揺れ動いている」と強調した。

役員室クーデター

投資家がそれぞれ好みの候補者に票を投じる定時株主総会は、一〇月一〇日に予定されていた。双方が、手あたり次第に相手目がけて投げつけあう決意で臨んだキャンペーンも最後の数週に入った。ダーデン社は五二ページの投資家向け説明書を配信し、そのなかで現取締役会の業績を擁護し、レッドロブスター売却の正当性を主張するとともに、他の企業に仕掛けたスターボード社のこれまでのキャンペーンの成功率に疑問を投げかけた。同時に、レストラン経営の経験に乏しく、スターボード社との関係が濃すぎる相手の候補者を批判した。

その二日後、スターボード社は二九四ページにわたる投資家向け提案書でこれに応じ、そこに書かれたパスタを茹でる際の塩の不使用とスティックパン食べ放題の件が、世界中で大々的に報道された。あまりうれしくない注目を浴びてしまったとはいえ、ジェフリー・スミスは報告の精度については頑として譲らなかった。「この提案書の送り先は議決権をもつ株主と、その多くに助言する議決権行使助言会社であるから、細かい点まで残さず盛り込む必要があると感じた」と、彼は言う。「議決権行使助言会社と株主には、役員全員をすげ替えるという、常識外れの行動をとるわれわれを信頼してほしいとお願いした」

オフィスにメールが大挙して流れ込んできたときの当初の懸念は、やがて払拭された。「数時間で正気に返った」と、スミスは言う。「この出来事を笑って話せるようになり、メディアと顧客基盤がこれほどあけすけで情熱的であることは大変な強みになると気づいた。これこそ、オリーブガーデン・ブランドの力の証しなのだ」

スターボード社がこの提案書を一番に読ませたかった相手は、有力な議決権行使助言会社のISSだった。提出した候補者全員の選出を実現するためには、ISSと、その同業者のグラスルイスの支持が不可欠だった。この二社の顧客が、ダーデン社の株式の一七％を保有していた。

一〇月の第一週にスターボード社は役員候補者をISSに直接引き合わせるために、ワシントンDCから北へ車で三〇分のメリーランド州ロックビルに連れていった。ISSの本社に一番近いレストランはほんの二ブロックのところにあるレッドロブスターだった。これまでは長年、アクティビストや、多くの企業の現職役員と候補者がISSにプレゼンテーションする前夜、このレストランで食事をしていた。だが今回、スターボード社のチームはそのレッドロブスターでも、近くにあるオリーブガーデンでもなく、DC郊外のキャピタルグリルで食事をした。候補者が、スティックパンの過剰供給や塩気のないパスタについて話し合うより、ダーデン社で成功したレストランがどんな様子か知りたがったからだ。彼らは大いに気に入ったようだった。みんなでステーキを前に、ISSとのミーティングに向けて最終的な準備を行った。

翌日、スターボード社の候補者とオカピ社のチームはISSのオフィスの大きなテーブルを囲んで座り、ISSのガバナンス専門家に質問攻めにされた。ISSの代表は回数こそ少ないがすでにスターボード社と話し合いをもっており、ダーデン社のためのプランについても熟知していた。それでも彼らは、役員候補者が必要な専門知識をもっているかどうか、キャンペーンに関与した動機は何なのかを詳しく知りたがった。また、候補者たちがスターボード社とは無関係に考え、行動できるかどうかを確認しようとした。

それだけでなく、ISSには役員全員をすげ替える必要が本当にあるのかどうか、確信を得る必要があった。同社のガイドラインに従えば、敵対的投資家が少数の役員候補者を擁立した場合、たとえ事を荒立てるだけの影響力はもてないにしても、取締役会に株主代表を増やすことが会社の利益になるのを証明する必要がある。ましてアクティビストが取締役会の席の大半を得ようとしているときは、その立証責任ははるかに重くなる。敵対的投資家は、全面的な再編が必要なこと、それに自分たちの事業プランがすでに会社の行っているものより優れていることを立証しなければならない。スターボード社は全面的な再編を求めていたので、プランの内容を普通以上に事細かに説明してISSを感心させる必要があった。それが、二九四ページにも上る提案書だった。

その事細かな説明が功を奏した。翌日、ISS、グラスルイス両社は、委任状争奪戦でスターボード社の役員候補全員を支持し、顧客にも支持することを推奨すると発表した。だが、業界三位のイーガン・ジョーンズ社は引き続きダーデン社を支持した。

ISSとグラスルイスの支持を取りつけることがスターボード社のキャンペーンにきわめて重要であるのは間違いなかったが、どちらの陣営の関係者も、株主の多くはすでに心を決めていると感じていた。臨時株主総会で株主の意見に耳を傾ける前にレッドロブスター売却を決めたことで、取締役会の運命は事実上決まった。「売却の是非を問う議決を行うことに賛成した人にすれば、許し難い株主無視である。その時点で、われわれの存在は意味をもたなくなった」と、ＩＳＳのＭ＆Ａと委任状争奪戦の調査責任者であるクリス・セルニックは言う。「それは、すべての者の目からうろこが落ちた瞬間だった」

定時株主総会までの数日間、ダーデン社は残された最後の時間を使って、緒についたばかりのオリーブガーデン再興の試みを喧伝し、スターボード社の推す候補者の独立性に疑問を投げかけた。だが、どれもまったく効果がなかった。二〇一四年一〇月一〇日の定時株主総会において、スターボード社の候補者一二名全員が役員に選出された。史上初めて、アクティビストがＳ＆Ｐ５００の大企業の取締役会を完全に牛耳ったのだ。クーデターは成功した。

スターボード社、ダーデン社の取締役を一掃（スティーブン・フォーリー）

ヘッジファンドのスターボード・バリューが、オリーブガーデンのオーナーであるダーデン・レストランツを揺るがした一〇カ月に及ぶ戦いに全面的な勝利を収めた。これによって、機関投資家が業績不振企業に対するアクティビスト活動の支援に意欲的であることがふたたび証明された。

金曜日に開かれた定時株主総会において、スターボード社の創業者ジェフリー・スミスを含むヘッジファンド側の候補者がダーデン社取締役会の一二の席を独占することになった。

アクティビストがプランを推し進めるために

役員席を求めることはめずらしくないが、現役員全員に取って代わる候補者を擁立することはめったになく、ましてや他の株主がそれを支持するとはほとんど前代未聞である。

スターボード社は以前から、ダーデン社がオリーブガーデンの経営を誤り、事業の分離や不動産ポートフォリオの再構成など、株主本位のプランを実行するのを怠っていると主張してきた。

本年のレッドロブスター・チェーン売却が、それを撤回させる可能性もあった株主の議決の直前に行われたために、一部の株主の怒りを買った。ダーデン社は長年CEOの座にあったクラレンス・オーティスの退任も発表したが、それでもスターボード社は取締役会の徹底的な改革を求める主張を引っ込めなかった。

「ダーデン社には、かつて有していた強さと卓越性を取り戻すために必要な材料がすべてそろっている」とスミス氏は述べ、ダーデン社との共同声明のなかで、新しい取締役会はすぐにも「変化をもたらすリーダーをダーデン社のCEO」に据えるために動き出すだろうと付け加えた。

オリーブガーデンとレッドロブスターがチポトレ・メキシカン・グリルなどのファストフード・チェーンとの競争に負けたために市場で後れをとったダーデン社に目をつけたアクティビストは、スターボード社が初めてではなかった。すでに前年の初頭、バーリントン・キャピタル・パートナーズがダーデン社の分割を要求している。

この二つのアクティビストは、ダーデン社の株主に宛てて大量の書簡を送り、そのなかで現経営陣を批判し、事業改革案のリストを提示した。リストには、レストランの支配人の賞与から、オリーブガーデンのスティックパンの提供方法の変更まで並べられていた。

スターボード社の勝利を阻むための苦しまぎれの試みとして、ダーデン社は相手の候補者に半数に満たない席を与える譲歩をしたうえで、ヘッジファンドに取締役会を完全に支配させるのは株主の利益を害すると主張した。

ダーデン社の株価はわずかに上がって四九・三四ドルになった。二年前のピーク時は五七・二〇ドルだったから、スターボード社の役員候補者が得るはずの大勝利の余得はすぐには手に入らなかったわけだ。

(出典：Foley, S., 'Starboard sweeps away entire Darden board', Financial Times, 10 October 2014.

その余波

新取締役会はただちに仕事を始めた。議決の結果がどうなるかを読み取った旧取締役会は、議決が行われる前日にスターボード社の推す候補者がオーランドのマリオット・ホテルでダーデン社経営陣の一部と面談することを許可した。「CFOの話があり、次に人事部長の話も聞いた」と、新任役員の一人、シンディ・ジャミソンは思い起こす。「まるで役員用のオリエンテーションのようで、部署や進行中の案件、組織図の説明など、とてもためになった」

議決がすむとすぐに、新任の役員は最初の正式な取締役会を開くためにダーデン本社に出向いた。夏のあいだや委任状争奪戦の最中に何度か顔を合わせていたが、非公開の企業情報へのアクセス権限をもつダーデン社の役員として一堂に会するのはこれが初めてだった。華々しい議決の結果であったにもかかわらず、最初の会議にお祝いの雰囲気はなく、ビジネスライクに執り行われた。

ジェフリー・スミスが議長に就任した取締役会がまず行ったのは、CEOのクラレンス・オーティスを解任し、ジーン・リーを後釜に据えることだった。取締役会が正式な後任を決定するまで、リーが暫定的にCEOを務める。取締役会はまた、各種委員会の議長を選出し、スミスはCEO指名委員会の長に就いた。新取締役会はその後数日にわたって、オーランドで会議を開いた。

ところが最初の週に、新取締役会はやる気を削がれる事態に直面する。格付け会社のムーディーズが、いわゆる「首脳陣の総入れ替え」とオリーブガーデンの抱える問題から生じる不安定な状態をもとに、ダーデン社の一三億ドルの債務を格下げしたのである。

委任状争奪戦の最中、キャピタル・リサーチのグレッグ・ウェンツはじめ株主の懸念に配慮して、スターボード社は争奪戦に勝利したら、継続性を維持するために旧取締役会から一名の再任を検討すると発表していた。議決の翌日、スミスと指名委員会およびガバナンス委員会は新取締役会への参加に意欲をもつ前役員数名と面談した。その結果、取締役会の残りの一席をウォルマートUSの元CEOビル・サイモンに与えることにした。サイモンは委任状争奪戦が戦われているあいだ、旧取締役会の代表としてスターボード社と話し合いを行っていたが、再選には立候補しないと言明していた。彼はまた、スターボード社が投資家向け提案書でレストランチェーンをいくつか保有する企業の経営手法の代表例として挙げていたダーデン社のライバル、ブリンカー・インターナショナルの経営幹部だったこともある。

委任状争奪戦で、ダーデン社がスターボード社に浴びせたおもな批判の一つに、スターボード社の役員候補者に独立性が欠けている点があった。役員は通常、取締役会の指名委員会およびガバナンス委員会によって選任されるもので、株主が推薦する場合もある。だが今回の場合、全役員がただ一つの投資会社、スターボード社の手で選ばれていた。旧取締役会の言い分は、これでは新任の全役員がスターボード社に恩義を感じ、新議長のスミスの影響力が取締役会内で大きくなりすぎる事態が生じかねないというものだった。

取締役会を去るマイケル・ローズに言わせれば、レッドロブスターの売却後、多くの株主がガバナンス上の理由で旧取締役会に反対票を投じたが、新取締役会もいまはみんなが見逃しているガバナンス上の問題で株主の怒りを買うに違いないという。「彼ら全員が一株主によって集められ、一株主に忠誠心を抱き、一株主が作ったプランに取り組む。ところが、なぜかその過程で彼らの独立性の欠如は忘れられてしまう」と、彼は言う。「不都合な真実の一種だ」

もっとも新取締役会はこうした非難を否定している。「スターボード社の影響力を感じたことは一度もない」と、ビル・サイモンは言う。「それに、役員全員がスターボード社に選ばれたという事実が、会議で実に活発に交わされる議論に影響を及ぼしているとも思えない。取締役会のメンバーは全員、他人に依存しない独立した専門家だ。いまの地位に就いた経緯は関係ない」

スミスは、オリーブガーデンの経営方針を辛辣に批判したスターボード社のキャンペーンと委任状争奪戦のせいで軋轢が生じ、ダーデン社の社員の気持ちが離れてしまうのではないかと心配した。そこで、新役員は経営側と社員のあいだに橋を架ける作業に着手した。最初の数週間、役員は全員、ダーデン社のレストランで働くことになった。スミス自身もニューヨークに近いロングアイランドのウェストベリーにあるオリーブガーデンでテーブル係として客を迎え、調理場でも働いた。

二〇一五年二月、ダーデン社は正式にリーのCEO就任を発表、そのひと月後には、一年半前にそこを訪問したバーリントン社のジェームズ・ミタロトンダを激怒させたオーランド本社を売りに出した。ダーデン社が長期テナントとして残れるよう、リースバック契約を結んで不動産を売却する計画だった。敷地全体が、四年前に購入したときの半額の八〇〇〇万ドル弱と評価された。リーはそれ以前に、管理費用を二〇〇〇万ドル削減することを発表しており、その結果、六〇人の管理維持スタッフが退職した。さらに、航空部を廃部にして、社有ジェット機を売却する予定であることも明らかにした。

三月の四半期決算では、当初の増収努力が実を結び始めていた。既存店売上高は全チェーンで前の四半期より三・六%増加し、最大のブランドでこれまで業績不振だったオリーブガーデンも既存店売上高が二・二%上がった。総売り上げは、前年同期比六・九%増だった。

六月になると、オリーブガーデンは人気の前菜を挟んだスティックパン・サンドイッチを発売して馴染み客を喜ばせた。このアイデアはレストランの現場から生まれたものだった。キッチンの従業員が賄い料理として、スティックパンに切れ目を入れて、ミートボールやパルメザンチーズをまぶしたチキンなどの具を挟んで食べていたのだ。ダーデン社はまた、スターボード社のプランに従って不動産ポートフォリオの一部をREIT化するとも発表した。会社が所有していた一二七〇物件のうち四三〇をREITとしてスピンオフし、さらに七五物件をリースバック契約を結んで売却する計画だった。これが発表されたのは、バーリントン社が不動産を含む三つの部分に会社を分割する案を携えてダーデン社に初めて接触した日の翌週から、ちょうど二年後のことだった。

「クラレンス・オーティスがわれわれのプランを実行していれば、いまごろ大いに尊敬される存在になっていたと思うよ。非常に大きな株主価値を生み出したはずだ」と、バーリントン社のジェームズ・ミタロトンダは言う。「それなのに、いったいどうなった？　翌年には、彼はいなくなってしまったんだ」

とはいえ、モルガン・スタンレーがダーデン社の旧取締役会に与えた助言のなかですでに予測していたように、ＲＥＩＴ化してスピンオフするのは簡単ではなかった。スピンオフが発表されるとすぐに、ボヤ・ファイナンシャルやアメリカン・インターナショナル・グループ（ＡＩＧ）、リーフ・ロード・キャピタルといったダーデン社債を保有する会社が、ダーデン社から償却の申し出があったにもかかわらず、このプランに同意することを拒否した。その後まもなく、米国財務省と内国歳入庁は、特定のＲＥＩＴスピンオフに対する税制上の優遇措置を見直すと発表した。

アクティビスト・キャンペーンへの対応を間違えた経験を思い返して、前役員のマイケル・ローズは、今度のことは様々な悪条件が重なって起きた「破滅的事態《パーフェクト・ストーム》」で、そのためにスターボード社に取締役会を完全に牛耳られたと語る。株主の意見を聞かずにレッドロブスターの売却を決めたことで、このキャンペーンは他のものとはまったく別物になってしまった、と彼は考えている。「アクティビストには取締役会全体を乗っ取る力があると言われれば、私も確かにそうかもしれないとは思うが、そうなるのは信じ難い事情がいくつか組み合わさった場合に限られる」と、ローズは言う。スターボード社が取締役会の席を独り占めするのを可能にしたもう一つの大きな要因は、ダーデン社の大株主である投資信託会社から強力な支持を得たことだった。この委任状争奪戦の敗者側についた人々は、特定の投資家がダーデン株を大量に保有し、最高値でそれを売ることを望んでいたと信じている。確かに株価は総会後の数日間は値上がりし、彼らに望みを叶える機会を与えた。

もっともローズは、ダーデン社に対するキャンペーンが大きな意味をもつのは、それがアクティビストに対する防衛戦術を変えてしまった点にあると考えている。ダーデン社の取締役会は、議決権行使日の前日までは株主と話し合わないようにしろとしつこく注意されていた。だが、それでは遅すぎたのだ。

第4章　ヤフー包囲網

航空業界《エアライン》から情報業界《オンライン》へ

　ゲイリー・ウィルソンとカール・アイカーンには、浅からぬ因縁がある。一九八〇年代末にアイカーンがトランスワールド航空（ＴＷＡ）に当時最も悪名高い乗っ取りを仕掛けたとき、ウィルソンはＴＷＡのライバルであるノースウエスト航空に対するレバレッジド・バイアウトを主導していた。二人は仲が良く、ときには取引をすることもある間柄だった。ところが二〇〇八年になると、それまでとはまったく違う舞台で相まみえることになる。

　その頃には、アイカーンは世界で最も恐れられるアクティビスト・ヘッジファンド・マネジャーに生まれ変わっていた。企業乗っ取り屋時代の容赦なさはそのままに、新たに身につけた、弱みをもつ企業に仕掛けるキャンペーンに大手の機関投資家の支持を取りつける能力でも名高い存在だった。当時ウィルソンはノースウエスト航空の会長を退任して、ヤフーの取締役に就任していた。アイカーンが次に狙う脛《すね》に傷ある企業として、ヤフーに目をつけたのはたまたまだった。

アイカーンは、資金力に物を言わせてヤフーの株式を大量に取得した。同時に、役員全員の詳細な資料を準備したうえで、要求をのまなければ取締役会を追及すると威嚇した。要求はただ一つ、ヤフーのマイクロソフトへの売却だった。アイカーンは、ヤフーの取締役会の地盤が揺らいでいるのを感じていた。前年の定時株主総会では、ぱっとしない業績とCEOテリー・セメルの報酬に株主が不満を抱き、取締役会は六六％しか支持を集められなかったからだ。前年の九七％からそこまで落ち込んでいた。

創業から一三年、ヤフーはドットコムバブルの目もくらむような株価の高騰も、バブル崩壊後の不名誉な安値も体験してきた。二〇〇〇年一月から〇一年三月のあいだに、株価は会社史上最高値の一一八・七五ドルからわずか六・七八ドルまで下落した。二一世紀に入って数年は、セメルの主導のもと、業績はゆっくりと回復していった。それでも二〇〇八年当時は、グーグルやフェイスブックといった新興勢力によって、オンライン業界におけるヤフーの優位が脅かされていた。セメルはこの新たなライバル二社を、成長して手がつけられなくなる前に買収しようと試みたが不首尾に終わり、それがヤフーの方向性の欠如と見なされて株主の支持を失った。二〇〇七年の株主の議決によって取締役会は面目を失い、総会の一週間後、セメルは辞任した。

ヤフーの株主のなかには、二〇〇七年の時点でキャンペーンを仕掛けるよう促す者もいたが、アイカーンは様子見に徹した。だが一年後、打って出る機が熟したと判断した。ヤフーの取締役会は、アイカーンと取引した経験があり、私的な付き合いもあるウィルソンを交渉チームに加えて、ダメージを避けられない委任状争奪戦をせずに、この恐るべきアクティビストと何らかの取引ができないか方策を探る役目を与えた。ヤフーにとって、これがアクティビストと激突した最初の体験だった。だがそれは、一度きりというわけにはいかなかった。

取引を模索する

アイカーンは当初、ヤフーにキャンペーンを仕掛けてよいものかどうか迷っていた。だが二〇〇八年初頭にマイクロソフトのCEOスティーブ・バルマーがヤフーの敵対的買収に乗り出したのを知って心を決めた。マイクロソフトは何年か前からヤフーの買収を推し進めようとして、なかなか成果を上げられないでいたが、ここへ来てその関心をさらに強めるようになっていた。バルマーはヤフーの時価総額を四五〇億ドル程度と評価し、一株当たり三一ドルでの購入を申し入れた。このオファーがなされた二〇〇八年一月三一日時点のヤフーの株価は一九・一八ドルだったので、実に六二％も上乗せされている。

バルマーがこの買収に熱心だったのは、グーグルの躍進に対抗するためだった。マイクロソフトとヤフーが組めば、オンライン検索とオンライン広告で優位にあるグーグルに拮抗する勢力になり得る。事業を共同化すればスケールメリットもあるだろうし、調査や開発に充てられるリソースも増え、事業運営の効率が向上し、動画、モバイル端末、SNS、広告に関する製品やサービスの成長が見込めるだろう。

翌日、マイクロソフトはこのオファーを公表した。市場の取引終了時にはヤフー株は二八・三八ドルに上昇していたが、マイクロソフトの買い付け価格を下回っていた。それは、ヤフーの取締役会はバルマーの提案を受け入れないだろうと投資家層が考えたからだ。

市場の読みは的中した。二月一一日、ヤフーはマイクロソフトの最初のオファーを拒否すると発表した。取締役会や経営チーム、アドバイザーなどで提案を詳細に検討したが、企業価値が実際より低く見積もられており、この買収は株主に最大利益をもたらさないという結論になったという。バルマーは動じることなく執拗に要求を続け、ヤフーの株主に書簡を送って、この買収は間違いなく株主の最善の利益になると訴えた。

二〇〇八年の上半期を通じて、マイクロソフトはヤフーの取締役会に圧力をかけ続けた。その間、テリー・セメルからCEOを引き継いだヤフー共同創業者ジェリー・ヤンは、経営幹部らと他の選択肢について検討を重ねた。グーグルやAOL、マイスペースといった競合他社と緊密な提携を行うほうが妥当なのではないか?

やがて、バルマーが売却案件について結論を出す期日を指定してきた。取締役会宛ての書簡で、四月末までに提案を受諾しない場合は委任状争奪戦に持ち込み、役員の代替案を提出するキャンペーンを立ち上げると通告した。ヤフーの大株主のなかにはマイクロソフトとの交渉の進展を希望する者も多く、その思いを取締役会に伝えてくる者もいた。

ヤフーの取締役会はマイクロソフトに対し、買収案を前向きに検討する用意はあるが、それは条件が改善された場合に限ると回答した。五月二日にはマイクロソフトが一株当たりの買い付け価格を三三ドルに引き上げ、両陣営は合意に達するかに思われた。だが翌日、契約締結のためシアトルへ飛んだヤフー共同創業者の二人、ヤンCEOとデビッド・ファイロはバルマーと面会し、一株当たりの価格を三七ドルに引き上げるよう迫った。バルマーは自分の提示額に固執し、買収交渉は物別れに終わった。両社は話し合いを打ち切り、互いを非難し合った。バルマーらマイクロソフト陣営は、ヤンとファイロには最初から身売りをする気がなく、最後になって高値を付けたのは、そうすることで買収を撤回させようとしたのだと主張した。一方ヤフー取締役会は、バルマーには受け入れ可能な条件を出すつもりがないという考えを捨てなかった。

五月五日月曜日、交渉の決裂が明らかになると、ヤフーの株価は一五％下落して二三・〇二ドルになった。そのことに人一倍立腹した株主が一人いた。

書簡による中傷キャンペーン

二〇〇八年五月一五日、ヤフーのロイ・ボストック会長はどんな企業の役員も震え上がらせずにはおかない書簡を受け取った。差出人はカール・アイカーン、次のような書き出しだった。「ヤフーの役員の行動は筋が通らず、株主およびマイクロソフトの信頼を損ねるものである」。それに続いて、マイクロソフトが出した一株三三ドルの買収提案を受け入れるべきだとする自分と同じ考えをもつ株主数名に連絡をとったところ、取締役会のメンバーを入れ替えてマイクロソフトとの合併協議を再開するために、委任状争奪戦を始めるよう励まされたと書かれてあった。

「アイカーンは、マイクロソフトの付けた〝値札〟が現実を正しく反映していると考えていた」と、ゲイリー・ウィルソンは記憶をたどる。ウィルソンは当時、ボストックや、同じ役員のロン・バークルとともに交渉に当たっていた。「精査すればわかるはずだが、私にはあれが現実的な値付けとはとうてい思えなかった」

だが、アイカーンはすでに動き出していた。両社の破談がおおやけになったあと、ヤフーの株式五九〇〇万株をおよそ一五億ドルで取得、さらに二五億ドル分の追加取得について反トラスト法に則り、連邦取引委員会に承認を求めた。また、夏の終わりに予定されている定時株主総会では、現取締役会に対抗して、自身を含む一〇人の役員候補者のリストを提出するという。書簡は、自分は委任状争奪戦にならずにすむことを願っており、そうなる前にマイクロソフトと合意することを望むと締めくくられていた。

ヤフー側は、提案を引っ込めたのはマイクロソフトのほうなのだから、アイカーンの要求には応じられないと返答した。だが六月に入ると、アイカーンはキャンペーンを一段と強化し、今度はCEO兼役員のジェリー・ヤンを標的にした。アイカーンはヤフーが年初に導入した社員退職防止プランを俎上《そじょう》に載せ、これはマイクロソフトからどんな買収案が出ても〝妨害〟するためのものだと主張した。このプランでは、ヤフーが他社に買収された場合、その後二年以内に人員整理か自己都合で離職した社員は例外なく退職手当や保障の大幅な優遇を受けられることになっていた。ヤフーの説明では、これを導入したのは経営が不透明なときでも社員を引き留めたり集めたりするためだという。だがアイカーンは、ヤフーを買い手から見て魅力のないターゲットにする手段であると考えた。

「私はずっと以前から、この国の取締役会やCEOが本当に役立っているのか疑問を抱いてきた。それが、企業が競争力を失っている原因ではないかと」。ボストックに宛てた二〇〇八年六月四日の書簡を、アイカーンはこう始めている。「私は常々、CEOや役員が自分の職を守るためにどこまでやるのかと不満を述べてきたが、ジェリー・ヤンはじめヤフー取締役会が保身のために時間をかけてやってきたことと、株主がマイクロソフトに身売りすることを望んでも、その決定に彼らを関与させないでいるのを見ると、ただただ驚き呆れるばかりだ」

アイカーンのキャンペーンだけでなく、大株主からのプレッシャーも感じたヤフーの取締役会は、六月初旬にマイクロソフトの買収案に実現の可能性があるかどうか、最後にもう一度検討することにした。バルマーはその協議の席で、ヤフーの検索事業を現金一〇億ドルで購入すると申し出たが、取締役会はこれを拒否した。

もっとも、そのときヤフーが話し合いを行っていた相手はマイクロソフトだけではなかった。六月中旬、ヤフーの検索結果のページに、グーグルの提供する広告を載せる契約が成立したと発表された。こともあろうに、マイクロソフトが何とかその優位を覆そうとしていた相手との提携である。ヤフーによれば、この契約は最長で一〇年間更新され、最初の一年で推定二億五〇〇〇万ドルから四億ドルのキャッシュフローを生むという。ヤフーの取締役会は、グーグルとの提携によって、マイクロソフトの買収話が沈静化するのを期待した。だが、カール・アイカーンがそう簡単に引き下がるはずはなかった。

株主総会の日取りが二〇〇八年八月一日に決まり、ヤフーとアイカーンの両陣営はキャンペーン戦を本格化させた。ヤフーは六月末に株主に報告書を送付し、なぜマイクロソフトとの取引が高い価値を生まないのかを改めて説明した。一方、アイカーンとマイクロソフトのスティーブ・バルマーは手を結ぼうとしていた。その夏、両者は何度も話し合いをもった。バルマーは、現役員が再任されたらヤフーの検索事業の買収をやめるつもりだが、アイカーンの擁立した候補者が選任された場合は、喜んで交渉を再開するつもりだと述べた。アイカーンはヤフーの株主に書簡を送り、自分のキャンペーンを支持してくれれば、マイクロソフトによる買収提案を復活させられると訴えた。

アイカーンは、メディアへの投資で知られ、大きな影響力をもつゴードン・クロフォードとも連携した。クロフォードは運用大手のキャピタル・リサーチ・アンド・マネジメントでヤフー株の六・五%を保有するファンドを運用しており、同社は別のマネジャーが運用するファンドでもヤフー株を九・八%保有していた。クロフォードはヤフーのジェリー・ヤンCEO、ロイ・ボストック会長、取締役のロン・バークル、ゲイリー・ウィルソンと面談を行った。株価の低迷を腹にすえかねていたクロフォードは、その場でマイクロソフトとの交渉を進めるか、代替案を出すように迫った。

こうしたプレッシャーに耐えかねたヤフーの経営陣は、七月一一日にアイカーンとバルマーの訪問を受け入れ、検索事業の買収問題に打開策を見つけようとした。だが、今度も話し合いは実りなく終わった。アイカーンはこの度重なる交渉決裂を利用して、現役員の再任を阻んで自分の候補者に票を投じるよう改めて株主を説得した。

翌週、ヤフーの大株主であるレッグ・メイソン・アセット・マネジメントのファンドマネジャー、ビル・ミラーが、次の株主総会では現職を支持すると表明した。両陣営は主要株主がどちらにつくか、票読みを始めた。アイカーンが保有する株式は五%足らずだったが、一部の大株主の支持を取りつけていた。それでも、過半数に迫っているという自信はなかった。そこで、選任される確率を上げるために、役員候補者を四人に減らすことを検討した。一方ヤフーの経営陣は、取締役会の過半数を維持できる支持を得た感触はあるものの、アイカーンが候補者数を絞ってきて、役員席をいくつか失うことになるのを警戒していた。

最終議決の日まで二週間を切った二〇〇八年七月二一日、両陣営は和解に至る。ヤフーはアイカーンを役員に迎え、さらにアイカーンの提案した候補のなかから、指名・ガバナンス委員会が二名を選んで役員に選任することで合意した。役員を五年務めたロバート・コティックが再任を辞退し、取締役会の員数は九人から一一人になった。

ヤフー側は内心、勝ったと思っていた。議決権行使によって生じる大きなダメージを回避してアイカーンの脅威を希薄化し、役員の総数を増やすことで取締役会における彼の影響力を減じることができたからだ。とはいえ、取締役会はアイカーンが経営の中枢に加わるのを許した。公然とヤフーのCEOと役員を非難してきた男が、いまや身内になったのだ。

役員室に来ない役員

それから数日たった二〇〇八年七月二四日、議決権行使助言会社のグラスルイスは同社の顧客に対して、ヤフーの株主総会では前年同様、報酬委員会のメンバーであるロイ・ボストック会長、ロン・バークル、アーサー・カーンの三名の再任に反対票を投じるよう推奨した。今回はさらに、カール・アイカーンの役員就任についても懸念が示された。アイカーンが役員を務める企業は、ヤフーを含めると八社に上る。グラスルイスは、アイカーンが手を広げすぎて株主に対する責任を果たせないかもしれないと考えた。また、アイカーンがヤフーの役員としての責務に十分な時間を割いているかどうか厳しく監視すべきだと株主に呼びかけた。

グラスルイスの警告は的を射ていた。就任後の一年間でアイカーン本人が実際に取締役会に出席したのは一度だけで、それも通常の開催場所であるシリコンバレーではなく、彼の住むニューヨークで行われたときだった。それ以外の会議には電話で参加して、マイクロソフトとの取引の交渉を再開するよう訴え続けた。

当初、再任組の役員は、アイカーンとともに選任されたフランク・ビオンディとジョン・チャップルの二人にも不信感を抱いていた。ビオンディはアイカーンと長年の親交があり、二〇〇六年のタイムワーナーの会社分割の際はアイカーンのキャンペーンの一翼を担ったこともある。だが、ビオンディとチャップルはアイカーンの手先ではないことが、まもなく明らかになる。むしろ二人は、マイクロソフトとの交渉を再検討するようにしつこく要求するアイカーンに一度ならず異議を唱えていた。

「一般にはあまり理解されてないようだが、こうした状況において――あるいはどんな場合でも――役員はアクティビストではなく、株主全体に負っている受託者責任にもとづいて行動する」と、ビオンディは言う。「意思決定は何をおいても良識に従って行うことが多いものだ」

委任状争奪戦を回避し、マイクロソフトとの取引も立ち消えになったところで、ヤフーは経費削減に舵を切る。二〇〇八年一〇月二一日、ヤフーは年内に従業員の一〇%を削減する計画を発表し、さらにそのひと月後には、ジェリー・ヤンは取締役には留まるもののCEOを退任し、以前と同じ「チーフ・ヤフー」の肩書を名乗ることを明らかにした。この報道を受けて株価は九・三九ドルに急落、年初にマイクロソフトが買収でオファーした値の三分の一になった。

二〇〇九年一月、ソフトウエアメーカーのオートデスクで会長兼CEOを務めたキャロル・バーツが、ジェリー・ヤンに代わってヤフーのCEOに就任した。バーツが加わって取締役会は一二人になり、アイカーンの影響力はさらに薄まった。

二〇〇九年一〇月、アイカーンは敗北を認め、ヤフーの役員を辞任した。在任期間はわずか一年三カ月で、辞めたのは他の役員が相変わらずマイクロソフトによる買収に抵抗しているのが不満だったからだ。アイカーンは、取引をまとめれば株価が五〇％以上値上がりすると見込んで大量のヤフー株を取得した。短期の投資で大きなリターンを手に入れるつもりだった。目論見は外れ、彼は取得時の四分の三以下の価格でヤフー株を手放すことになった。

「アイカーンはとても優れた投資家だが、どんなに優れた投資家も失敗することがある」と、ゲイリー・ウィルソンは言う。「彼は判断を誤ったことに気づいたのだと思う。ヤフーの業績が上がらないのを見て損切りしたのだろう」

アイカーンの要求をかわすヤフーの作戦は成功した。まず役員の席を与えて毒抜きすると、次に取締役会の人数を増やしてその影響力を弱めた。手強い敵を見事に撃退したのだ。

それから一年半、新CEOのキャロル・バーツはヤフーに活力を取り戻すべく数々の戦略に取り組んだ。人員削減や、重複したり業績不振だったりする事業を打ち切る合理化策にも踏み切った。それでも株価は相変わらず一五ドル前後で推移し、二〇〇八年初頭にマイクロソフトが買収提案した価格の半値にも満たないままだった。利益率は改善されたが、売り上げが著しく増加することはなかった。それに対して、グーグルとフェイスブックはインターネット業界での優位を維持した。長期型投資家はなおも、ヤフーがマイクロソフトの提案を受け入れなかったことに不快感を示した。

　経営コンサルタントからベンチャー・キャピタリストに転じたエリック・ジャクソンがヤフーに興味をもったのは、二〇〇六年のことだった。二〇〇七年には、当時のCEOテリー・セメルと取締役会のメンバーを解任するためのキャンペーンを打った。その後、時間をかけてアジア市場への投資の可能性を調査したジャクソンは、ヤフーを別の視点から見るようになった。特に目を引いたのは、ヤフーがヤフージャパンと、中国のEコマース企業であるアリババ集団の株式を保有している点だった。株主の多くは、ヤフーはこれらの株式を売却して本業に集中し、売却益を投資家に還元すべきだと考えていた。二〇一一年二月にはヤフーのCFOティム・モースが、ヤフージャパンの株式三五％を非課税でスピンオフする計画があると明らかにした。

　一方ジャクソンは、長期的に見ればヤフージャパンとアリババ集団の株価は必ず上がるのだから、ヤフーは株をもち続けるべきだと考えていた。ヤフーはテリー・セメル時代にアリババ株の四〇％を一〇億ドル超で取得し、中国におけるヤフーの事業の管理をまかせた。その後アリババは、馬雲（ジャック・マー）のリーダーシップのもと、成長拡大する中国のEコマース市場で圧倒的な力をつけていった。アリババが提供するのは、個人同士でも企業からでも売買のできるオンライン・プラットフォームで、さしずめアマゾンとイーベイ社を合体させたものの中国版と言ってよく、そのうえ企業間取引も行えるものだった。ジャクソンは、ヤフーの保有する四〇％のアリババ株を公開市場で売却すれば、三〇〇億ドル以上になると見積もった。アジアの資産を総計して税金を差し引いても、ヤフーには一株当たり三一ドル以上の価値があると算出した。二〇一一年の一七ドル前後に比べれば破格の高価格だった。

二〇一一年の夏に、ジャクソンは複数のアクティビストにヤフーの改革に目を向けるよう働きかけた。ビル・アックマン率いるパーシング・スクエア・キャピタル・マネジメントに話をもちかけたが、アックマンの補佐役であるポール・ヒラルに興味がないとことわられた。次に接触したサード・ポイント社のCEOダン・ローブはすぐに反応した。サード・ポイント社はヤフー株の購入を始め、徐々に持ち株を増やした。ローブがヤフーとの関わり方についてカール・アイカーンに助言を求めると、ヤフーの取締役会は守りが堅いから気をつけろと警告された。

それでもローブは動じなかった。八月までに、サード・ポイント社はヤフー株を一〇億ドルで取得、キャロル・バーツCEOとロイ・ボストック会長の再任に反対するキャンペーンの準備を始めた。バーツが行った数々の改革は株価の押し上げにつながらず、いまだに投資家のあいだには、一株当たり三三ドルのマイクロソフトの買収提案を拒否したことへの失望と怒りがくすぶっていた。また、バーツと他の役員が対立していることが世間に知れ渡っていた。ローブには、取締役会の不協和音が変化を必要としている証しに思えた。バーツかボストックのどちらかが去るべきだ。両方いなくなれば、願ったり叶ったりだが。

まぬけと道化

二〇一一年九月の最初の週に、サード・ポイント社のダン・ローブCEOとヤフーのキャロル・バーツCEOがニューヨークで会う予定が組まれた。だが、その機会はついに訪れなかった。九月六日、ニューヨークで翌日の投資懇談会用のスピーチの準備をしていたバーツは、あらかじめ予定されていた時間にロイ・ボストック会長に電話をした。すると、ボストックは弁護士が作成した声明文を読み上げて、取締役会がバーツを解任した旨を告げた。バーツはボストックの話をさえぎり、原稿を棒読みするのではなく、自分の言葉で語る勇気をもつべきだと（多彩な表現を駆使して）言った。その夜遅く、バーツは一万四〇〇〇のヤフー社員に、私用のｉＰａｄからメールを送り、ボストックによって電話で解雇を通告されたと報告した。

翌日、フォーチュン誌の取材を受けたバーツは、ヤフーの取締役を「まぬけぞろい」と決めつけた。バーツに言わせれば、自分は長期的な視点でヤフーの利益になるように様々な策を講じたのに、取締役会は業績回復に時間がかかることにしびれを切らして解任に及んだ。二〇〇八年のマイクロソフトとの取引に失敗して非難を浴びたせいで臆病風に吹かれ、我慢しきれなくなったのだという。

ロイ・ボストックと取締役会はバーツにまぬけ呼ばわりされたうえに、ダン・ローブの攻撃にもさらされていた。九月八日、サード・ポイント社はヤフー株の五・一％にあたる六五〇〇万株の取得を発表し、同ファンドは機関投資家で第三位の大株主となった。ローブは証券取引委員会に13Ｄ報告書を提出して持ち株比率を開示するとともに、ヤフーの取締役会に宛てた書簡も公開した。大量の株式保有を明らかにしてから痛烈な文章の書簡を送りつける――「大量破壊の書簡」なるローブの常套手段だ。

この書簡でローブは、バーツの解雇は喜ぶべきことだが、そもそもバーツをＣＥＯに就けたこと、しかも二年半も指揮をまかせたことで、果たしてこの取締役会には後任を選ぶ能力があるのかどうか、決断する勇気があるのかどうか疑問を抱かずにはいられないと述べた。また、バーツの拙劣な判断力と欠如したコミュニケーション能力のために、株主はじめ社員、顧客、アジアの協力者との関係を悪化させたとも非難した。

さらにローブは、この四年間でヤフーのCEOが三回も変わったのは取締役会にリーダーを決める能力がないことを如実に示しているとも述べた。ヤフーの企業価値は過小評価されており、取締役会を刷新して経営陣を再編成する必要があると主張し、ボストック会長と、長年役員を務めてきた二人、アーサー・カーンとビオメシュ・ジョシーの辞任を求めた。また、キャロル・バーツと近い関係にあるスーザン・ジェームズも辞任すべきで、これらの役員に取って代わる候補者のリストをすでに作成済みだと付け加えた。

書簡は、ヤフーの取締役会が変化をもたらさなかったら、サード・ポイント社は翌年の株主総会に新しい役員の選任案を提出するつもりだと結ばれていた。「こうした委任状を奪い合う戦いは重い負担となるから、そうならずにすむことを心から願っている。株主はすでに十分苦しんでいる。いまのヤフーには新しいリーダーシップが必要だ。投資家、社員、顧客、ユーザーには、それを与えられる資格がある」

翌週、ローブはロイ・ボストック、ジェリー・ヤンの二人と電話で話し合った。ローブは、ボストックが近年の業績低迷の責任をとるべきだと言ったが、ボストックはその主張を退け、辞任するつもりはないと答えた。話し合いはときおり険悪な雰囲気になりながら一時間ほど続いたが、ボストックはもう聞くだけは聞いたと判断して電話を切った。

ローブは次に、ジェリー・ヤンと手を組んでボストックを孤立させる戦術を使った。今度も公開でヤンに書簡を送り、ヤフー取締役会の再編に力を貸すよう訴えた。「ヤフーの創業者であり、大株主であるあなたは、現執行部の残したあまりにもひどい業績によって資産面ではなはだしい損害を負っただけでなく、個人的にも心を痛めているに違いない」と、ローブは書いた。「ヤフーの全株主のために正しい行動をとり、いまどうしても必要な執行部の改革を推進してほしい」

続いてローブは、ニューヨークで開催されたヘッジファンドの定期総会、「デリバリング・アルファ」で発言の機会を得た。CNBCのネットワークで全国に放送されるのを意識して、自分の講演でヤフーを話題にした。そのなかでローブは、ヤフーの取締役を「道化師」と呼び、アクティビストとして活動したこの一六年間に見たなかでも「特にひどい経営陣だ」とくさした。そのうち黙っていられなくなり、ヤフーのロゴやウェブサイトのデザインにまでけちをつけた。

ところが、ヤフーの混乱に乗じて利益を得ようとした投資家はローブだけではなかった。二〇一一年を通して、かなりの数の未公開株式投資会社が、最終的には買収も視野に入れた少数株の購入についてヤフーに問い合わせてきていた。ヤフーは、サード・ポイント社の攻勢を食い止める手段として、そうした投資会社の申し出に興味を示した。ジェリー・ヤンと共同創業者デビッド・ファイロは合わせて九・五％のヤフー株を保有していたので、友好的な未公開株式投資会社の二社か三社が有力な株主になってくれれば、二人の足場を固められるし、ローブに対する防波堤の役割を果たしてくれるだろう。

同じ時期、ヤフーはアリババ集団とヤフージャパンの大株主であるソフトバンクから、アジアでの資産を売却するよう圧力をかけられていた。この時点でアリババ集団の予想株式時価総額は三五〇億ドルとされており、ヤフーの保有する四〇％のアリババ株には一四〇億ドルの価値があった。アリババ株を売却する際、一番の障害となるのは、売却益にかかる可能性のある三五％の税金だったので、それを回避するためにキャッシュリッチ・スプリットオフという仕組みを使うプランが立てられた。これはアリババとソフトバンクが三分の二を現金、残りを別の資産で出資して新しい子会社を設立し、その会社の資産をヤフーのアジア企業株と交換するというやり方である。

ヤフーと未公開株式投資会社が協議を行っているのを聞きつけたダン・ローブは、一一月四日にもう一度怒りに満ちた書簡を送り、今度はヤンの関与をやり玉に挙げた。未公開株式投資会社によるヤフー株取得の話を進めているのは、あくまで自分とファイロの立場を固めるためで、株主全体の最大利益のためではないのだから、ヤンは役員を辞めるべきだと、ローブは主張した。未公開株式投資会社を取り込んだところで、経営陣と取締役会の地位の保全には役立つかもしれないが、それは全株主の最大利益とは言えない、と。

ローブはまた、ボストックとヤンの代わりか、あるいは現役員に追加するかたちで、サード・ポイント社に取締役会の席を二つ与えろと要求した。

翌月、ローブはまたしてもヤフーの役員に書簡を送り、ヤフーが投資会社に株式取得を呼びかけた書簡をすべて公開するよう求めた。それを受けて、ヤフーの取締役会は未公開株式投資会社との交渉から撤退し、アジアの資産売却のためのキャッシュリッチ・スプリットオフ計画を断念することにした。ローブとの決定的対決は避けられそうもなかった。

二〇一二年に入っても、ヤフーのCEOは四カ月近く空席のままだった。ティム・モースCFOが暫定的にCEOを兼任していたが、一月三日、取締役会はイーベイ社の子会社ペイパルのスコット・トンプソン社長に、正式なCEOへの就任を要請した。トンプソンの指名はシリコンバレーの顰蹙《ひんしゅく》を買った。ITとメディア業界で世界最大手の企業が、またしても取締役会の信任を得た後継者を社内から出せなかったからだ。しかも雇ったのは、それまで子会社クラスのナンバーツーだった人物である。フォーチュン500に仲間入りした企業にふさわしいとは思えなかった。事実、トンプソン採用の経緯はヤフーほどの大企業が普通とるやり方とはまったく違っていた。アポイントもとらずに採用選考委員会に売り込みの電話をかけてきたトンプソンに、すぐに折り返して電話面接を行ったという。

新しいCEOが決まると、取締役会の刷新を求める株主の声に応えて、ヤフーは行動を起こした。二〇一二年に入って数週のうちに、ジェリー・ヤンは役員を辞任し、さらに長年役員を務めてきたロイ・ボストック、アーサー・カーン、ビオメシュ・ジョシー、ゲイリー・ウィルソンがその年の後半に予定されている定時株主総会では再任を求めないことを明らかにした。また、シリコンバレーでは名の知られた経営者で投資家でもあるメイナード・ウェブと、IT関連大手ロヴィの前CEOフレッド・アモロソが役員に選任されることも発表された。

サード・ポイント社のダン・ローブが始めたキャンペーンの目的は、キャロル・バーツとロイ・ボストックを追い出し、近年の精彩を欠いた業績や機会損失に責任のある取締役会を全面的に再編することだった。ローブが取締役会を脅かす存在になると、その影響力を減じるために、ヤフーは未公開株式投資会社やアジアの提携企業との複雑な協定など、様々な選択肢を検討した。

だが、二〇一二年二月の時点で、ローブはバーツ、ヤン、ボストックを追い出して取締役会が近々再編されるところまで持ち込み、効果的な圧力をかけて未公開株式投資会社との交渉をすべて打ち切らせた。ヤフーの取締役会は、こうした一連の動きによってローブがキャンペーンの攻撃の手を緩めてくれるのを期待した。だがローブは、新CEOのスコット・トンプソンがヤフーの再建を進めるのに最適な人物かどうか確信をもてなかった。そこで彼は、取締役会の席を要求するキャンペーンを続行することを決意する。

二〇一二年が明けて数週間、ローブはたっぷり時間をかけてシリコンバレーでIT企業の経営者や起業家と面談し、ヤフーについての見解に耳を傾け、敵対的役員候補になる気があるかどうかを探った。また、ヤフーの主要株主を訪ねて、アイカーンのときと同様、自分のキャンペーンを支持するかどうかを読み取ろうとした。さらにヤフーの経営陣数人と会い、トンプソンとも初めて面談した。ローブはこうした話し合いを通じて、トンプソンがローブを株主の一人としか見ておらず、重んじるつもりもなさそうだと判断した。それでも取締役会の席を手に入れる可能性は十分にあり、それが実現すれば会社の経営に影響力をもてそうだった。

二月一四日、ローブは自分を含めて都合四名の役員候補者リストを提出することを明らかにし、委任状争奪戦の基盤を構築した。ローブは数名の現役員が退任を決めたことを歓迎したものの、それでもなお取締役会には専門知識をもつ者がいないと指摘した。ここ数年、役員室ではメディア・広告分野とテクノロジー分野のどちらに特化すべきかが議論になっていた。トンプソンをCEOに指名したのは、今後はテクノロジーの革新を目指していくというヤフーの決意の表れに見えた。だがローブは、ヤフーの取締役にはメディアとエンターテインメント業界の経験が不足しているという理由で、ケーブルテレビの音楽・エンターテインメント専門チャンネル、MTVのマイケル・ウルフ前社長と、NBCユニバーサルのジェフ・ザッカー前会長の二名を役員候補に推した。

ローブはまた、ヤフー取締役会には企業再建に経験豊かな人物がいないので、財務省で上級顧問を務め、ゼネラル・モーターズ再建に功績があったと評判のハリー・ウィルソンにポストを打診していると明かした。そして最後に、株主の代表として行動ができる自分も取締役会に加わるべきだと述べ、面接を行えるように、候補者リストをヤフーの指名・ガバナンス委員会に提出した。

翌月、サード・ポイント社は四半期報告書を投資家へ送付し、そのなかでヤフーの保有するアリババ株の可能性をどう見るかについて事細かな解説を行った。そこにはアリババ集団の時価総額を六三〇億ドルと試算したUBSのレポートが引用され、二〇一二年はフェイスブックの年だったが、二〇一三年はアリババの年になるだろうと書かれていた。ヤフーがその価格でアリババの株を売却すれば、税引き後利益は一株当たり一二ドルになるとも書き添えられていた。

それから数日後の三月一四日、ローブはトンプソンへの書簡で、ヤフーの指名・ガバナンス委員会が自分の提出した役員候補者に真摯な対応をとらなかったことに失望したと書き送った。ローブによると、候補者にはそれぞれ取締役会の別のメンバーから電話がかかってきたが、話したのは長くて三〇分、電話面接とはとても言えないおざなりな内容だったという。ローブは、自分を含めた候補者を取締役会に受け入れるかどうか、一週間以内に結論を出すよう通告した。受け入れなければ、正式に委任状争奪戦を始める、と。その一週間、ローブとトンプソンは何度も電話で連絡を取りあい、どの候補が役員に適任であるか議論を重ねた。あるときトンプソンは、ローブ本人には役員を務める資格があるとは思えないと言って、一方的に電話を切った。

ローブがヤフーの経営トップに、有無を言わせず電話を切られたのはこれが初めてではなかった。ロイ・ボストックのときもそうだったように、ローブはこの仕打ちを決して忘れなかった。資格がないという言葉は記憶に深く刻み込まれた。

大量破壊の概略

ダン・ローブの度重なる要求に応じて、ヤフーはメディア、マーケティング、広告に経験豊かな三人の役員を指名した。指名・ガバナンス委員会はサード・ポイント社の候補者も検討したが、就任に必要な条件を満たすのはハリー・ウィルソン一人だけだと判断した。ヤフーはサード・ポイント社と和解するために、ウィルソンを取締役に迎えたうえに、ヤフーとサード・ポイント社の双方で合意できる人物を一人選任する用意があると伝えた。ただし、サード・ポイント社が推した残りの三人の候補者とは別の人物が選ばれる可能性もあるという。ローブはこの提案を拒否し、自分を役員にしなければ委任状争奪戦キャンペーンを続行すると回答した。

委任状争奪戦は二〇一二年四月に正式に始まり、サード・ポイント社とヤフーはそれぞれ派手な投資家向けのプレゼンテーションを行い、自分たちのプランの概要を株主に説明した。だが、ローブは五月三日まで待ってから決定的な一撃を繰り出した。ヤフー宛ての公開書簡で、委任状勧誘書類にも記載されているスコット・トンプソンの履歴に〝矛盾〟を発見したことを明らかにしたのだ。トンプソンの履歴には、マサチューセッツ州のストーンヒル・カレッジで会計学とコンピューター・サイエンスの学位を取得したと書かれていた。だが、ストーンヒル・カレッジがコンピューター・サイエンスの講座を開講したのはトンプソンが卒業して四年たってからのことだった。トンプソンは大手インターネット企業のリーダーにふさわしく見えるように学歴を水増ししたのだ、とローブは言い立てた。

ローブはまた、サード・ポイント社はこのごまかしを初歩的なインターネット検索――それもヤフー最大のライバルであるグーグルの検索で見つけ出したことを強調した。これでは、トンプソンを雇い入れる際にヤフーの取締役会がどんな身元調査を行ったのか疑わずにおれないではないか、と。さらにローブは、トンプソンの身元調査を担当した委員会の長で、指名・ガバナンス委員会の委員長でもあるパティ・ハートも学歴を粉飾していると指摘した。ハートはその日の午後、取締役会に退任を申し出た。

ローブは、おまえには資格がないと言い放ったCEOと、役員就任を拒んだ指名・ガバナンス委員会の委員長への復讐を同時に果たした。この意外な新事実が世界中でニュースになると、ローブはヤフーに対してトンプソンの解任を要求した。さらに、トンプソンの自己推薦を議題にしたすべての会議の詳細な議事録など、身元調査の過程がわかる資料の全面開示を求めた。それに追い打ちをかけるように、サード・ポイント社はトンプソンおよび、最近選任された役員の採用過程を記録した内部資料の入手を可能にする法的手続きを始めた。

ローブはメディア戦争に勝利し、ニュース解説者の多くがトンプソンの解任を提唱した。そうした声に押されてヤフーの取締役会は、トンプソンの学歴と採用の過程を調査する特別委員会を設置した。

サード・ポイント社はなおもトンプソンの解任と、自社の推す役員候補四名の選任を求めてヤフーに圧力をかけ続けた。その一方で、この出来事によって生じたマイナスイメージがいつまでも消えないことに、他の有力株主は困惑していた。二つのファンドでヤフーの株式を一〇％以上保有し、四年前にカール・アイカーンを支持してヤフー取締役会に大きなダメージを与えたキャピタル・リサーチ社は、今度の委任状争奪戦でもサード・ポイント社を支持するつもりであるとヤフーに通告した。

圧力についに耐えきれなくなり、トンプソンは二〇一二年五月一二日から一三日にかけての週末に、ヤフーのCEOと役員を退任した。同時に、役員のブラッド・スミスとデビッド・ケニーはローブと議論を重ねた末に、ローブ本人と彼の候補者リストからハリー・ウィルソンとマイケル・ウルフの二人を役員に就任させることで手を打った。そのうえヤフーは、サード・ポイント社のキャンペーン費用を最大四〇〇万ドルまで負担することにも同意した。この和解案には、サード・ポイント社の持株比率が二％未満に下がったときは、ローブとウィルソン、ウルフが役員を退くことも明記された。

合意にもとづき、再任辞退を公表していたヤフーのロイ・ボストック会長と四人の役員がただちに辞任した。ボストックは会長としての激動の四年間を含め、ヤフーの役員を九年間務めてきた。カール・アイカーンの攻撃はうまくかわしたが、役員としての日々はここで終止符を打った。

アリババとアクティビスト

委任状争奪戦とスコット・トンプソンの追放が引き起こした混乱のなか、ヤフーのティム・モースCFOとアリババ集団のジャック・マー会長は、まったく別の取引を進めていた。アリババは、ヤフーの保有する自社株の半分を七一億ドルで買い戻す予定だった。二〇一二年五月に行われた発表によって、市場の待ち望んだアリババの新規株式公開（ＩＰＯ）が二〇一五年中に実現する可能性が高まった。

ヤフー役員としてローブが最初に手をつけたことの一つは、グーグルの経営幹部としてよく知られたマリッサ・メイヤーを新ＣＥＯに採用することだった。その年の初めに、ローブがキャロル・バーツの後任にふさわしい人物を探してシリコンバレーの経営者の意見を聞いてまわっていたときから、すでにメイヤーの名前は挙がっていた。ヤフーの社内でトンプソンの後任として本命視されていたのは、トンプソン退任後に暫定ＣＥＯに就任し、会社の将来のためにメディア事業への集中を提唱していたロス・レビンソンだった。だが、ローブや他の役員は、ヤフーの価値を高めるにはメイヤーの商品開発の経験が必要だと考えた。メイヤーは技術系出身の経営者としてシリコンバレーの外でも評価が高く、ビジネス界全体やメディアでも広く認知されていた。ローブの狙いは、メイヤーを雇うことで世間の話題をさらい、才能あるスタッフを引き寄せてヤフーブランドを一新し、若々しく革新的な企業に見られるようにすることだった。

もしヤフーの取締役会が、ローブも前のアクティビスト役員、カール・アイカーンと同じく会社と距離を置くだろうと予想していたのなら、ショックを受けたはずだ。ローブと新役員のハリー・ウィルソン、マイケル・ウルフは、会社の経営方針と計画に深い関心を示した。ヤフーの経営幹部は当初、彼らの熱心な取り組みを新鮮に感じた。メイヤーは自分のやり方を会社に浸透させようと仕事を始めていたので、ローブと新役員からのフィードバックや支援を喜んで受け入れた。サード・ポイント社はヤフー株をすでに六％保有しており、ローブはヤフーに巨額の投資をしたうえに、メイヤーを採用するという大胆な行動をとった。したがって、多額の資金と彼の評価は、メイヤーの成功いかんにかかっていた。まもなくローブは取締役会で支配的な立場を確立し、メイヤーも最初はローブを盟友にしたことに満足していた。

だがしばらくすると、ローブがのべつ会議と改善を要求してくるのが癪《しゃく》に障り始めた。ヤフーの経営幹部のなかには、ローブ、ウィルソン、ウルフがときに度を越し、役員というより一般社員のように振る舞っていると不満を言う者も出てきた。三人は社内、社外を問わず多くの会議に顔を出していたので、ヤフーの社員も社外の株主も、いったい誰が会社を代表して話しているのかわからなくなった。ローブとメイヤーは、いくつかの意思決定をめぐって対立するようになった。ローブは手持ちのアリババ株を半分売却し、予定より早く株主に還元することを望んだが、メイヤーはその要求を拒んだ。また、大胆な人員削減を求めたローブに対して、メイヤーはもっと緩やかな削減を選んだ。

新任役員と新経営陣のあいだで緊張が高まり、就任後一年余りでローブは役員を退任した。二〇一三年七月、ヤフーがサード・ポイント社から四〇〇〇万株を買い戻し、サード・ポイント社の持ち株比率が二％を下回った。和解合意の規定に従い、ローブ、ウィルソン、ウルフは役員を辞任した。サード・ポイント社の受取額は一株当たり二九・一一ドルで、一年半前にローブが初めて取得したときの価格を大きく上回った。初期投資に対するサード・ポイント社の利益は一二九％となり、残りの二〇〇〇万株は引き続き同社が保有した。

翌年にも長年務めてきた役員の辞任が相次ぎ、取締役会は数年前とはすっかり様変わりした。経営幹部の顔ぶれも大きく入れ替わった。高圧的な役員から解放されたマリッサ・メイヤーは、ヤフーを第一級のテクノロジー企業に返り咲かせるために、モバイル関連のアプリやツールの企業の買収を次々と進めた。そのあいだに、アリババ集団は世界でもほとんど例を見ない速さで成長し、最も勢いのある企業の一つになっていた。それでも中国の一民間企業であることに変わりはなかったから、欧米の投資家がこの成長の余禄に与《あずか》るには、いまもアリババ株を大量に保有するヤフーの株を買うしかなかった。アリババの成長に賭けたがっている投資家がいる限り株価の上昇が続くのはわかっていたので、メイヤーは腰を据えて改革を進めることができた。

だが、二〇一四年九月一九日にアリババがＩＰＯに踏み切ったことが、メイヤーとヤフーに恩恵と災いをもたらす。公開に伴う調達額はＩＰＯ史上最高の二五〇億ドルとなり、ヤフーは一億四〇〇〇万株を売却して九七億ドルを手にした。直近二年間のヤフーの総収益に近い額である。ヤフーは、この棚ぼた利益の少なくとも半分以上を株主に還元すると発表した。ヤフーはアリババ株をなおも三億八四〇〇万株保有しており、その価値はＩＰＯ後の株価上昇によって三七〇億ドル前後になっていた。ところがその一方で、ヤフー本体の株価は三・五％下落し、時価総額の概算は四〇四億ドルとなった。投資家はアリババへの参入手段としてヤフーに投資する必要がなくなったため、魅力が褪せてしまったからだ。ヤフーの保有するアリババ株の価値を考えれば、市場はヤフーの中核事業の価値を数十億ドル程度と見積もったことになる。

スピンオフのUターン

二〇一四年の秋までに、もう一つのアクティビストが、ヤフーの保有するアリババ株の価値に狙いを定めた。今度の相手は、その年にダーデン・レストランツに仕掛けたキャンペーンで一躍名を上げたアクティビスト、スターボード・バリューだった。アリババ集団がＩＰＯを実施した一週間後、スターボード社のＣＥＯジェフリー・スミスは、マリッサ・メイヤーとヤフー取締役会に宛てて公開書簡を送った。スターボード社が「少なからぬ株式」を取得したことと、アリババ株売却で得た資金の使い道にいくつか考えがあることを伝える書簡だった。

スターボード社は三年前にヤフーの長年のライバルであるＡＯＬの株を四・五％取得しており、そのときからスミスはヤフーに目をつけていた。ヤフーとＡＯＬには多くの共通点があり、どちらもドットコムバブルがはじけたあと、以前の繁栄を取り戻せずにいた。二〇一二年にスターボード社は委任状争奪戦に敗れてＡＯＬの取締役会には入り込めなかったものの、株の売却で利益を上げた。

スミスは書簡で、メイヤーの就任後にヤフーが増収を果たしていないことを批判し、メイヤーが進めている買収を中心にした戦略は、株主価値に貢献しないので断念するよう進言した。それよりもヤフーは経費を削減し、保有するアリババ株とヤフージャパン株を、課税額をできる限り低くする方法で売却することに集中すべきであり、すでに売却したアリババ株の利益を使ってＡＯＬとの合併を検討せよと提案した。

最後にアクティビストから表立ってターゲットにされてから二年以上たっており、ヤフーの取締役会と経営陣はすっかり再編されていた。それでもこの新しい体制は、過去のキャンペーンから十分な教訓を得ており、今回の対応は前回とは大きく違うものになった。メイヤーは公式な声明を出して、スターボード社の情報提供を歓迎し、スミスの提案を検討すると発表した。また、二〇一四年一〇月に予定されるスミスとメイヤーの会談以外にも、ヤフーの取締役会と経営陣はスターボード社と話し合う用意があると述べた。

スターボード社はその後もヤフーにAOLとの合併を迫り、一一月にはヤフー株を〇・八％取得してヤフーの株主トップ10まであと一歩の立場になり、AOL株もさらに五・三％買い増した。合併交渉を進めるために、両社に及ぼす影響力を高めたのだ。

二〇一五年一月、スミスはメイヤーにもう一通書簡を送り、今度はアリババ株とヤフージャパン株をどうするつもりか明らかにするよう要求した。彼が懸念するのは、メイヤーがタイムワーナー社からのCNN買収など、複数の大型買収案を検討していることと、アジアの資産を売却する方法としてキャッシュリッチ・スプリットオフを復活させるつもりでいると聞いたことだった。スミスは、アリババとヤフージャパンを分社化するスピンオフのほうがはるかに好ましいという考えだった。

スミスはまた、ヤフーとAOLが合併すれば一五〇億ドルの経費を削減できるとして、その実現を改めて希望した。もっとも、彼は書簡を以下のような警告で結んでいる。「もしあなたが、大型買収ないしはキャッシュリッチ・スプリットオフを進めて（両方実行することも大いにあり得る）別の道を歩むことを選んだときは、われわれはそうした行動を、ヤフーの指導部には大幅な改革が必要であるという明らかな証しと見なすだろう」。言わんとしていることは明白だった。自分の要求をないがしろにすれば、メイヤーはアクティビストの攻撃を受けた前任者たちと同じ立場に追い込まれることになるのだ。

そのわずか二週間後に、ヤフーは保有するアリババ株を非課税でスピンオフする計画を発表した。それは手元に残した三億八四〇〇万株を移転して別会社を設立するというもので、新会社の市場価値は四〇〇億ドルになる。新会社の株式はヤフーの株主に分配され、一連の手続きは二〇一五年末に完了する見込みだった。

スターボード社はこの発表を歓迎し、ヤフーとメイヤーはアクティビストとの直近の戦いから無傷で脱出できたように見えた。だが、その後の半年でいくつかの出来事が重なり、平和はふたたび攪乱される。二〇一五年五月にはベライゾン・コミュニケーションズがAOLを四四億ドルで買収し、ヤフーとの合併の可能性が消滅した。同じ頃、アリババの株価は競争激化と中国国内市場の成長鈍化によって、年初比で二〇%前後下落した。そのうえ、米内国歳入庁が非課税スピンオフに鷹揚な姿勢を見直すという観測が高まり、ヤフーのアリババ株スピンオフ計画に冷や水を浴びせた。

二〇一五年の夏のあいだ、スミスはメイヤーCEO、メイナード・ウェブ会長、ケン・ゴールドマンCFOとの面談や定期的な電話会談を頻繁に行った。ヤフーはこうした話し合いを内密にし、委任状争奪戦を行わないようスターボード社に要請した。だがスミスは、ヤフーが経費削減や収益性の改善に消極的であると見なし、苛立ちを募らせた。

その頃メイヤーは、二つの戦線で費用がどんどんふくらんでいく戦いを繰り広げていた。検索システムでグーグルを打ち負かし、動画コンテンツ制作で新興のネットフリックスと張り合っていたのだ。

どちらの戦いも思うような戦果は得られなかった。それればかりか、メイヤーが就任して以降、ヤフーの中核事業の売り上げは、二〇一二年の四五億ドルから一四年の四四億ドルに減少していた。二〇一二年の世界全体のインターネット広告費に占めていた三・四％のシェアも、一五年には二％まで落ち込んだ。株価は二〇一五年に入って三〇％以上下落して三三ドル前後になっており、そのおもな原因はアリババの市場価値が下がったことだった。

スミスは、自分にもヤフー取締役会の席を渡せと要求するようになった。自分の非公開の要請に回答がないのに苛立ったスミスは、二〇一五年一一月一七日に経営陣と取締役会に宛てて書簡を送り、それを公開した。スターボード社はいまもヤフーの中核事業からアリババ集団とヤフージャパンを切り離すべきだと考えているが、米内国歳入庁が態度を変えてアジア資産のスピンオフに巨額の税金を課すリスクが高まったいまは、中核事業の売却先を探して売却益を株主に再配分すべきだという内容だった。書簡は次のように締めくくられた。「これまで何度も述べてきたように、われわれは今後も株主の利益を最優先することを望んでおり、あなた方が株主価値を損なう意思決定を続けるなら、取締役会の大幅な再編を目指すことになる」

そのわずか数週間前、マリッサ・メイヤーは投資家向けの決算説明会において、年末にはアジア資産のスピンオフが「山場に差しかかって」いるだろうと明言したばかりだったのに、最初にその方法を提唱した者の一人がいまや方向転換を迫っていた。ヤフーは急遽、大株主に意見を求めたが、多くの者がスターボード社と同じく、課税の打撃を恐れているのがわかっただけだった。二〇一五年一二月の会議でヤフーの取締役会はアリババのスピンオフ計画を中止し、中核事業の売却という選択肢を検討することにした。スターボード社の思いどおりになったわけだ。

またしてもヤフーは、一人のアクティビストに将来を決められることになったが、それでもまだ足りなかった。二〇一六年の三月、スターボード社はヤフーの役員全員をすげ替えるために、その年の七月に開かれる定時株主総会にスミス本人を含む九名の候補者リストを提出すると発表した。「現体制のもとで失敗を重ねてきたここ何年かのことを思い返せば、ヤフーの株主が現在の経営陣と取締役会に身勝手な再建計画の遂行を委託するシナリオなど、とうてい思い描くことはできない」。スミスは取締役会宛ての書簡にこう書いた。

ヤフーはふたたび、アクティビストと正面からぶつかることになった（訳注：ヤフーは二〇一七年六月に中核事業をベライゾン社に売却し、保有していたアジア資産を管理する「アルタバ」となったが、同社も資産を段階的に売却して企業体としては二〇一九年に解散した）。ヤフーの業務はベライゾン社が引き継いでいる。

第5章　アラガン社と前例のない同盟

文化の衝突

近年最も壮絶で、かつ型破りのアクティビスト・キャンペーンは、製薬業界の経営者二人のなごやかな会話から始まった。二〇一二年九月、カナダの製薬会社バリアント・ファーマシューティカルズ・インターナショナルのCEO兼会長のマイケル・ピアソンは、アイルランドの製薬大手アラガンのCEOデビッド・パイオットを訪ねて、ある申し入れを行った。

二人の付き合いは数年前からだったが、性格はまるで正反対だった。スコットランド系の両親を持つロンドン生まれのパイオットは、ヘルスケア業界では温厚で思慮深い人物として知られていた。子どもの頃にインドで暮らした経験があり、会話のなかに歴史の事例やたとえ話を巧みに織り交ぜることができた。アラガン社に入ったのは一九九八年、以来先頭に立って、アイケア専門の企業価値二〇億ドルの会社を、医療機器・医薬品製造の世界大手に育て上げた。彼が誇りにしていたのは、この成長が研究開発への積極的な投資と、小規模の企業が開発した製品を間髪入れず買い取って進化させたことの賜物である点だった。

パイオットはピアソンと懇意にしていたが、自分がアラガン社で苦労して進めているビジネスとは根本的に異なるピアソンの手法を嫌っていた。ピアソンは歯に衣着せぬ物言いをし、信じ難いほどコスト意識の高い人物と評判だった。彼は二三年間、マッキンゼー・アンド・カンパニーで経営コンサルタントとして働き、その間に助言を与えていた会社の一つに、ほとんど無名の製薬会社バリアントがあった。バリアント社はピアソンの助言に大いに感心し、二〇〇八年にCEOとして会社に迎え入れた。

ピアソンはコンサルタントの頃から、研究開発費用を削り、代わりに薬品を開発して商業ベースに載せている競合企業の買収に専念するようバリアント社に助言していた。ライバル社を次々と買収していく手法は囲い込み《ロールアップ》と呼ばれ、未公開株式投資会社などがよく使っている。買収をするたびにバリアント社の企業価値は上がり、スケールメリットによる経費削減が容易になった。同時に買収先の薬品を値上げすることで、収益性も一気に上昇した。ピアソンがトップに就いてわずか数年のあいだに、バリアント社は一〇〇社前後を買収し、株価は九〇〇％近くはね上がった。

買収した企業のほとんどは、市場価値が一〇億ドルを下回っていた。ピアソンの狙いは、バリアント社を企業価値一五〇〇億ドルの製薬業界の巨人にすることであった。彼は二〇一二年に、この業界の大手を買収することで成長を加速させようと決意した。見るところ、その目的にうってつけなのがアラガン社だった。アラガン社は製薬業界のビッグネームで、会社の売り上げの三分の一を占めるしわとりのボトックス・ブランドは魅力的だった。そのうえ、この会社は旧来のヘルスケア産業のアナリストや証券コンサルタントに人気があった。それに対してバリアント社は、その恐るべき成長のわりには、製薬業界の専門家のあいだでさえ驚くほど知られていなかった。アラガン社を買収できれば、バリアント社の知名度が上がるばかりか、ピアソン自身の評価も急上昇するはずだ。

そこで二〇一二年九月、ピアソンはパイオットに電話をかけ、アラガン社をバリアント社に売る気はないかと打診した。当初、アラガン社のCEOはそれほど乗り気ではなかった。パイオットは、ピアソンとバリアント社の買収を推進力にする戦略はいずれ行き詰まり、長期的には研究開発を軽視したことが裏目に出るはずだと考えていた。彼にすれば、アラガン社が急成長するバリアント社に飲み込まれて単なる一部門になり下がるのが怖かった（その心配は杞憂に終わることになるが）。それでも彼は、ピアソンの申し入れをアラガン社の取締役会にかけると約束した。二週間後、パイオットは取締役会が申し入れを否決したことをピアソンに伝えた。

だが、その拒絶だけではバリアント社を長く遠ざけておくことはできなかった。二〇一四年二月初旬、ピアソンはふたたびパイオットに電話をして、カリフォルニア州オレンジ郡にあるアラガン社の本社まで出向くので会ってほしいと言ってきた。ピアソンが再度の申し入れをするつもりであるのを察知したパイオットは、近々二人とも出席を予定している皮膚科学会議の折にマイアミで話をしようと提案した。当時もバリアント社は活発に企業買収を続け、皮膚科学と化粧品を専門にするメディシスと、コンタクトレンズ・メーカーのボシュロムに一一〇億ドル以上を注ぎ込んでいた。二人は翌週にマイアミで会食する約束をした。

パイオットはなおも、アラガン社買収というピアソンの案には断固反対だった。確かにバリアント社は信じ難いほどの急成長を続けているが、独力で敵対的買収を行うことはできないはずだと考えたからだ。どちらの企業もおよそ三七〇億ドルの市場価値がある。バリアント社はすでにメディシス社とボシュロム社に一一〇億ドル以上注ぎ込んでいて、信用格付けが下がっているから、アラガン社を買い付ける資金を調達できないだろう。資本市場でアラガン社買収の資金をかき集めるのは、いまのバリアント社には費用がかかりすぎる。そこでパイオットは、その後の数日を費やして何人かのウォールストリートのアナリストに会い、ピアソンが申し入れをしてきたが、それはアラガン社の株主に受け入れられるものではないと説明した。アナリストたちはその会話をそのまま報告し、アラガン社がこの取引に興味をもつことはないだろうと結論した。パイオットは明確にこう宣言したのだ。アラガン社は売りに出ていない、と。

独創的な協調

ところが、これがマイケル・ピアソンとバリアント社の単独行動ではないことを、デビッド・パイオットは気づいていなかった。その前月にサンフランシスコで行われたJPモルガン・ヘルスケア会議で、ピアソンはマッキンゼー社時代の同僚ビル・ドイルと偶然顔を合わせた。ドイルは、ハーバード・ビジネススクールで同級生だったビル・アックマン率いるアクティビスト・ファンド、パーシング・スクエア・キャピタル・マネジメントに入社したばかりだった。二人でバリアント社の買収戦略について語り合ううちに、ドイルは二社が協力して事に当たる方法があるかもしれないともちかけた。

それから数週のあいだに、ピアソンは何度かドイルとアックマンに会って話をした。ピアソンはそうしたミーティングに、自社の役員メイソン・モーフィットを同行した。モーフィットは、バリアント社の長期株主であるアクティビスト・ヘッジファンド、バリューアクト社の社長でもあった。話し合ううちにどちらからともなく、バリアント社が買収できそうなターゲット企業を特定し、パーシング社に内密に知らせるという計画ができあがった。興味のもてる買収であれば、パーシング社はターゲット企業に身売りをするよう働きかけることで協力する。

この組み合わせは相性がよさそうだった。パーシング社とアックマンは、法律とメディアを巧みに利用して相手企業を意のままにするスペシャリスト。一方ピアソンは、しかるべき企業を見つけて安く買収し、それらを統合して大きな利益を生み出すことを得意としていた。アックマンを味方につけて、ピアソンは自分の攻撃的成長戦略の要となる大手企業買収に自信をもった。アクティビストが敵対的買収者と手を組むのは初めてのことで、どちらの側もこの独創的な組み合わせにほれ込んだ。

アックマンはこのやり方が、ポイズンピルなどの企業防衛策が乗っ取りの歯止めになる前の、一九八〇年代に構築された買収手法に似ていると思った。「未公開株式投資ファンドが非公開会社の買収者と手を組んでも、疑いの目を向ける者はほとんどいない。それがヘッジファンドとなると、とたんに怪しむようになる」と、アックマンはのちにアクティビスト投資会議の講演で語っている。

もっとも、こうした提携がいままで実現しなかったのにはそれなりの理由があった。バリアント社とパーシング社のつながりがインサイダー取引疑惑を招きかねないからだ。それでもパーシング社は、両社の顧問弁護士に加え、証券取引委員会の元法執行部長ロバート・クザミがこの協定の妥当性を確認してくれるだろうと考えた。戻ってきた回答は、バリアント社が受託者責任や秘密保持契約に違反する情報を提供しない限り、協定は合法でありインサイダー取引規制には抵触しないというものだった。

マイケル・ピアソンがアラガン社のデビッド・パイオットに連絡してミーティングの約束を取りつけたのは、ちょうどこの頃だった。もっとも、バリアント社とパーシング社に言わせれば、両社の話し合いのなかでアラガン社を買収ターゲットにする話が出たのは間違いないが、それはあくまで数ある可能性のうちの一つであり、細部まで詰めたわけではないという。アラガン社とパイオットがいまだに買収に断固反対しているというアナリストの報告を受けて、ピアソンはマイアミでのミーティングをキャンセルした。

二〇一四年二月のあいだに、バリアント、パーシングの両社はプランを実行に移した。それぞれの弁護士が秘密保持契約書を作成し、対アラガン共同作戦の策定を始めた。バリアント社の取締役会は二月に二度トロントの本社で行った会議でアラガン買収を議題にし、うち一度には、パーシング社のビル・アックマンとビル・ドイルも参加した。二月末までに、両社はアラガン社の株式取得のためのPSファンド1と呼ばれる子会社を共同で設立した。

二月二五日から四月二一日のあいだに、パーシング社はこの子会社を通じて三二億ドルを投入し、アラガン株の持ち株比率を九・七%まで着実に高めていった。これは、パーシング社の全資産の三分の一にあたる飛び抜けた投資額だった。株式の買い付けに加えて、パーシング社は持ち株を大幅に増やすためにオプション取引や金融派生商品（デリバティブ）を利用した。こうすれば、何をしているか気づかれぬうちに持ち株を増やすことができる。株式公開買い付けを支援する計画がある場合は、反トラスト法の定めによって連邦取引委員会に報告しなくてはならないのだが、パーシング社はデリバティブを利用してこれを回避した。

バリューアクト社のメイソン・モーフィットがバリアント社の役員を退いたのは、この頃だった。バリューアクト社は二〇〇六年にバリアント社への投資を始め、マイケル・ピアソンを招いてCEOに据え、その囲い込み買収戦略を支えるのに大きな役割を果たしていた。モーフィットは七年間役員を務め、事業の成長のために大きなインセンティブが設けられたピアソンの役員報酬を策定した一人だった。当初彼は、パーシング社とバリアント社の提携に賛成していたが、やがてアックマンの株式取得方法に不満を抱くようになった。合法とはいえ、そのためにバリューアクト社の機関投資家との関係を損なう可能性があると感じたからだ。持ち株をパーシング社に売ったアラガン社の株主は、バリアント社が買収を目論んでいることを知らされていなかった。

「ビル［アックマン］は実に独創的な手法を編み出した。それが法に則った独創性であれば、大いに褒められるべきことだ」と、モーフィットは言う。「だがその手法は、反トラスト法やインサイダー取引規制の趣旨に対する私の見解とは合致しない。それに、株主の怒りも買った。われわれ企業役員にとってよくないことであるなら、関わるべきではないと思った。われわれは公明正大に、正しい行いをすべきだ。だから、私は役員を辞任した」

「真珠湾攻撃」の瞬間

二〇一四年四月二一日、パーシング社とバリアント社の共同子会社の持ち株比率が五％を超えてから一〇日後、両社はそれぞれ13D報告書を提出して、大量のアラガン株を保有していることを明らかにした。両社のこれまで例のない奇抜な協定は、ビジネスニュースで大きく取り上げられた。全米のCEOと役員は、アクティビストと敵対的買収者のタイアップが企業乗っ取りの新時代の先駆けとなるのではないかと心配した。もしそうであれば、今後は買収を目論むライバル社に立ち向かうだけでなく、高い実戦力をもつアクティビストの前進も阻まなければならなくなる。

パイオットが初めてパーシング社の関与を知ったのは、ウォール・ストリート・ジャーナル紙の記者がアラガン社の報道担当者に電話をかけ、13D報告書についてのコメントを求めたときだった。後刻、パイオットは、ビル・アックマンがCNBCのインタビューで、バリアント社によるアラガン社買収の話をするのをテレビで見た。「われわれにすれば、まさに真珠湾攻撃の瞬間だった」と、パイオットは回想する。「態勢を立て直すまでの二日間は、燃え上がる戦艦にいるみたいだった」

バリアント社とパーシング社が立場を明らかにした翌日、ピアソンはパイオットに書簡を送り、アラガン社への正式なオファーとその条件を伝えた。いわく、バリアント社は現金と株式で四八一億ドルを支払う用意がある、取引成立後アラガン社の株主は新会社の株式の四三%を保有することになる、このオファーはアラガン社の最大株主（その時点ではパーシング社）に支持されている、云々。ピアソンに言わせれば、二社間の相乗効果と支出の節減によって年間二七億ドルの費用削減が見込めるという。これにはアラガン社の税率を二六%から九%近くまで減らすことも含まれ、それはバリアント社が本社をカナダに置いていることで可能になる。

その日の遅くに、バリアント社とパーシング社は株主とメディアを対象にした会見を開き、アックマン、ドイル、ピアソン、バリアント社の経営幹部が顔をそろえてオファーの内容を発表した。アックマンはその場で、最近行われた会議の最中に、部下の一人にチキンブリトーを買ってくるよう頼んだときのエピソードを紹介して、ピアソンのコスト意識の高さを強調した。「しばらくすると、マイクが会議室に入ってきて私に二〇ドル払えと言ったんだ。ほんとうの話だよ」と言ってから、アックマンは付け加えた。「おつりをもらったかどうかは覚えてないが」。その日のうちにアラガン社の株価は一五%上昇し、企業価値は四九〇億ドル前後になった。バリアント社のオファーより少し高い額になったのは、バリアント社が価格をもう少し上げないと、アラガン社はオファーに応じないだろうと市場が予想したからだった。

その頃、アラガン社の取締役会も社内で会議を開いていた。パイオットが、バリアント社の申し入れと、バリアント社とパーシング社の提携について話し合う臨時取締役会を招集したのだ。アラガン社の財務アドバイザーであるゴールドマン・サックス、バンク・オブ・アメリカ・メリルリンチの代表者、それに法務アドバイザーのレイサム・アンド・ワトキンス法律事務所とリチャーズ・レイトン・アンド・フィンガー法律事務所も同席した。取締役会は急ぎポイズンピルの発動を決めた。こうすることで、誰かが株式の一〇%以上を取得すると、自動的に既存株主の議決権割合が上がるので、買収を目論む者の力を制限できる。ポイズンピルは株主の怒りを買うこともあるが、アラガン社によれば、これは乗っ取りを防ぐために導入されたものではなく、どのような提案であれ、そのメリットを役員や株主が検討する時間を生み出すためのものだという。多くの取締役会がそうであるように、アラガン社も以前ポイズンピルを発動したことがあったが、二年以上前に取り下げていた。今回は敵対的買収に対処するにあたって、考える時間をもつために一年限定でこの措置をとるのだと、取締役会は強調した。

バリアント社のビジネスモデルについての評価は、アラガン社の役員の大半がパイオットと同意見だった。ピアソンとバリアント社が企業を買収し、研究開発の予算を削り、短期間で利益を得るために顧客である医師や患者との関係を損なうのもかまわず薬価を吊り上げて、次のターゲットに移っていく話を見聞きしていたからだ。「われわれの立場からすれば、そうした一連の行為は公正とは言い難いものだった」と、アラガン社の筆頭社外取締役マイケル・ギャラガーは言う。とはいえ同時に、取締役会はそのオファーを偏見なく精査しなければならない受託者責任も負っていた。「私たちは途方もない時間を費やして、繰り返し議論を続けた。なぜならそれは企業生命に関わる、そして株主、社員、患者、医師など利害関係者全員に関わる深刻な議題だったからだ」と、ギャラガーは言う。

パイオットは当初、敵対的買収に対処するために自分の時間の九〇%を使い、会社の日々の経営は社長のダグ・イングラムと研究開発責任者のスコット・ウィカップにまかせようと決めていた。「いま思えば、私は間違っていた。乗っ取り屋と戦うために、自分の時間の九八%を費やしたのだから」と、パイオットは言う。

取締役会にとって大きな障害となったのは、そのオファーの大部分がバリアント社の株式で構成されていることだった。取締役会は以前からバリアント社の将来性に疑問を抱いていたが、さらに細かい分析をする必要があった。もしこの買収が進めば、アラガン社の株主はバリアント株を保有することになるからだ。もう一つ引っかかるのは、四八一億ドルというオファーは確かに当時のアラガン社の市場価値を上回っているが、潜在価値を考えればあまりにも安すぎると思える点だった。ピアソンが企業を安く買いたたく自分の手腕を自慢し、アラガン社への最初のオファーがその直近の例だと話していたという報告も受けていた。

オファーの大部分が、ヘルスケア業界ではアラガン社よりはるかに知名度の低いバリアント社の株式で構成されているので、パーシング社はこのキャンペーンにはバリアント社の知名度アップが欠かせないと判断した。アラガン社の株主がバリアント株はもつ価値があると考えれば、この取引を承認する可能性も高まる。

コミュニケーションの断絶

その後数日、パーシング社のビル・アックマンは、アラガン社の筆頭社外取締役マイケル・ギャラガーと一対一の電話で話す段取りをつけようと画策した。だが、電話で話すのであれば、デビッド・パイオットCEOとIR担当上級副社長のジョン・ハイドマンも会話に加わると言われてしまった。CEO兼会長のパイオットはじめアラガン社の経営陣はこの取引が成立すれば職を失いかねないという理由で買収に反対を唱えているのではないかと、アックマンは懸念していた。彼は、社外取締役の代表であるギャラガーと二人きりで話がしたかった。電話に出たギャラガーに、アックマンは次に話すときは一対一にしたいと言った。ギャラガー個人の連絡先を尋ねても教えてもらえなかったので、取締役会の法務責任者も一緒でかまわないと譲歩したが、ギャラガーは聞く耳をもたなかった。

アラガン社の取締役会は、買収に関する公式発言はパイオットに一任することを早い段階で決めていた。「この措置をアックマンは気に入らなかったはずだ。彼の狙いの一つに、社外取締役と経営陣の分断があったからだ。これは、似たような状況でよく使われるアクティビストの常套手段だ」と、ギャラガーは振り返る。「われわれはそのことを強く意識していたから、今度ばかりはそれが通用しないと彼に伝えたかった。もし彼と私が二人で話す必要があるとしても、時機を決めるのは私のほうだと言ってやった」

オファーを出したあと数週間かけて、バリアント社のCEO兼会長のマイケル・ピアソンとCFOのハワード・シラーは北米を一周し、ニューヨーク、ボルチモア、ボストン、ロサンゼルス、サンフランシスコ、バンクーバー、南フロリダにいるアラガン社の大株主を訪ね歩いた。バリアント社の第1四半期の決算発表のなかでシラーは、その旅で得た反応は好意的で、会った株主から買収は理にかなっていると言われたと述べている。

二〇一四年五月初旬、アラガン社がバリアント社のオファーに代わる別の取引を模索しているというニュースが流れ始めた。代替案のなかでも有力だったのは、租税地変換《タックスインバージョン》だった。海外企業と合併して、低課税の恩恵を受けるためにその企業のある国に本社を移転する手法だ。五月五日、アックマンはアラガン取締役会に手紙を送り、他にもっと良い取引があるかどうかを探るのは正しい配慮ではあるが、バリアント社が最高の機会を提示しているのだから、取締役会はよそ見をせずにバリアント社との交渉に全精力を注ぐべきだと述べた。さらにアックマンは、ただちに交渉に入らなければ、オファーの額を引き下げる可能性があると書き加えた。

五月一〇日、アラガン社の取締役会は、前週の株主総会で再任されたすべての役員に財務および法務のアドバイザーを加えて会議を開いた。バリアント社のオファーについて議論が交わされ、提示額はアラガン社を過小評価しており、支払いにバリアント株が多く含まれることは株主にリスクと疑念をもたらすという理由で、オファーの拒否を満場一致で可決した。二日後、パイオットはピアソンに手紙でこの決定を知らせた。取締役会がおもに問題視したのは、オファーが大量の株式で構成されている点で、それによってアラガン社の株主をバリアント社の長期的ビジネスモデルのもつリスクにさらすことになると取締役会は考えていると伝えた。「バリアント社の戦略は、アラガン社の顧客本位のアプローチとは相容れないものである」と、パイオットは書いた。「特に、事業の長期的成長能力と成長軌道を損なうことなく、御社の提案する経費削減のレベルに到達できるかどうかは疑問である。それも含めていくつかの理由から、われわれはバリアント社のビジネスモデルに持続可能性があるとは考えていない」

ピアソンはアラガン社の株主宛てに書簡を送り、そのなかでバリアント社は提示額を引き上げる予定があり、その根拠の説明と、自社ビジネスモデルの正当性の主張は、当月末までにオンラインで配信する予定だと書いた。五月二三日の夕刻、アックマンはパイオットに電話をかけ、アラガン社の取締役会はなぜバリアント社と話し合わないまま買収を拒否したのか教えてほしいと申し入れた。その際、アラガン社の独立社外取締役と個人的に話をさせてほしいと頼んだが、パイオットは取締役会のなかで株主と話す権限をもっているのは自分だけだから、それはできないと答えた。

アラガン社の役員と個人的に会う機会を一切封じられ、パイオットが自分の行動を邪魔していると思ったピアソンは不満を募らせ、もっと直接的なルートを選ぶことにした。五月一九日、彼は筆頭独立社外取締役のマイケル・ギャラガーはじめ全役員に宛てた公開書簡で、「バリアント社が買収提案を行った結果、この取引が成立すれば社内の指導的立場を失い、職さえ奪われるかもしれないという事情から生じる利益相反によって、CEO兼会長であるデビッド・パイオットが無力化しているのは誰の目にも明らかだ。したがってバリアント社の買収案件に関しては、彼は企業の単独の代表者にはなり得ない」と書き送った。

ギャラガーは、取締役会を代表して次のような返事を書いた。「役員会は貴兄の申し立てにも、デビッド・パイオットを孤立させようとする見え透いた企てを加えた戦術にも、強く異を唱えたい。パイオットはアラガン社の株主のために大きな価値を創り出し、全株主が最大利益を得られるよう全力を尽くしてきた人物である」

バリアント社は五月二八日に投資家向けプレゼンテーションを予定しており、そこでアラガン社に対する新提案を発表することになっていた。ところがその前日に、アラガン社は独自にプレゼンテーションを行い、バリアント社のビジネスモデルを激しく攻撃した。アラガン社は、株式を買い漁る資金を借金で調達するバリアント社の戦略は、いずれ来るはずの金利上昇のあおりをまともに受けるだろうと批判した。さらに、バリアント社の収益成長率と、同社の傘下に入ってからのメディシス社とボシュロム社の業績にも疑問を呈した。また、アラガン社の支出を二七億ドル削減するプランについても、研究開発費を大幅に削らなければ達成できない額だとして、非難の対象にした。

翌日、バリアント社はウォールストリートのアナリスト向けのプレゼンテーションで反撃を行った。ピアソンはアラガン社の批判に一つひとつ反論したうえ、アラガン社は研究開発費を使いすぎると非難した。前年のアラガン社の研究開発予算は一一億ドルだった。ピアソンに言わせれば、合併が実現すればその三分の一ですむという。同時にピアソンは買収額の増額も発表した。同じく現金と株式を合わせたものではあるが、アラガン社の株式を一株当たり一六六ドル強として計算することで、企業価値は四九四億ドルに引き上げられた。さらに、眼科用治験薬が販売目標に達すれば一株当たり二五ドルを上乗せするという提示もされた。パイオットは、この新しいオファーを取締役会で検討すると回答した。

ところがパーシング社とバリアント社は、アラガン社からの返事を待たずに、ふたたび買収価格を引き上げた。五月二九日、アックマンはニューヨークで開かれた投資家会議に出席して、何人かのアラガン社の大株主と話をした。株主のなかには、買値を一株当たり一八〇ドルまで上げるなら買収を支持すると言った者が少なくなかった。それをゴーサインと捉えたアックマンは翌日、数日間で二度目の増額を行った。今度は一株当たり一八〇ドル弱で、アラガン社に五三三億ドル支払うという。アックマンとピアソンは、たとえ取締役会が最新の提示額を拒否しても、今度こそ株主が支持して、取締役会に提案を受け入れるよう働きかけるだろうと確信していた。

「初めにあれほど非難の嵐をぶつけてきたのだから、たぶん相手はわめいたり叫んだりして、それにちょっぴり買収額を上乗せすれば、われわれを交渉のテーブルに引き出せると思い込んでいたのだろう」と、パイオットは言う。「ところが、われわれは断固拒否した」

だが、思うがままに振る舞うのがビル・アックマンとマイケル・ピアソンの習性になっていた。アラガン社が最新のオファーを受けるかどうか判断する猶予を与えることなく、対決を迫った。二〇一四年六月二日、パーシング社はアラガン社の臨時株主総会開催を要求した。アラガン社の取締役会が買収に反対し続けていることへの報復として、総会で役員の選任決議を再び行うことを望んだのだ。前週に行われた投資家会議の反応を見て勢いづいたアックマンは、たとえ取締役会がこのまま買収案をのまなくても、パーシング社とバリアント社にはアラガン社株主の十分な支持があるのだから、議決によって役員の過半数を辞任に追い込めると考えていた。アラガン社の社内規定に従えば、アラガン株の二五％を保有する投資家の支持を得る必要があったが、パーシング社はすでに株を一〇％弱保有していたから、アックマンには議決に持ち込む自信があった。

デビッド・パイオットと取締役会もまた、この戦いが敵に有利に進んでいるのに気づいていた。それでもなおバリアント社への身売りを頑として拒み、この買収を成立させないためには何でもする覚悟だった。六月一〇日、取締役会は正式にバリアント社の最新のオファーを拒否した。ところが次にとった行動は、アクティビスト・キャンペーンには個人的な側面が少なからず関わってくることを証明するものだった。

六月一六日の朝、モルガン・スタンレーのM＆A担当責任者で、アラガン買収案件のバリアント社アドバイザーであるロバート・キンドラーが、市場の寄り付き前に放送されるCNBC経済ニュースのディスカッション番組『スクワーク・ボックス』にゲスト出演した。この買収の結論が出るのにこれほど時間がかかっているのはなぜかと質問されたキンドラーは、アラガン社の防衛戦略にはいくつか隙があるから、他の入札者が現れない限り、バリアント社の勝ちは明らかだと答えた。「この映画の結末は見えている。ただちょっと時間がかかるだろうが」

ところが、キンドラーがスタジオでスポットライトを浴びているあいだに、アラガン社は彼が所属する銀行から送られてきた、少々ばつの悪いメールを公表する準備を進めていた。モルガン・スタンレーは、バリアント社と契約する前はアラガン社防衛の仕事を得ようと働きかけていた。メールのなかには、モルガン・スタンレーのヘルスケア担当グループ責任者が、キンドラーは「バリアント社が砂上の楼閣である理由と、［アラガン社の］株主がバリアント株を欲しがってはいけない理由を明確かつ詳細に示すために、自分のメディアやアナリストとの太いパイプを」喜んで活用するだろうと述べているものもあった。

パイオットに宛てた別のメールで、キンドラーはこう書いている。「私の見るところ、［アラガン社はバリアント社の］ビジネスモデルと現金を後追いするような侵略型の会社ではまったくない」

アラガン社のアドバイザーのなかには、メールを公開するのをためらう者もいた。味方になろうとした仲介業者の個人的な考えをおおっぴらにするのはタブーだと感じたからだ。アラガン社はすでに、敵対的買収の標的となった企業のために働く広報コンサルタントのなかで最も著名な人物、ジョエル・フランクを雇い入れていた。フランクはパイオットに、「気分よくいたければ、そんなことはしないほうがいい」と助言した。それでもパイオットは、バリアント社の戦略の脆弱性についての自分の考えが広く支持されていることや、バリアント社のアドバイザーさえその弱みを承知していることがメールを読めばわかると言って、公表を推し進めた。

「あとで相手側のアドバイザーになった人々のなかには、以前われわれに雇ってほしいと言ってきた者も少なからずいる。何より明白なのは」と、アラガン社の筆頭社外取締役マイケル・ギャラガーは言う。「［キンドラーの］信用がガタ落ちして、あれ以来ほとんど戦力にならなくなったことだ。こういう案件で雇ってもらおうとすると、いろんなことが起きるものなんだ」。だがピアソンはメールの暴露を一笑にふし、それで明らかになったのはバリアント社のビジネスモデルの欠陥ではなく、アラガン社が自暴自棄になっていることだけだと述べた。

いまや両陣営の敵意は高まり、委任状争奪戦は不可避に見えた。パーシング社はまもなく、相手にポイズンピルを発動させないで臨時株主総会を行うために、アラガン社に対して訴訟を起こした。友好的な停戦を果たすチャンスは一瞬にして消え失せた。

バリアント社は「砂上の楼閣」――モルガン・スタンレーのメールは語る（エド・ハモンド）

月曜日、ウォールストリート流取引における荒っぽい戦術が新たな境地を切り開いた。ボトックスのブランドで知られ、バリアント社による五三〇億ドルの買収劇のターゲットにされたアラガン社が、個人のメールの公開に及んだのだ。そのなかには、買収側に雇われた銀行が、買収者を「砂上の楼閣」と呼んだメールも含まれている。

メールの多くは、バリアント社の攻撃からアラガン社を防衛するのに手を貸すので、契約してほしいとモルガン・スタンレーが働きかけている内容である。結局、働きかけは失敗に終わるのだが。モルガン・スタンレーは契約欲しさに、バリアント社のビジネスモデルに欠陥があるのはいずれ明らかになるだろうとさえ述べている。これは、買収の打診があって以来、アラガン社が再三主張してきたことである。

モルガン・スタンレーのヘルスケア担当グループの責任者デビッド・ホーンはメールの一通に、M&Aの担当責任者ロバート・キンドラーは、「バリアント社が砂上の楼閣である理由と、[アラガン社の」株主がバリアント株を欲しがってはいけない理由を明確かつ詳細に示すために、自分のメディアやアナリストとの太いパイプを」利用するだろうと書いている。

アラガン社によれば、キンドラー氏は別のメールで、バリアント社のビジネスモデルをもっと激しく攻撃すべきだと、アラガン社の経営トップ、デビッド・パイオットをけしかけたという。

「私の見るところ、[アラガン社はバリアント社の」ビジネスモデルと現金を後追いするような侵略型の会社ではまったくない」と、キンドラー氏は語っている。

アラガン社との契約に失敗したモルガン・スタンレーは、のちにうまくバリアント社の指名を得ることができ、敵対的買収に対する助言をするようになった。

四月にバリアント社が現金と株式による買収価格の提示に踏み切ってからは、二社がたがいのビジネスモデルの根本的欠陥を指摘し合い、舌戦を激化させてきた。

アラガン社の主張の主眼は、相手は持続可能なビジネスをしていないのだから、株主はその企業の株式が含まれたオファーを受け入れるべきではないというものだった。一方バリアント社は、アラガン社の研究開発費の使い方はあまりにも節度がないと非難した。両社とも、自説を強化するために攻撃的な広報キャンペーンを展開した。

製薬会社はどうやって成長を追求すべきかという議論が、いまやこの買収合戦のテーマになっている。アラガン社が研究開発を推進力とする自社のやり方を大々的に宣伝する一方で、アクティビストのビル・アックマンと手を組んだバリアント社は高い効率性を実現できると約束している。

とはいえ、電子メールの公表とバリアント社のアドバイザーの信用を貶めようとする試みは、この戦いにおける醜悪な転換点となるだろう。

M&A専門のアドバイザーが仕事を得るために積極的に自身を売り込むことはよくあるが、それはあくまで顧客になりそうな相手への提案が外部に漏れないことを前提にしている。情報を公表するアラガン社の決定は、バリアント社の息の根を止めるためには従来の企業防衛策を超える行動も辞さないという意思を示したものだ。

自社のビジネスモデルの発展性を事あるごとに主張してきたバリアント社は、月曜日にキンドラーを擁護した。「キンドラーは飛びぬけて優れたM&Aバンカーだ」と、CEOのマイケル・ピアソンは語る。「彼とはいずれ一緒に笑い合うことになるだろうが、いまもわれわれの仲間であることに変わりはない。メールを公開したのは、アラガン社が自暴自棄になっている証しでしかない。ノーばかり言っている相手が間違っていることを証明できる日が待ち遠しい」

モルガン・スタンレーはメール問題へのコメントを拒否している。

（出典：Hammond, E., 'Valeant "a house of cards", say Morgan Stanley emails'. Financial Times, 16 June 2014. ）

株式公開買い付け

二〇一四年六月中旬、買収にあまりにも時間がかかっていることに、マイケル・ピアソンは苛立ちを募らせていた。これまでアラガン社の取締役会はピアソンの提示価格をことごとく拒否し、両者ともに納得できる価格を話し合うことさえ拒んでいる。アラガン社の発動したポイズンピルも障害となって、パーシング社の法廷戦術を封じていた。そこでピアソンは、もう一度主導権を自分の手に取り戻そうとした。

六月一八日にバリアント社は、アラガン社の株主に持ち株を現金とバリアント社の株式に交換できるオプションを与える株式公開買い付け《テンダー・オファー》に踏み切った。アラガン社はこのオファーに応じないよう株主に呼びかけた。これはピアソンが放った思い切った一手だった。アラガン社の株主に取締役会の意思に逆らうよう直接訴えたのだ。だが、公開買い付けには買収以上に証券取引委員会の規則が厳しく適用されるので、危険でもあった。そのため、バリアント社とパーシング社の新形式の提携が改めて精査の対象にされた。

六月末までは、パーシング社とアラガン社のあいだにポイズンピルを発動せずに臨時株主総会を開くという合意があった。ところが、かねての予定どおり七月初旬にポイズンピルが発動された。パーシング社は臨時株主総会を正式に招集して株主の支持を求める委任状勧誘書類を送付し、これがアラガン社取締役会に買収の受け入れを迫る真っ向からの戦いであることを明らかにした。同社の狙いは、取締役会の過半数をすげ替えて、九人の現役員のうち三人だけを残すというもので、退任する六人に替わって、買収に積極的な候補者が選任されることになる。六人のなかには筆頭社外取締役のマイケル・ギャラガーが含まれていたが、会長のデビッド・パイオットの名は標的リストになかった。

同時に、パーシング社の推す候補者リストも発表された。全員が経営トップや役員の経験が豊富で、ほとんどがヘルスケア業界やベンチャーキャピタル、未公開株式投資会社で働いた経歴をもつ。委任状勧誘書類には、株主がこの候補者に票を投じることで、アラガン社取締役会をバリアント社との買収交渉に臨ませることができると謳われていた。

これに対してアラガン社は、取締役会はパーシング社の推す候補者などより「はるかにこの業界で経験を積んだ」者で構成されており、パーシング社の行動は「まるで不十分な価格」でアラガン社を買収しようとする最後のあがきであると反論した。アラガン社はさらに、七月中旬に株主向けのプレゼンテーションを行い、バリアント社のビジネスモデルとその長期的な成長見通しを改めて非難した。また独自の委任状勧誘書類を株主に送付し、臨時株主総会開催に賛成しないよう呼びかけた。

翌七月一六日、両陣営の応酬はさらに激しさを増した。パーシング社のCEOビル・アックマンがアラガン社に送った辛辣な書簡は、「私はこの二一年間、ガバナンスを重んじる投資家として生きてきたが、その間のポートフォリオを見直しても、バリアント社の合併提案への貴社取締役会の対応ほどお粗末なものは一つもなかった」という書き出しで、こう続いている。「バリアント社への焦土作戦のような貴社の対応は常軌を逸している。貴社はバリアント社の不正経理と成長率や業績報告の改竄《かいざん》を非難しているが、その主張を裏付ける事実は一切ない。バリアント社の株価を下げんがためにそうした誤解を招く間違った情報を拡散しているのなら、それは単純明白な市場操作である」

次に、バリアント社のオファーはアラガン社の言うような「まるで不十分な価格」ではなく、むしろ株主のためには良い取引であるという主張が続く。アックマンは、バリアント社と話し合いもせずに買収提案をはねつけたアラガン社取締役会を糾弾する。「要するに」と、彼は書く。「いまあなた方に必要なのは、自分を鏡に映してこう問いかけることだ。自分はアラガン社役員として適切な行動をとっているだろうか、その行動は将来自分に下される評価――機関投資家や個人投資家、一般大衆、自分の帰属するコミュニティーの成員や近親者に下してほしい評価と食い違っていないだろうか、と」

そして最後にこう付け加える。「アラガン社の株主の大多数が、これまであなた方が受託者責任を果たしてこなかったことを憂慮しているのは明らかである。もしかしたら、あなた個人にとってさらに重大なのは、企業市民としてのあなたの評価を自分自身が傷つけていることかもしれない。老婆心ながら言っておきたい。名を成すには一生かかるが、それを失うのにはわずか数分しかかからないことを」

パーシング社がアラガン社取締役会を正面攻撃しているあいだに、バリアント社は搦手《からめて》から圧力をかけた。七月下旬、米国証券取引委員会とカナダ当局に対して、バリアント社の業績に関するアラガン社の声明は虚偽であると正式に提訴した。アラガン社の狙いは、バリアント社の株価を下落させ、現金と株式で構成される買収額の価値を下げることにある、という申し立てだった。

スポーツマンシップにもとる行為だと審判に訴え出たバリアント社に負けじと、アラガン社は賭け金をさらに吊り上げた。八月一日、バリアント、パーシングの両社が米国証券法に抵触する「不適切で違法なインサイダー取引」を協調して行っているとカリフォルニア州裁判所に提訴したのだ。株式公開買い付けに踏み切ったピアソンの大博打がその根拠になった。訴状には、バリアント社が敵対的買収提案を行う決定を、一般市場より先にパーシング社に伝えたのは内部情報の提供であり、その後数週間でパーシング社が大量のアラガン株を買い集めたのは、この内部情報にもとづいて行動したことを証明していると書かれていた。

「アラガン社の株主と市場は、アックマンがひそかに株式を購入していたことも、バリアント社が公開買い付けを行うことも知らなかった」と、訴状は続く。「この期間に株を売った人々は、経済的に豊かな投資家でさえ、事情を知らされぬまま不公平な価格で売却していた。その間アックマンは、まもなく行われる公開買い付けに関する内部情報をいち早く入手したおかげで莫大な利益を得た」

アラガン社の取締役会は、いずれ証券取引委員会が乗り出し、バリアント社とパーシング社の前例のない同盟に調査の手を入れることを望んでいた。当局の介入を待っても遅くはないとは思ったが、アラガン社はそれを待たずに自力で訴訟手続きを始めることにした。訴訟を起こすことで時間に余裕が生じ、バリアント社の買収に代わる案を探すこともできる。ところがこの訴訟によって、防衛策を準備しなければならなくなったパーシング、バリアント両社の結束が強まる結果も生じた。

アラガン社の戦術は相手の二社を忙しくさせる効果はあったが、株主には不評だった。大きな影響力をもつ二つの議決権行使助言会社ＩＳＳとグラスルイスは、パーシング社とバリアント社による臨時株主総会招集を支持していた。どちらも、株主より取締役会を優先するアラガン社のガバナンス体制に批判的だったからだ。ちょうどその頃、イニスフリーＭ＆Ａの会長でアラガン社のソリシターでもあるアーサー・クロージャーは、取締役会が探しているもっと良い代替案には関心がないとされるアラガン社の株主数人から話を聞いていた。クロージャーによれば、彼らは臨時株主総会を開こうとしているバリアント社とパーシング社を応援しており、総会開催のためにこれだけ大変な努力をしたのだから、役員再任に反対する票を投じるつもりだと言ったという。

パイオットもまた、自社の大株主の何人かから要請を受けていた。もっともそれは、アラガン社の経営陣は自社買収を検討せよという要請だった。アラガン社はバランスシート上に一四〇億ドルの現金を保有しており、買収資金にその一部を使えば、実質的にバリアント社の買収能力を削ぐことができる。

その頃、アラガン社の役員全員に、何年も音信のなかった元同僚や仕事仲間、昔の友人から電話がかかってくるようになった。電話の相手はまるで同じ台本を読んでいるかのように、他の役員に買収の件でバリアント社と話し合いをするように勧めているかと尋ねてきた。買収を目論む者の仕業であるのは、誰の目にも明らかだった。

八月末、パーシング社は、アラガン株を合わせて三一%保有する株主たちから臨時株主総会開催の支持を得たと発表した。社内規定にある二五%を大きく超える数字だった。こうなってはアラガン社も総会を開くしかなく、一二月一八日の開催が決まった。それでもアラガン社は、総会におけるビル・アックマンとパーシング社、バリアント社の議決権の差し止めを裁判所に求めると発表した。事ここに至って、アラガン社には執拗な追跡者の手を逃れる手段がなくなりかけていた。

白馬《ホワイト》の騎士《ナイト》を探し求めて

臨時株主総会開催のゴーサインが出ても、ビル・アックマンは動きを止めなかった。むしろ、それがさらに彼を駆り立てるきっかけになった。九月初旬にアラガン社取締役会に宛てた書簡のなかで、彼はこう書いている。「アラガン社は、おそらく米国実業界の歴史のなかで最も株主に有害な敵対的防衛を行ったことで名を馳せた。それをするために経営資源を無駄遣いし、株主との関係を損ない、株主価値を下落させた」。彼に言わせれば、バリアント社から最初のオファーが出て以来、アラガン社の四分の三の株主が持ち株の一部ないし全部を売却しており、これは彼らが株価に満足し、バリアント社の買収がなければ今後の発展はないと考えていることの証しであるという。アックマンは「少数派の役員」に対して、CEO兼会長のデビッド・パイオットに反旗を翻し、買収についてバリアント社と話し合う方向へ取締役会全体を動かすよう呼びかけた。

パーシング社とバリアント社のロビー活動が功を奏して、彼らの主張を支持する者が増えている気配が濃厚になった。会社がマイケル・ピアソンとビル・アックマンの手に落ちるのを防ぐために、パイオットは総会とそこで行われる取締役会多数派の信任議決が彼らの思惑どおりに運ばないよう思い切った策に出る必要があった。

パイオットは代替案探しにさらに拍車をかけた。その年の初めに、アラガン社は別の大手製薬会社アクタビスから暫定的な申し入れを受けていた。パイオットは二〇一四年の夏にアクタビス社のCEOブレント・サンダースと話し合い、自社の取締役会にその内容を報告していた。アクタビス社も借金で賄う企業買収で成長した会社ではあったが、バリアント社よりはるかに研究開発への投資に力を入れるビジネスモデルが、アラガン社の役員に好感を抱かせた。ただし買収額にはアクタビス株が含まれる可能性が大きかったので、アラガン社取締役会は後日この申し入れを再検討することにした。

そうこうするうちに、アラガン社の関心は胃腸薬の専門メーカー、サリックス・ファーマシューティカルズの買収に移った。取締役会は、一年半ほど前からサリックス社の買収を検討していた。およそ一〇〇億ドルの企業価値があるサリックス社を買収すれば、その分大きくなったアラガン社はバリアント社の手に余る規模になる。それはまた、バリアント社が欲しがっている、アラガン社のバランスシート上の莫大な現金を使い果たすことにもなる。サリックス社との協議が行われているのを耳にしたアックマンは、アラガン社取締役会にもう一通書簡を送った。そこには、もし取締役会が株主の承認を得ず、バリアント社にも通告しないで買収を進めるなら、パーシング社は役員を受託者責任違反で訴えると書かれてあった。

アラガン社買収の話が立ち消えになりそうな気配を感じたピアソンとアックマンは、さらに賭け金を吊り上げようと考えた。一〇月初旬の日曜の朝、二人はニューヨーク近郊の社用ジェット機専用飛行場テターボロで落ち合い、アラガン社のサリックス社買収を阻止する手立てはないかと話し合った。バリアント社のオファーに対する先日の反応を考えれば、アラガン社取締役会もオファーの増額には耳を貸すに違いないという結論になった。二人は提示額を一株当たり一九一ドルに引き上げることにした。それでアラガン社の価値は五六八億ドルになる。だがピアソンは、当月末にバリアント社の四半期決算が出るのを待って、最新のオファーをしたいと言った。良い結果を発表できればバリアント社の株価が上がり、株式と現金を組み合わせたオファーの現金の割合が減ることになるからだ。

一〇月二七日、ピアソンはアラガン社取締役会に書簡を送り、提示額を一株当たり二〇〇ドルまで引き上げる用意があると伝えた。これに対してアラガン社は、引き上げられたオファーについては検討の用意があると答えたが、相手がにわかにこうした行動に出たのには、アラガン社の第3四半期の業績から投資家の目を逸らせる意図があると感じた。今度のオファーは最初の提示額よりはるかに高くなったとはいえ、この半年のあいだにアラガン社の株価は急激に上昇していた。

臨時株主総会の開催が迫るなか、パーシング社とバリアント社の議決権を無効にするための、アラガン社最後の頼みの法的手段が水泡に帰した。二〇一四年一一月三日、インサイダー取引を行ったとして二社を訴えたアラガン社の案件を審理した判事は、訴えが「重大な問題を提起」したとは認めたものの、総会でのパーシング社とバリアント社の議決権行使を容認する判断を行った。ここに至って、デイビッド・パイオットは一二月一八日の総会前に代替案を強引に推し進める決意をした。サリックス社の買収は、不正会計疑惑が生じたためにすでに頓挫していた。いま必要なのは、アラガン社を友好的に買収し、バリアント社とパーシング社の攻撃に耐えられるようにしてくれる白馬の騎士《ホワイトナイト》だ。そこでアラガン社は、以前買収の意思を示したことのあるアクタビス社との取引が可能かどうかを改めて検討することにした。

アラガン社とアクタビス社の協議が進んでいるのを知ると、アックマンはアラガン社取締役会に書簡を送り、できるだけ高い買収額を得るために、アクタビス社とバリアント社でオークションを行ってはどうかともちかけた。アックマンはまだ、二社を競合させることで、バリアント社がアラガン社の株主にもっと良い取引条件を提供できると信じていた。

ところが、一一月一六日、アラガン社はアクタビス社のオファーを受け入れると発表した。株式と現金で構成されるオファーは、一株当たり二一九ドルで計算されていた。バリアント社に可能なオファーをはるかに上回る価格で、ピアソンのやる気を削ぐために設定されたものだった。これが功を奏した。発表のわずか一時間後、ピアソンはバリアント社にはこれに見合うオファーはできないので、アラガン社から手を引くという声明を出した。アクタビス社のオファーでは、アラガン社の価値は六六〇億ドルと計算されていた。二〇一五年三月に取引が成立したときには、それが七〇五億ドルまで上昇し、一一カ月前にバリアント社が初めて出したオファーを二〇〇億ドル以上超える額になった。

パイオットは自分が育て上げた会社が、借金を原動力に買収を繰り返す大嫌いなビジネスモデルをもつバリアント社に売られるのを見なくてすんだ。バリアント社は、アラガン社の研究開発費を大幅に（おそらく九五％近く）削減する提案を行っていた。アクタビス社との取引でも研究開発費は削られるだろうが、それでも三分の一程度の削減ですむはずだ。アクタビス社の本社はアイルランドにあるので、合併後の新会社の税率は一六％まで下がり、年間四億ドルを節約できる。

バリアント社とパーシング社の攻撃を受けているあいだに、アラガン社取締役会は四一回開かれた。その多くは週末で、ほとんどは、いつも決まって二、三時間は続く電話会議だった。役員の多くがフルタイムの仕事を別に抱えていたから、いつ何時どの大陸に出張していても参加できるようにするにはそうするしかなかったのだ。

アクタビス社へ身売りをすれば、パイオットはCEOと会長の座を降りることになる。それでも、パーシング＝バリアント連合との八カ月間の長い戦いに捧げた努力は十分報われた。彼は、のちにアラガンPLCと改名する新会社の取締役会に誘われたが辞退し、代わりにゴールデンパラシュートと呼ばれる高額の退職金八九〇〇万ドルと、取引成立日に持ち株とオプションを売却して得た現金を合わせて、総額五億三四〇〇万ドルを手にした。

その一方、バリアント社とマイケル・ピアソンはこの結果にひどく失望した。大手企業を一つ買収することでバリアント社の成長を速めたいと思っていたのに、一年の大半をかけて追求した買収は実現せずに終わった。値上がりしたアラガン株で得た利益の大部分はパーシング社にもっていかれたうえに、ピアソン自身の取引決定能力の評価は地に堕ちた。「ピアソンとバリアント社は、アックマンが味方についたので最初から勝てると思っていた。彼らの過去の実績を評価する投資家も後ろ盾になっていた。だが、彼らはアラガン社の取締役会と経営陣を見くびった。きっと勝てなかったことに大変なショックを受けているだろう」と、マイケル・ギャラガーは語っている。

パーシング社とバリアント社の新形式の提携が初めて明らかになったとき、これからはアクティビストがライバル会社を買収しようとする敵対的買収者と手を組むことが流行するのだろうかと憶測を呼んだ。だがバリアント社の例を見れば、今後は買収者が確信をもってアクティビストと同様の提携を行うのは難しくなるだろう。

メイソン・モーフィットはその春にバリアント社の取締役を退任していたが、バリューアクト社はバリアント株をまだ保有したままだった。モーフィットは傍観者として、不安を抱きながら一連の経緯を見守っていた。彼には、今後多くの会社がアクティビストとの似たような提携に走るとは思えなかった。「バリアント社はこの件から何を得ただろうか？　相手の反撃で株価は下がり、膨大な時間を無駄にし、評判を落とし、労力を無駄遣いし、様々なサービス提供会社へ多額の料金を支払ったというのに」と、彼は言う。

追い打ちをかけるように、パーシング社とバリアント社に対する集団訴訟が起こされた。七〇〇億ドル規模のオハイオ州教職員退職年金基金と二七〇億ドル規模のアイオワ州職員退職年金基金という二つの大きな年金基金の訴えによって、カリフォルニア州の判事が二〇一五年一一月にインサイダー取引の申し立てを審理することになった。訴訟は、パーシング社とバリアント社が買収の意図を公表する直前にアラガン株を売却した投資家に代わって州が起こしたものだった。

ビル・アックマンは、アラガン社の経営権を握る買収に失敗して味わった失望を、パーシング社がアラガン社への投資で得た利益で埋め合わせることができた。二〇一四年の春に買い始めたときのアラガン社の株価は一二〇ドル台だった。アクタビス社とアラガン社合併の発表が行われた翌日、パーシング社は一株二一〇ドルから二一三ドルのあいだで持ち株を売却した。つまり、パーシング社は九カ月で二五億ドルの利益（うち一五％は契約によってバリアント社が取ったが）を得たわけである。アクティビストの勝利はいつも取締役会の席を取ったかどうかで決まるわけではないことが、このキャンペーンで浮き彫りにされた。

第6章　デュポン社の引き合わない勝利

化学反応

エレン・クルマンはテレビの画面に見入った。映っているのは、CEOなら誰しも二度と見たくないようなインタビューだった。CNBCビジネスニュースのアンカー、アンドリュー・ロス・ソーキンが、アクティビスト・ヘッジファンドとして最も成功し、最も恐れられる人物、トライアン・ファンド・マネジメントCEOのネルソン・ペルツに質問していた。ソーキンはまず、CNBCが入手した情報の裏付けをとるために、トライアン社が米国最大の化学工業会社で、エレン・クルマン率いるデュポン社の株を大量に買い付けたのは本当かとペルツに尋ねた。ペルツはその憶測についてはコメントしなかった。それでも否定しなかったことで、答えは明らかだった。デュポン社の会長兼CEOのクルマンや経営幹部を取り巻く現実は、突如として複雑きわまりないものになろうとしていた。

それは二〇一三年七月なかばのことで、実のところトライアン社はその三カ月前からデュポン社の株を買い集めていた。トライアン社は当初、三億四五〇〇万ドルを投資した。デュポン社の株式の一

%に満たない額である。ところが、それから数カ月のあいだに、トライアン社の持ち株は倍以上に増えていた。

二〇〇五年にペルツがトライアン社を共同で創立してから、同社は知名度で一、二を争うアクティビスト・ヘッジファンドに成長した。トライアン社が投資して、改革を強制してきた相手は、ペプシコ、総合機械メーカーのインガソール・ランド、食品大手のクラフトフーズ、菓子大手のモンデリーズ・インターナショナル、ハンバーガーチェーンのウェンディーズなど、錚々たる米国企業である。いくらかでもデュポン社のクルマンの慰めとなるのは、トライアン社が委任状争奪戦を行ったのは、創立以来、食品大手のハインツに仕掛けた一回だけであることだった。もっともその争奪戦でトライアン社が、ペルツ本人のものを含めて取締役会に二つの席を勝ち取ったという事実は、とても慰めにはならなかった。むろんクルマンには、トライアン社が今度は完全勝利を得られるかどうかを試してみる気はなかった。

ペルツと、長年のビジネスパートナーであるピーター・メイは、一九八〇年代に企業乗っ取り屋として名を馳せたが、のちに看板替えして、企業と敵対するよりむしろ力を合わせることを選ぶ「建設的アクティビスト」を自称するようになる。事実、取締役会に加わったトライアン社のチームが、他のアクティビストの攻撃から企業を守る役目を果たしたことも少なくなかった。

したがってクルマンは、最初はトライアン社と友好的関係を築こうとした。CNBCの番組にペルツが出演した一週間後、クルマンはCFOのニック・ファナンダキスを伴い、トライアン社の代表三名――投資責任者のエド・ガーデン、ネルソン・ペルツの息子でパートナーでもあるマシュー・ペルツ、もう一人のパートナー、ブライアン・ジャコビー――と面談した。ミーティングはなごやかな雰囲気で始まったが、やがてトライアン社がデュポン社を大きく再編するプランをもっていることが明らかになった。マンハッタンのホテルの会議室で、二時間に及ぶミーティングのあいだ、ガーデンはデュポン社を四部門に分割する案も含むプランを滔々《とうとう》と披露した。クルマンとファナンダキスはその二時間のほとんどを、ガーデンのプラン提示に耳を傾け、主張を黙って聞くことで過ごした。二人はその後まもなく、同じ主張を耳にタコができるほど聞かされることになる。

化学的分離

デュポン社は一八〇二年、その二年前にフランス革命を逃れて米国に移住したエルテール・イレネー・デュポンによって、デラウェア州ウィルミントン近郊で火薬製造会社として創業された。その後二世紀にわたり、世界でも最大で最も影響力のある化学工業会社の一つに発展するとともに、デュポンの子孫は米国の政治・経済において重要な地位を占めてきた。二〇世紀には、ナイロンやテフロン、ライクラ（訳注：伸縮性のある繊維素材）といった、世界中で数十億もの人々が日々使っている合成物質を開発した。

デュポン社は多角的に事業を展開していたが、二〇一三年には成長率の低い一部の事業を売却しなければならない状況に陥った。二〇〇九年にクルマンがＣＥＯになって以来、デュポン社は従来の商品の生産から、世界の人口増加に伴う需要に応える収益性の高い事業へ切り替えようとしていた。二〇一二年には、自動車塗装を主体とした部門を未公開株式投資会社のカーライル・グループに売却した。クルマンは従来の化学事業に依存した会社から、農業やバイオ燃料、ソーラーパネル、エネルギー効率のよい建材などの領域に特化した会社へと転換させようとした。

クルマンは三〇年近くデュポン社で働いており、技術者としての経験と分析力あるビジネス・マインドを併せ持つ人物として、株主のあいだで人気が高かった。ところが、会社が利益予測を達成できず下方修正するに至り、彼女のCEOとしての評価に影が射し始めた。

トライアン社との最初のミーティングで、クルマンにも相手が本気なのがわかった。デュポン社は米国の最大手企業であり、これほどの規模の企業がアクティビストに委任状争奪戦を仕掛けられることなど、前例がなかった。だが、ネルソン・ペルツも前言を翻さないことで知られていた。デュポン社の取締役会は、トライアン社の要求にある程度応じるか、本格的な委任状争奪戦に備えるかのどちらかを選ぶ必要があることを認めるようになった。

二〇一三年の夏、取締役会は今後予想されるキャンペーンから会社を防衛する助けを得るために、ゴールドマン・サックスと投資銀行エバーコア・パートナーズの二社と財務アドバイザー契約を結んだ。また、企業が機関投資家の支持を集めるのを支援する業務に特化したコンサルティング会社キャンバービュー・パートナーズも採用した。さらに、大株主との話し合いの機会を増やし、とりわけ議決権の代理行使を行うコーポレートガバナンスの専門家とは頻繁に協議を行った。普通CEOはめったにしないのだが、クルマン自身も株主との連絡に多くの時間を割いた。株主の関心がどこにあるのかを把握し、委任状争奪戦に備えて連携したかったからだ。

そうするあいだも、デュポン社はトライアン社との話し合いを継続した。ニューヨークでクルマンとトライアン社が最初のミーティングをもってから数カ月間、エド・ガーデンはデュポン社の財務アドバイザーであるエバーコアやゴールドマン・サックスと協議を続けた。二〇一三年九月一八日にもミーティングを行ったガーデンは、デュポン社の財務アドバイザーがトライアン社の提案について初歩的な質問を繰り返すばかりで、十分に検討する時間をとっていないことに不安を抱いた。

ガーデンは次第に、デュポン社がトライアン社の関心を真剣に受け止めていないことに不満を覚え、提案を押し通すためには、賭け金を吊り上げる必要があると感じた。一〇月一五日、ガーデンはクルマンに電話して、三つの選択肢があると伝えた。トライアン社の計画どおり会社を四分割するか、もしくはアクティビストに取締役会の席を与えるか。もしどちらも選ばなかったら、いやでも委任状争奪戦に臨まなければならなくなる、と。クルマンは取締役会に、トライアン社のプランを諮ることになるだろうと言った。

いまやクルマンは、会社の将来をトライアン社に委ねるか、自分で別のプランを編み出すかの選択を迫られていた。

クルマンの代替案

その年の初め、トライアン社の投資がおおやけになる数週前に、デュポン社は特殊化学品事業に関する「戦略的代替案」を検討していると発表した。二〇一三年一〇月二四日、エレン・クルマンは化学品部門を分離して、同社の株主の所有する株式公開会社にする案を明らかにした。新会社は、塗料、プラスチック、紙に用いる白色顔料や冷却材、付着防止コーティングなどの化学品、防弾ベストに使われるケブラー繊維の製造に専念する。化学品部門は、前年度の営業利益六三億ドルの三分の一弱を占めていた。この分社化は二〇一五年なかばまでに完了する予定だった。

翌一〇月二五日、クルマンはエド・ガーデンに電話をかけ、会社を四分割する案を検討した結果、取締役会は否決したと伝えた。取締役会は同時に、トライアン社の推す役員候補者も拒否した。クルマンの化学品部門分社化計画は、会社に手加減なしの再編を望む株主に対する回答であるとともに、トライアン社の攻撃を鈍らせる効果もあった。

だが、トライアン社もそう簡単には引き下がらなかった。翌週、クルマンはデュポン社の大株主の一つ、カリフォルニア州教職員退職年金基金（カルスターズ）から電話を受けた。この全米二位の公的年金基金はトライアン社の有力な支援者でもあり、同社の経営陣とも親密な関係にあった。カルスターズは二社を和解させることに強い意欲をもっており、クルマンに落としどころを探るためにトライアン社ともう一度話し合ってほしいと要請した。

カルスターズの介入はこれが初めてではなかった。デュポン社へのトライアン社の投資が世間に知られる前に、同基金を代表してコーポレートガバナンスの責任者アン・シーハンとコーポレートガバナンス・ポートフォリオマネジャーのエイシャ・マスタグニが、クルマンとトライアン社とのミーティングにデュポン社の筆頭社外取締役のサンディ・カトラーとともに出席した。カルスターズもしばらく前からデュポン社の業績を憂慮しており、取締役会がクルマンと経営陣にその責任を十分にとらせていないのではないかと考えていた。

「われわれがトライアン社を支持しているのを示すために、ミーティングに参加した」と、マスタグニは語る。「それだけでなく、まずはデュポン社、特にサンディ・カトラーがトライアン社の提案と主張をどう考えているのか直接聞きたかったこともある」

カルスターズは以前からトライアン社とは親密な関係にあり、食品大手のハインツ社や総合機械メーカーのインガソール・ランドに対するキャンペーンの際も同社を支持した。どちらのキャンペーンでもトライアン社は取締役会に代表を送り込んでおり、後者では一部事業の再編を強要した。これはデュポン社にとって不吉な前兆と言えた。

カルスターズの勧めで、デュポン社はワシントンDCにある顧問弁護士のスキャデン・アープス法律事務所のオフィスでミーティングを開くよう調整した。二〇一三年一二月一〇日、クルマンとカトラーはトライアン社のエド・ガーデンと顔を合わせた。両陣営は、ガーデンのデュポン社を四分割する提案と取締役会への参入要求をクルマンが拒否して以来、一切話をしていなかった。

それでもデュポン社の代表は、ガーデンが歓迎するに違いない知らせを用意していた。クルマンとカトラーは、皮切りに化学品部門を分社化する決定をした背景と、経費削減が可能と思われる事業分野を説明したあと、まもなく大規模な自社株買いプランの発表を行うことを打ち明けた。それを聞けば、きっとガーデンも満足するだろう。

ところが、ガーデンは納得しなかった。彼は、トライアン社はデュポン社の査定を変更し、会社を四分割ではなく三分割にすることを検討したいと言った。新しいプランでは、農業部門、栄養部門、特殊化学品部門の三つの事業体に分割されることになる。ガーデンはデュポン社の抱える問題の根幹には、基盤となる事業の収益性に悪影響を及ぼす高コストの持ち株会社体制があると指摘した。

クルマンとカトラーは意表を突かれた。大規模な自社株買いプランを伝えればガーデンは満足するものと思っていたのに、大規模な組織構造改革を行わない限り満足できないと言われてしまった。そこで二人はトライアン社による最新の業績予測に異を唱え、近年デュポン社が業績目標を達成できないのは、取引先の業界の一部が周期的な景気変動の影響を受けているからだと主張した。

ミーティングを終えるまでに、どちらも譲歩しないことが明らかになった。カトラーは、デュポン社の取締役会は今後も経営陣に業績目標を達成させるよう最善を尽くすので、トライアン社が彼らの責任を追及するのはそれが失敗してからにしてほしいと述べた。憶測が飛び交ってはいたが、その時点でトライアン社は、デュポン社への投資を公表していなかった。だがガーデンは、もはやそれを公表せざるを得ないと言った。もしデュポン社の業績が改善したらトライアン社も称賛するにやぶさかでないが、改善できなかった場合には、取締役会はおおやけの場で非難される覚悟をしておくべきだ、と。不安定な休戦が成立した。

嵐の前の静けさ

二〇一四年一月下旬、デュポン社は、取締役会が五〇億ドルの自社株買いプランを承認したと発表した。二〇一四年中に二〇億ドル分の買い戻しを行い、残りはそれ以降になる。その年のなかばまで、デュポン社とトライアン社は一切連絡をとりあわなかった。そればかりかエド・ガーデンは、五月に開かれた機関投資家会議の場で、デュポン社におけるエレン・クルマンの職務遂行を賞賛した。「これまでエレン・クルマンはデュポンの社内アクティビストの役割を果たし、その事業を業界最高の水準まで引き上げた。コーティング事業を分離し、機能化学品事業も切り離し、「そのうえ」五〇億ドルの自社株買いを行っている」と、ガーデンは出席者に語った。

けれども、不安定な合意は長続きしなかった。六月、デュポン社は予想営業利益を下回る期待外れの第2四半期決算を発表した。その結果、年間営業利益の見通しは一株当たり四ドル一〇セントから四ドルに下落した。これが知れ渡ると、株価は三％近く値下がりした。

ちょうど半年前にエド・ガーデンが警告したとおり、トライアン社にはその凶報に飛びつく準備ができていた。数日後、クルマンとCFOのニック・ファナンダキス、筆頭社外取締役のサンディ・カトラーへの電話で、ガーデンは前と同じ警告を繰り返した。会社を三分割する提案を受け入れるか、自分に取締役会の席を与えなければ、委任状争奪戦を覚悟せよ、と。

その年の夏のあいだ、ガーデンは取締役会の席を与えるようカトラーに何度も迫った。そのたびにカトラーは、すでに満場一致でその和解案を否決していると答えるだけだった。そこでトライアン社は、この件を公開するという脅しを実行に移すことにした。二〇一四年九月一六日、トライアン社はデュポン社取締役会に書簡を送ると同時に、その内容を公表した。書簡には、クルマンとカトラーには意見の相違があったことが書かれていた。また、デュポン社による自社株買いと化学品事業分離の決定は称賛に値するが、それでもまだ不十分だという指摘もあった。さらに、四〇億ドルもの無駄な経費がかかる持ち株会社体制も非難していた。無駄な経費のなかには、一八ホールのゴルフコースと二五面のテニスコートをもつカントリークラブ、ウィルミントンの中心街にある一二階建てのホテル・デュポン、一三〇年の歴史があるデュポン劇場という三つの非主力資産が含まれていた。この三つの資産は、デュポン社のような大企業が管理職を引き寄せ、引きとめるためにレジャー施設をつくっていた時代の名残だった。トライアン社はその三つを売却するべきだと主張した。

トライアン社の書簡は、会社の三分割と、持ち株会社体制廃止を唱えていた。現体制は管理職が多すぎることで経営陣の説明責任の欠如や無用な浪費、過度の複雑さを招き、コングロマリット・ディスカウントと呼ばれる、多くの事業を抱える企業全体の価値が各事業の合計より低く見積もられて株価が下落する事態を引き起こしているという。また、二〇一二年にコーティング事業を分社化したのち、新会社がどれほどうまくいったかを詳細に述べ、他の事業も分離すれば同じくうまくいくであろうと指摘していた。そうしたやり方をすれば、株価は三年で倍になるはずだというのが、トライアン社の見解だった。

トライアン社がデュポン社に強い関心を抱いていること、それに二社が緊張関係にあることをメディアが報じたのをきっかけに、ネルソン・ペルツはキャンペーンの表舞台に出る決意をした。翌月、彼はサンディ・カトラーに電話をかけて、初めてデュポン社と直接接触した。トライアン社が欲しいのは、もはや取締役会の席一つではなかった。トライアン社から二人、さらに同社が選んだ業界の経営者を一人、取締役会に入れることを要求するようになった。デュポン社がどれほど避けようとしても、委任状争奪戦の開戦は目前に迫っているように思えた。

二週間後、ペルツはエレン・クルマンと初めてランチをともにした。話題はほとんど世間話の域を出なかったが、ランチが終わりかけたところで、ペルツはもし委任状争奪戦が行われれば、彼女にとってもデュポン社の他の役員にとってもきわめて不快な経験になるだろうと警告した。どんな委任状争奪戦もそうだが、公私両面で個人的な事情が細かく詮索されることになる。もっとも、デュポン社の規模とトライアン社の評判を考えると、二社が正面からぶつかれば、その詮索は他の場合よりさらに執拗なものになるに違いない。そう言ってからペルツは、委任状争奪戦を回避するために、クルマンみずから自分とエド・ガーデンを取締役にする後押しをしてもらえないだろうかと尋ねた。逃げ道を与えられても、クルマンはそれを選ぶのをためらった。

一二月、デュポン社は化学品部門の分社化を発表した。新会社はケマーズと名付けられた。同時に、一世紀以上にわたって拠点にしていたウィルミントンの本社を中心街から郊外に移すことも明らかにした。それが会社上層部の無駄遣いをやり玉に挙げたトライアン社の非難への回答だった。その後まもなく、一三〇年続いたデュポン劇場を売却すると発表した。

九月にデュポン取締役会に書簡を送りつけたあと、トライアン社はデュポン社の株主に接近し、どの程度株主の支持を得られるか確かめようとした。カルスターズなど一部の有力な株主から好意的な反応を得ると、その支持を利用して希望どおりの改革を推し進められる可能性が高いと判断した。どちらの側も、史上最大規模の企業をターゲットにした委任状争奪戦に備えて準備を加速した。

戦闘開始

二〇一五年一月八日、トライアン社はその年の春に開かれる株主総会で選任されるデュポン社の役員に四人の候補者を擁立し、以前から実行をほのめかしてきた委任状争奪戦を開始した。化学工業界に豊かな経験をもつロバート・ザッタと並んで、ネルソン・ペルツ自身も候補者の一人として名を連ねた。ペルツは、以前ターゲットにした資産運用会社のレッグ・メイソン・アセット・マネジメントの取締役会を退任したばかりで、同社の役員だったジョン・マイヤーズも候補者リストに加えた。もう一人は、これもトライアン社の標的だったハインツ社の元CEO、アート・ウィンクルブラックだった。このリストは、トライアン社とペルツがこれまでターゲットにした企業の取締役会や経営陣と長年親しく仕事をともにしてきたことを見せつけるために、念入りに作られたものだった。

この時点で、トライアン社の持ち株はデュポン社の株主としては第五位にあたる二・七%になり、相変わらず会社を三分割する要求を続けていた。もっとも、候補者リストを公表したことで、トライアン社は当初主張していた組織構造改革の賛否を問う議決ではなく、デュポン社の業績と現取締役会の経営責任能力を問う議決を求めているのが明白になった。

それに対してデュポン社は、現取締役会と経営陣のもとで達成した業績を強調することで応じた。エレン・クルマンがCEO兼会長になって以来六年、株主総利回り（株価の上昇分と配当額を投資額で割ったもの）は二六六%に達し、株主に一三億ドルを還元していた。比較例として、S&P500指数の平均的な企業の株主総利回りが一五九%、同業他社が平均一三三%であることが挙げられた。さらに、会社がすでに機能化学品部門の分離を進め、社全体で年間一億ドルの経費削減を見込んでいることも改めて特記された。

「弊社CEO、CFO、筆頭社外取締役が、複数回の電話やミーティングなど建設的な努力を数多く行ったにもかかわらず、トライアン社はわれわれのプランに反対し、プラン実行の重要な段階で会社を混乱に陥れかねない道を選んだ」と、デュポン社は声明のなかで述べた。また、トライアン社の推す候補者が取締役に選任されることが、デュポン社の株主にとって最善の利益になるかどうかを評価する再調査を行うこと、さらにコーポレートガバナンス委員会がアクティビストの推す候補者と面接する意思があることも告知した。もっとも、面接対象にペルツは含まれていなかった。

デュポン社には、七二歳を役員定年にする内規があった。たまたまペルツは七二歳だったので、この内規によって、たとえ役員に選任されても一年を超えて役職に留まることはできない。もっとも、取締役会が彼の選任に反対する理由はそれだけではなかった。クルマンと他の役員が、エド・ガーデンが繰り返し行った取締役会の席の要求を拒否したのは、トライアン社によって選ばれた人物が会社を裏から操る、いわゆる「シャドーマネジメント」を行って同社の影響力を強大化し、すでに決まっている再編プランを妨害する可能性があると感じていたからだった。

その翌週トライアン社は、デュポン社の業績は低迷していると主張する委任状勧誘書類をデュポン社の株主に配布した。そのなかでは、デュポン社の資料にはなかった別の同業他社の数値が使われていた。トライアン社に言わせれば、デュポン社の株主総利回りは景気循環を単位にして比べても、また一〇年単位、二〇年単位で比べても同業他社に劣っているという。同時に、一株当たり利益が同時期の同業他社と比べて少ないばかりか、すべての事業体で利益率が低いとも指摘していた。

それに対してデュポン社は、トライアン社は見当違いの競合会社を選んでおり、そうした会社と比較した業績評価は不正確であると返答した。また、トライアン社が例に挙げた期間は自説を通すために恣意的に選ばれたもので、その期間のほとんどが、トライアン社がデュポン社を三分割するプランを公表する頃に終わっており、その後株価は一五%ほど上がっているという。株価が上がったのはトライアン社の参入宣言がおもな理由だったのだが、それでもデュポン社は、株価の上昇は自社独自のプランを発表したことで実現したものだと言い張った。

デュポン社の提案

二〇一五年一月末、エレン・クルマンと役員でコーポレートガバナンス委員会の委員でもあるマリリン・ヒューソンは、ネルソン・ペルツを除くトライアン社の三人の候補者と面談を行った。筆頭社外取締役のサンディ・カトラーも、ビデオ電話でその会議に参加した。その一方で、ヒューソンとカトラーは、ペルツとも個別にミーティングをもった。ペルツには、他の委員会メンバーは出張でミーティングに参加できないと伝えていた。

だが、デュポン社の取締役会は、他の役員候補者とも話し合っていた。二月四日、クルマンとカトラーは、オヘア国際空港のビジネスラウンジでペルツと会うためにシカゴへ向かった。二人は、ペルツもきっと受け入れるに違いないと思える提案を携えていた。このミーティングでトライアン社を懐柔し、委任状争奪戦を終えられると信じていた。二人がペルツに示した提案は、トライアン社の候補者との面接を行ったうえで、トライアン社が候補者リストを取り下げてデュポン社の選んだ候補者を支持するのと引き換えに、リストの一人に取締役会の席を用意する準備があるというものだった。もっとも、その一人はペルツではなかった。

それ以外にペルツには、現役員のうち二人は化学品部門を分離して設立したケマーズ社の役員に就くため、デュポン社取締役会を退任すると伝えられた。コーポレートガバナンス委員会はすでに、取締役会の空席を埋める二人の候補者を選んでいた。多国籍化学工業会社ライオンデルバセルのCEO兼会長を退任したばかりのジェームズ・ギャログリーと他一名だった。前の年に、ギャログリーとペルツはトライアン社の候補者リストにギャログリーを加えるかどうかで意見交換していたので、クルマンとカトラーはギャログリーをデュポン社の候補者にすればペルツも納得するのではないかと期待していた。だが、ペルツは挑戦的な態度を変えなかった。自分が取締役会の席を得ない限り同意できない。ミーティングはわずか二〇分で終わった。

合意に至らぬまま翌日、デュポン社は退任する役員に代わって、ギャログリーと、セキュリティシステム会社タイコ・インターナショナルの元CEO兼会長のエドワード・ブリーンを選任すると発表した。ブリーンもまた、ペルツが敵対的候補者リストに載せることを考えていた人物だった。ブリーンはタイコ社にいるあいだ、ほとんどの時間を会社の分割と株主利益の創出に費やしていた。デュポン社は、声望ある化学品業界の経営者と組織再編の専門家である人物を入れることで、取締役会が必要な改革を推し進めるのにペルツや彼の推す候補者は必要がないことを示そうとしたのだ。

トライアン社はこの人事を歓迎する声明を出し、自社が投資を始めてからデュポン社がとった前向きな行動の一つと評価した。その一方で、デュポン社はもう一歩踏み込んだ方策をとれるはずだから、取締役会に代表を送り出す運動をこのまま継続すると付け加えた。

事態はデュポン社とクルマンに有利に運んでいるように見えたが、そこで同社のキャンペーンは手痛い一撃に見舞われる。前年の九月にクルマンが行った株式の大量売却に、株主が疑問を抱いたのだ。彼女は個人的に所有していた約五〇万株、三七五〇万ドル相当の自社株を売り払った。トライアン社が会社の三分割を提案した直後のことで、そのときの株価は過去一五年間の最高値七〇ドル強まで上がっていた。この売却は、将来の特定された日、もしくは特定の株価に達した時点で、大株主に株式の大量売却を許す10b5－1ルールと呼ばれる規定を利用したものだった。経営陣はこれを活用することで、インサイダー取引規制には抵触せずに株価の上昇による利益を得ることができる。

疑問の声に対してデュポン社は、この売却は株価が事前に設定されていた七〇ドルに達したために実行されたもので、クルマンは取締役会が義務づけていた個人所有の自社株の四倍以上を保有していたと発表した。また、クルマンにはこのルールに逆らって株式売却をやめることはできなかったと弁護した。それでも、トライアン社や資産運用会社のニューバーガー・バーマンをはじめとする株主の一部は、七〇ドルという売却価格を設定したのは、クルマンが同社の株価が上がるとは考えていなかったことと、同社の将来を信じていないことの証しであると反論した。

DuPontCanBeGreat.com（デュポンは大きくなれる）なるウェブサイトを開設したトライアン社は、二月一一日付で、デュポン社に期待する改革を記した提案書《ホワイトペーパー》と委任状勧誘書類を配信した。クルマンの株式売却に焦点を当てた内容だった。そこには、トライアン社がデュポン社への投資を始めたあと、クルマンが個人所有の株式の五四%を売却していたと指摘されていた。「自社株を売却するCEOは、自分の経営計画に自信がないことを露呈しているのではないか？」と、委任状勧誘書類は問いかけている。

翌週、デュポン社はトライアン社の根拠のない主張に反論する書簡と株主向けの報告書を公開した。ここに至って、両陣営は四〇を超えるデュポン社の大株主の支持を得ることに重点を置くようになった。クルマンもペルツも多くの時間を割いて、デュポン社の大株主に会うために全米を飛びまわった。あるとき、二人がボルチモアの資産運用管理会社のロビーでばったり出くわしたことがあった。二人はぎごちない握手を交わして、そのまま歩き去った。株主もまた、どちらの主張に議決権行使をするか二分されているように見えた。徐々に、この年最大かつ最も伯仲した委任状争奪戦が具体的なかたちをとり始めた。

事前の費用見積もり

委任状争奪戦が進むにつれ、キャンペーンに費用がかかりすぎ、両陣営が損害を被ることを心配する株主が現れた。そうした株主の一つ、デュポン社第六位の株主で、二・五％の株式を保有するフィデリティ証券は、二〇一五年三月一一日にトライアン社に電話をかけ、災いをもたらす争奪戦を避けるためにデュポン社と和解するよう説得した。

ネルソン・ペルツはこの忠告を聞き入れた。彼もこのキャンペーンで無用な面倒を起こしたくなかったからだ。もしデュポン社の株主が、彼のキャンペーンが費用をかけるに値しないとか、会社に損害を与えていると判断すれば、トライアン社の推す候補者に票は投じないだろう。その夜、ペルツはエレン・クルマンと筆頭社外取締役のサンディ・カトラーに電話した。カトラーはペルツに、トライアン社の候補者のうち一人を取締役に選任する提案は、それがペルツ以外であれば有効であると伝えた。それに対してペルツは、デュポン社の現役員に加えて自分ともう一人の候補者を選任すれば委任状争奪戦を中止すると提案した。そうすれば、誰も取締役会の席を失わないですむ。さらにもう一つ、残り二人の候補者をケマーズ社の取締役会に加え、同社のコーポレートガバナンス政策をもっと株主に手厚いものに変える仕事をさせたいと要求した。

カトラーは、ペルツの提案を取締役会で検討すると答えた。だが二日後、クルマンとカトラーは、その新提案が満場一致で否決されたことを書簡で知らせた。それを機に、委任状争奪戦は再開された。三月下旬、デュポン社も委任状争奪戦キャンペーンを始動した。株主に宛てた書簡と報告書で、トライアン社の戦略は危険で、きわめて破壊的であると主張した。同社の委任状勧誘書類では軽く扱われているが、彼らのプランの中心には会社の分割があることに変わりはなく、ペルツのプランはデュポン社の資本構成に法外な負債を背負わせるもので、「高リスクの金融テクニック」以外の何ものでもないという論旨だった。

定時株主総会は二〇一五年五月一三日に設定された。両陣営とそのソリシターは、それぞれ大株主たちに対して証拠を挙げて主張の正しさを訴え続けた。その時点では、どちらが優位とも言えなかった。勝敗の行方は最後の最後まで予断を許さなかった。いまや関心の的のほとんどは、二〇〇〇～三〇〇〇ドル程度のデュポン株しかもっていない六〇万の個人株主に移っていた。個人株主は株主総会でめったに議決権を行使しないし、扇動するのも難しいため、通常の委任状争奪戦では無視されることが多い。ところが、デュポン社の場合、個人株主の保有率が他社よりはるかに高く、全部合わせると三分の一近くに達する。僅差の勝負だっただけに、個人株主の議決権が勝敗を分けることに、両陣営とも争奪戦の終盤になって気づいた。

その春のあいだ、両陣営は多大な努力を払って、自分たちのプランのほうが会社に長期的利益をもたらすとして、個人株主を説得した。個人株主の多くは現職または退職した社員とその親族で、ウィルミントン周辺に集中して居住していた。両陣営とも委任状勧誘に多額の費用を投じた。普通なら大規模なキャンペーンでも、両者それぞれ五〇人程度の委任状勧誘代理人を雇うことが多い。だが今回、デュポン社側の委任状勧誘会社イニスフリーM&Aは代理人を二〇〇人集め、個人株主に電話をかけてデュポン社の主張の正しさを伝えさせた。一方、トライアン社側の委任状勧誘会社マッケンジー・パートナーズは一七五人を雇い入れた。トライアン社が株主に五通の書簡を送るあいだに、デュポン社はクルマンのサイン入り書簡を七通送った。

どちらも、広告には大金をはたいた。トライアン社のDuPontCanBeGreat.comに対抗して、デュポン社は自前のウェブサイト、DupontDelivers.comを開設した。トライアン社はまた、一般株式投資家がよく使う検索エンジンとウェブフォーラムにオンライン広告を出した。それに加え、両陣営とも昔ながらの方法である新聞広告も利用した。ウィルミントンの主要地方紙であるニュースジャーナルは、この委任状争奪戦で大いに潤った。トライアン社の広告は頻繁にクルマンの株式売却問題を取り上げ、デュポン社は今後の成長を目指す自社の努力を集中して宣伝した。キャンペーンの最後の数日間、トライアン社はプロの投資家に人気のあるウォール・ストリート・ジャーナルやバロンズといった新聞・雑誌への広告掲載に特に力を入れた。

最後のひと押し

とはいえ、両陣営は大手機関投資家の支持を求める努力も続けていた。二〇一五年四月下旬の、株主総会をちょうど三週間後に控えた日に、トライアン社はマンハッタンのセントレジス・ホテルで、ウォールストリートのアナリストと投資家一二〇名を集めてランチ・プレゼンテーションを行った。出席者が食事をするあいだ、ネルソン・ペルツと三人の敵対的役員候補者は、周到に準備したデュポン社改革案を壇上で議論し、出席者からの質問に応じた。「われわれはすでに、デュポン社に対してきわめて前向きな影響を与えてきたと思う」と、ペルツは聴衆に向かって言った。「どうやら相手はトライアン社にまともに立ち向かうつもりらしい。上等ではないか。業績が業界ベストであれば、立ち向かってきても一向にかまわない。だが、ベストとはとても言えないのだ。他のことはどうでもいい。業績がすべてだ。それ以外のたわ言に惑わされないでほしい。デュポン社はやるべきことをやってこなかった。それに対して、われわれにはやるべきことをやるためのプランがある」

数日後、有力な議決権行使助言会社ＩＳＳがトライアン社支持を表明し、粘り強い努力が報われたかに見えた。ＩＳＳは顧客に対し、デュポン社は取締役会レベルで小規模な改革を行わなければならない問題を抱えており、収益と利益率の改善が必要だとしたトライアン社の見解を支持すると伝えた。ただしトライアン社の役員候補者リストを全面的に支持することはせず、ペルツとジョン・マイヤーズの二人だけを選任するよう奨励した。また、デュポン社のガバナンスが不十分であるという分析には同意せず、トライアン社の要求する会社分割はすべきではないという意見だった。

ＩＳＳのグローバルリサーチ部門の副責任者クリス・サーニックは、ＩＳＳがトライアン社を支持したおもな理由は、デュポン社の経営陣が取締役会に十分な情報を提供していないという非難が正しいと考えたからだと言う。トライアン社は、取締役会が業績や今後の見通しに関する十分な情報をもっていないと非難していた。ISSは、もしネルソン・ペルツが取締役会に加われば、トライアン社の専門チームから詳細な分析が提供されるだろうと考えた。「トライアン社の経営幹部が取締役会に入って専門チームと秘密保持契約を結べば、アナリストにデータを直接渡すこともできるようになる」と、サーニックは言う。「デュポン社はそうしたやり方をシャドーマネジメントと呼んでいるが、実際には情報を深く掘り下げることができるので、これまで別の状況で何度か効果を上げたこともある」

翌日、もう一つの大手議決権行使助言会社グラスルイスもペルツを支持すると表明した。もっとも、それ以外の候補者は支持しなかった。ISSと同様グラスルイスも、取締役会にペルツのような経験と大局観をもつ人物がいるのはデュポン社のためになるとしたが、会社分割を目指すことには同意しなかった。業界三位の議決権行使助言会社イーガン・ジョーンズは、トライアン社の推す候補者全員を支持した。

グラスルイスの政策責任者ロバート・マコーミックは、デュポン社がトライアン社の提起した諸問題に取り組むために組織改革を行ってきたことは認めたものの、そうした改革はどれもトライアン社が投資を公表したあとに行われたものであると指摘した。「いくつかの措置は自己防衛のためのように思える」と、彼は言う。「ペルツは、デュポン社に改革を継続させるためには最適な役員候補者だった。新しい役員が一人加わることで、取締役会の力学に変化が生じるし、少なくとも新役員に関連する問題が俎上に載り、徹底的に議論されることになるだろう」

ペルツが取締役会の席を手に入れるためには、議決権行使助言会社の支持が不可欠だった。段違いに数の多いデュポン社の個人株主は通常、経営陣に票を投じる傾向があり、それが会社側の大きな強みになっている。その多くが長期的な株主で、会社と関係のある者も少なくない。議決権行使助言会社の影響も受けにくい。したがってペルツにすれば、議決権行使助言会社の勧告に従う傾向のある資産運用管理者の支持を集めるには、彼らの支持を得ることがこれまで以上に大切になる。

この委任状争奪戦においては、年金基金もまた重要な議決権行使者だった。デュポン社との戦いのあいだ、トライアン社は米国第二位の公的年金基金カルスターズの支援を受けていた。カルスターズがトライアン社の推す候補者を支持するのは当然のことで、事実キャンペーンの最後の数日にその意思を明らかにした。

「エレン［クルマン］が一番強く主張しているのは、トライアン社が取締役会へ入り込むのはシャドーマネジメントであるという点だった。しかしわれわれの見るところ、デュポン社にはこれまでと違う視点をもつ監督者が必要であり、トライアン社の代表が取締役会に入ればその助けになると思った」と、カルスターズのコーポレートガバナンス担当役員のアン・シーハンは言う。「取締役会内のトライアン社の代表という付加価値は、長期的に見れば株主のためになると確信していた。現役員がエレンを問い詰め、長く続く業績不振や目標未達についての説明責任を果たさせるとは考えられなかったからだ」

それに対して、カルスターズからわずか一マイルの場所に拠点をもつ米国最大の年金機関、カリフォルニア州職員退職年金基金（カルパース）は、カルスターズとは反対の考えをもち、デュポン社を支持した。

カルパースのグローバルガバナンス担当役員アン・シンプソンは、おもに三つの理由からデュポン社を支持したという。一つには、デュポン社が同業他社や一般市場に比べて、実際には悪くない業績を上げていると考えたからだ。また、トライアン社は別の見解を示したが、シンプソンは同社が比較対象に用いた期間は、明らかにデュポン社の業績が悪く見えるように選択したものだと見なした。さらにもう一つ、エレン・クルマンが会社の長期的未来を見通した信頼の置けるプランを提示したのに対し、トライアン社のプランは研究開発費を大幅に削ることを提案しており、信頼性に欠けると判断したという。

カルパースはまた、トライアン社が提示した候補者リストも疑問視した。ペルツを除けば、化学品業界で経験を積んだ人物が一人もいなかった。「ネルソンにはこう言ってやった。『これでは取締役会が、企業再建や業績回復の専門知識と実績をもつ者ばかりになってしまう。あなたのチームは何をしようとしてるんです？　それに、あなたには［デュポン社に］意見を述べる機会があったはずだ。はなからはねつけられたわけではない。あちらは、あなたと話し合う機会をつくり、提案に耳を傾けたんですよ』と言った」と、シンプソンは当時を振り返る。

ペルツはおもな議決権行使助言会社すべてと大手機関投資家の支持を取りつけたものの、それでも十分ではなかった。五月一三日、デュポン社の株主総会が始まる直前に行われたCNBCでのインタビューで、ペルツは敗北を宣言した。そのなかで彼は、取締役会の席を手に入れるだけの票は集められなかったが、このキャンペーンには満足しており、デュポン社が二〇一五年の業績予測を達成するかどうか、これからも見守っていきたいと述べた。トライアン社の推す役員候補者は、大手資産運用会社三社――バンガード・グループ、ブラックロック、ステート・ストリートの支持を得られなかった。この三社はデュポン社の株主の上位四位までに入っていた。トライアン社の委任状争奪戦連勝記録は途絶えた。

デュポン社とエレン・クルマンは、二〇一五年で最も注目を浴びたアクティビスト・キャンペーンの勝者として名が知られることになった。前年のダーデン・レストランツのように、アクティビストの圧力に屈する企業が多いなか、デュポン社は経営陣がアクティビストの攻撃を撃退できることの例証となった。とはいえ、その勝利は高くついた。株主に送った書簡や投票用紙の印刷代と郵送費、広告費、旅費に、弁護士事務所や財務アドバイザー、アクティビスト対策専門家、委任状勧誘代理人や広報のプロへの報酬を合わせると、総経費は一五〇〇万ドルにも上った。一方、トライアン社の経費は八〇〇万ドルだった。

株主総会から数週間後にデュポン社が公表した議決の集計結果を見ると、ペルツはあと少しで取締役会の席を手に入れるところだったのがわかる。四六%の票を獲得していたのだ。積極的な運用を行うミューチュアルファンドの多くから支持を受けていた。インデックスに連動して運用するファンドマネジャーのなかでも影響力のあるブラックロック社かバンガード社から支持を得られたら、振り子は彼のほうに振れたかもしれない。だが両社とも、トライアン社の提案を短期的視点であるとして退けていた。

業績の問題

ネルソン・ペルツは初めて委任状争奪戦での敗北を味わったわけだが、取締役会の席をあきらめたわけではなかった。何も得ずに手を引くには、キャンペーンにあまりにも多くの時間や努力、費用をかけていた。トライアン社はデュポン社への投資額を増やし、二〇一五年の夏のあいだ、二〇一六年の定時株主総会に向けての継続キャンペーンと称して動きを続けた。

それに対してエレン・クルマンは、委任状争奪戦に勝ったとはいえ、会社再生プランを実現するために気の遠くなるほどの仕事を抱えていた。プランを実行しなければトライアン社に、再度取締役会の席を要求して株主の支持を得る絶好の機会を与えるだろう。前回のキャンペーンでトライアン社は、デュポン社が予想通りの収益を達成できなかったことを執拗に責め立ててきた。同じ失敗を繰り返すわけにはいかない。

だが、業績はクルマンの思いどおりにはならなかった。世間に名を売った勝利から五カ月もたたないうちに、彼女はCEO兼会長の座を追われた。二〇一五年一〇月五日の朝、トライアン社のエド・ガーデンはCNBCのインタビューに対して、「デュポン社の物語が終わるのはまだまだ先のことだ」と語った。その数時間後、デュポン社は年間の収益予想を一株当たり三・一〇ドルから二・七五ドルに下げたうえに、クルマンが二七年間働いてきた会社を去ると発表した。

その発表の数日前、クルマンは筆頭社外取締役のサンディ・カトラーと話し合って、株価の上昇が見られないこと——年初から約三〇%、五月の勝利から二五%下落していた——や、発表した決算が芳しくなかったことで、クルマンが株主の不満の矢面に立つのは避けられないという点で意見が一致した。化学品部門を分社化して設立したケマーズ社も悪戦苦闘していた。一〇月上旬の株価は、七月の上場開始時から六四%下落し、減配を余儀なくされた。このこともまたクルマンの名に汚点を残した。

デュポン社取締役会は、役員の一人をクルマンに代わる暫定的な会長に選出した。選ばれたのはタイコ社の元CEO兼会長で、ペルツが敵対的候補者リストに入れることを考えていたエドワード・ブリーンであった。この人事には明らかにトライアン社を慰撫する目的が含まれていた。タイコ社時代、ブリーンは二度の大きな企業分割を指揮し、肥大化した会社を六つに分けたことがある。ウォールストリートのアナリストのなかには、ブリーンの登用はデュポン社がトライアン社の提案に沿って再編される前触れではないかと言う者もいた。

デュポン社の株主はその決定に満足したようで、ブリーンの任命から数日後、同社の株価は一八%上昇した。ブリーンはトライアン社の支持も得て、一一月上旬に正式なCEO兼会長に就任した。生え抜きではない人物が経営トップになるのは、二一三年のデュポン社の歴史で初めてのことだった。

五月の対トライアン社の戦いにクルマンが勝ったことは、アクティビストの攻撃を受ける他のCEOにすれば天啓と感じられた。アクティビストの数知れぬ勝利が衆目を集めるなか、この勝利はアクティビストの攻撃から会社を守れることを証明した。たとえそのためのコストがどんなにかかろうとも。クルマンは自社の大株主と強い絆を結ぶことに多くの時間を割き、その戦術によって最終的にトライアン社に一つの席も与えずにすんだ。ところがその数カ月後、彼女が口説き落とした大株主の一部が辛抱できなくなっているのを見て、取締役会は浮足立った。

もっとも、クルマンの退任を惜しむ大株主もいた。その一つがカルパースだった。「私に言わせれば、『クルマンを退任させたのは』臆病としか言いようがない」と、カルパースのアン・シンプソンは言う。「何度か景気循環のあおりを受け、それが業績に影響したのは仕方のないことだ。それなのに、彼らは優秀なＣＥＯを放り出した。とても残念だ」

III

決着

第7章　マイクロソフトの命運がかかった休戦協定

ソフトなソフトウエアからのアプローチ

演壇に立ったジェフリー・アッベンは、メモ用紙をぱらぱらとめくると、聴衆を見渡した。ニューヨーク・マンハッタンの中心にあるホテルの会議室は満席だった。それは二〇一三年四月のことで、ヘッジファンド、バリューアクト・キャピタル・マネジメントの経営者アッベンは、アクティビストや弁護士、アドバイザーなどが集まるアクティブ‐パッシブ投資家サミットの年次総会でスピーチを行おうとしていた。彼に割り当てられたのは、カフェイン不足と空腹で出席者がそわそわし始める昼食前の時間だった。だがアッベンには、自分の行うプレゼンテーションの内容を、あとで出席者が冷めたパスタを突つきながら話題にするのはわかっていた。

二〇分以上かけて、アッベンは自分の率いるヘッジファンドが世界最大企業の一つ、マイクロソフトに二〇億ドル近い投資を行うことを明らかにした。バリューアクト社が運用する資産の五分の一に達する額である。アッベンに言わせれば、このソフトウエアの巨人は、パソコンを通じて密接な関わりをもっているはずの投資家から正当に評価されていないという。「われわれの投資期間である三年から五年のあいだに、人はパソコンの乗り換えの話などしなくなり、代わりに世界最大のクラウド・コンピューティング企業であるマイクロソフトのことを話しているだろう」。アッベンは聴衆にそう明言した。その発言が知れ渡ると、マイクロソフトの株価は三・六%はね上がった。この一年で最大の上昇率だった。その後一週間で、株価はさらに一〇%前後まで上昇した。

バリューアクト社の二〇億ドルの投資は無視しえない額であり、それによってこのヘッジファンドはマイクロソフトの上位二〇の大株主に仲間入りすることになったが、それでも持ち株比率はわずか一%に満たなかった。そのため、アナリストの多くは、バリューアクト社が本気でキャンペーンを仕掛けるには少なすぎると考えた。

アッベンのプレゼンテーションは、彼の「副官」の一人であるバリューアクト社社長のメイソン・モーフィットが書いた報告書にもとづいていた。モーフィットは半年ほどマイクロソフトをじっくりと観察したのち、アッベンのスピーチの数日前に株主へ送ったバリューアクト社の四半期報告書に見解を載せた。モーフィットに言わせれば、マイクロソフトは投資家のあいだの「認識のずれ」に苦しんでいた。一般にこの会社の先行きは、もっぱら同社のオペレーティング・システム、Windowsが売れるかどうかにかかっていると考えられており、その成否はパソコンの売れ行きに大きく依存していた。したがって、パソコン市場の衰退がマイクロソフトの凋落につながると考える者が少なくなかった。

ここ数年、株価は二〇ドルを境に上下し、二〇一三年初頭にはタブレットやスマートフォン、インターネット検索の台頭の波に乗りそこねたマイクロソフトに、株主が不満を抱き始めていた。そのうえWindows8発売が惨憺たる結果に終わったことも打撃になった。それ以上に問題なのは、自分たちを軽視していると思い込んだ大株主が同社に強い反感を抱いたことだった。マイクロソフトのCEOスティーブ・バルマーは業績発表にはいっさい関わらず、大株主との話し合いも渋っていた。株主の多くは、同社の企業戦略に関する情報へのアクセスを拒否されていると感じた。

市場の目はWindowsに集まっていたが、モーフィットはマイクロソフトの提供するOffice（オフィス）製品やOutlook（アウトルック）電子メールシステムなどのほうに関心を寄せた。世界中の何億ものビジネスパーソンが日常業務に使用するシステムに組み込まれているものだからだ。マイクロソフトはこれらの製品をパソコン以外の機器でも使えるようにしようとしていた。モーフィットの報告によれば、マイクロソフトの収益の七〇%を、「サーバー・アンド・ツールズ」と「マイクロソフト・ビジネス・ディビジョン」という狭い範囲に事業を集中した二つの部門が稼ぎ出しているという。

モーフィットとバリューアクト社のアナリストがマイクロソフトへの投資の検討を始めたのと同時期に、マイクロソフトの大株主の何人かが同社に連絡してきた。彼らは不満を訴え、マイクロソフトに対する行動を起こすのであれば支持すると申し出た。

アクティビスト・キャンペーンを行う際、バリューアクト社は強硬手段に訴えることなく、少しずつ相手の懐に入り込むやり方を好んだ。アクティビストの多くは優位に立つために、不意打ちを食らわせるように株式取得の発表をする。それに対してバリューアクト社は、二〇一三年初頭に最初の株を購入する前に、マイクロソフトの投資家向け広報チームに接触している。そのあとシアトル郊外レッドモンドにあるマイクロソフトのオフィスに代表を送り込み、最初のミーティングに臨んだ。それから数カ月のあいだ、株式を買い集める一方で、モーフィットらは相手を深く理解するためにレッドモンドに足繁く通ってマイクロソフト経営陣と面談を行った。

あるときのこと、モーフィットとマイクロソフトの次期CFOエイミー・フッドが話し合っていると、CEOのスティーブ・バルマーが挨拶に顔を出し、自社への投資に謝意を述べた。それはこの三年間で初めてバルマーが自社の株主と顔を合わせた瞬間であり、またこの新参の株主の存在を真摯に受けとめている証しでもあった。

高まる株主圧力

サンフランシスコを拠点にするバリューアクト社は、質量ともに優勢なニューヨークのアクティビスト・ヘッジファンドとは意図的に距離を置いていた。共同創立者のジェフリー・アッベンと社長のメイソン・モーフィットは、自社の強みはニューヨーク派とは違い、投資信託や年金基金など大手機関投資家とコネをつけ、密接な関係を結ぶ能力にあると考えていた。そうした有力投資家は投資先に対して絶大な影響力をもっているし、近年は以前より経営方針に高い関心を寄せるようになった。バリューアクト社はまた、自社の投資先の役員や経営幹部との関係をとりわけ重視した。国内企業の取締役会同士が親しく交流しているのを考えれば、自分たちが構築したネットワークがそれ以外の企業の取締役会の閉ざされた扉を開く助けになるはずだ、とアッベンとモーフィットは確信していた。

二〇一三年四月、アッベンは自社のマイクロソフト株保有状況を公表したうえで、取締役会の席を一つ要求する旨をマイクロソフトの大株主に告知した。アッベンとモーフィットは特に二つのミューチュアルファンド、フランクリン・テンプルトンおよびキャピタル・リサーチと数回のミーティングを行った。合わせて六%を超すマイクロソフト株を保有するこの二つの資産運用会社は、ずっと以前からマイクロソフトの株価低迷に落胆しており、バリューアクト社が取締役会の席を得ることを歓迎した。また、マイクロソフトCEOのスティーブ・バルマーに対する失望感も広がっており、その退任を望む株主が少なくなかった。

バリューアクト社は定期的にマイクロソフトと協議を続け、七月なかばにアッベンとモーフィットは、二人のどちらかを役員にするようマイクロソフトの取締役会に要求した。当初は、マイクロソフトほどの巨大企業が株式保有わずか一%の株主に取締役会の席を明け渡すなど非現実的であると考えられた。次期会長のジョン・トンプソンはじめ役員の一部は、アクティビストを仲間に入れることに乗り気でなかった。マイクロソフトはこれまで、何度も株主の要求に抵抗してきた。二年前に、これもヘッジファンド投資家であるグリーンライト・キャピタルのデビッド・アインホーンがスティーブ・バルマーCEOの退任を要求したときは、それに対する回答を公表すらしなかった。

それでもアッベンとモーフィットは、マイクロソフトに対する株主の不満の高まりを考えれば十分な勝算があると確信していた。二人はこの半年間続けてきたマイクロソフト取締役会とのミーティングで自信を得ており、比較的最近就任した社外取締役の何人かは間違いなく自分たちを歓迎すると感じていた。この提案をマイクロソフトの取締役会が検討しているあいだに、バリューアクト社の説得を受け入れた株主が同社のキャンペーンを支持すると取締役会に知らせてきた。バリューアクト社は、モーフィットないしはアッペンを役員に加えなければ、委任状争奪戦を始めることになると取締役会に通告した。

二〇一三年夏のあいだ、マイクロソフトは、自社の今後の方向性について大株主の意見を聞くという名目で、彼らがバリューアクト社をどう思っているかを探り出そうとした。委任状争奪戦の可能性が高まるなか、マイクロソフトはできるだけ相手のことを知ろうとした。このヘッジファンドはこれまでどんな企業と取引してきたのか？　アッペンとモーフィットが協働を望む相手は？　他の株主とどんな交流を行っているのか、等々。

消費者向けソフトウエアと機器偏重から脱却すべきだとするモーフィットの考えを裏付けるように、マイクロソフトはその夏、惨憺たる四半期決算を発表した。七月なかばに、過去三カ月のＰＣ需要が二〇％下落し、タブレット端末「サーフェス」の販売不振から、売れ残り在庫分として九億ドルの評価損を計上しなければならなかったことを明らかにしたのだ。市場の反応は容赦なく、株価は一一・四％下落した。期待を裏切る決算とそれに対する市場の反応は、バリューアクト社に強い切り札を与えることになった。

取締役会への圧力は高まり、ひと月後の二〇一三年八月二三日、同社はスティーブ・バルマーが一年以内に退任すると発表した。この発表で、株価は七・三％上昇した。三三年前、マイクロソフト三〇人目の社員として採用されたバルマーは、世紀の変わり目にＣＥＯに就任して以来、先頭に立って会社を引っ張ってきた。ところが多くの株主が、インターネット検索やモバイル端末の開発でグーグルやアップルの後塵を拝したのを彼の責任にした。

それまでマイクロソフトは、株主からの公然、非公然両方のバルマー退任要求に抵抗していた。バリューアクト社は表立ってバルマー退任の要求をしていなかったが、キャンペーンの勢いがその決定を促した。もしマイクロソフトが取締役会の席を与えなければ、バリューアクト社はマイクロソフトの大株主のなかに築いた広範な支持層を利用して、バルマーの失策に焦点を絞り、ダメージの大きい公開委任状争奪戦を仕掛けたことだろう。もし取締役会がアクティビストの要求をのめば、同輩の役員との関係がすでに緊張状態にあったバルマーは、取締役会内部から彼の行動を逐一詮索するアクティビストの圧力にも対処しなければならなかったはずだ。

したがって、バルマーの退任は関係者全員に都合のよい決定だったのかもしれない。マイクロソフト取締役会とバルマーはその決定が、彼の長期退職プランに沿ったものだと説明した。ただし適当な後継者がいないために、バルマーは後任が決まるまで現職に留まることになる。

バルマーの退任を発表してすぐに、マイクロソフトはバリューアクト社のジェフリー・アッベンとメイソン・モーフィットに連絡をして、もはや彼らが取締役会に加わる必要はなくなったと伝えた。それに対して二人は、バルマー退任の知らせを歓迎しながらも、むしろいまこそ、企業改革の主導やCEOの人選に豊かな経験をもつ自分たちが取締役会に加わる必要性が増していると主張した。

秋に控える株主総会に先立ち、委任状争奪戦を行うか否かについて、株主が旗幟《きし》を鮮明にしなければならない期限が一週間後に迫っていた。委任状争奪戦を回避するのであれば、マイクロソフトは迅速に行動する必要があった。

蚊帳の外

期限の前日、マイクロソフトとバリューアクト社はついに合意に達した。両陣営が二〇一三年八月二八日に協力合意に調印したことが、その二日後に公表された。この合意によってメイソン・モーフィットが晴れて取締役席を獲得したが、正式な選任は翌春まで待たなければならなかった。この暫定期間は、マイクロソフトが面目を保つための取り決めの一つだった。会社の四〇年近い歴史のなかで、取締役会の人選ではない役員が就任するのは初めてだった。マイクロソフトほどの規模の企業が、これほどわずかの持ち株の株主に取締役の席を与えた前例はなかった。社外の多くの人々は、これをアクティビストにとっての重大な分岐点と見なした。

「バリューアクト社が委任状争奪戦に勝利することはないだろう」と、議決権行使助言会社ＩＳＳのグローバルリサーチ部門副責任者クリス・サーニックは言う。「マイクロソフトはあれほど大きな企業だから、株主の数も多いし、［スティーブ・バルマーも］多くの株をもっている。それでもバリューアクト社の言うことは的を射ており、多くの良識的な役員に彼らが目にしてきたものが真実であると確信させ、それに対して行動を起こす機会を提供した。こういうことは、世間の知らないところで頻繁に起きているはずだ」

マイクロソフトの取締役会はバリューアクト社との委任状争奪戦に負けることはないだろうと考えていたが、いまはバルマーの後任選びに専念する必要があり、委任状争奪戦に気を取られている場合ではないと判断した。バルマー退任の発表後、取締役会は改めて株主の考えを聞いてまわり、バリューアクト社を外側に置かず、内部に取り込むほうが得策であるという結論に達した。

合意ができたおかげで、モーフィットは定期的に取締役会とミーティングをもち、すべての重要な経営判断に意見を述べることができるようになった。CEO指名委員会が立ち上げられ、モーフィットはメンバーにはならなかったが、全選考過程で他の役員と同等の資格が与えられた。彼は候補者と面接し、彼らについての意見を委員会に進言することができた。

それと引き換えに、バリューアクト社は現状維持契約に署名をして、出資を五%未満に留めることや、マイクロソフトに対して委任状争奪戦を仕掛けないことを確約した。契約には、バリューアクト社がマイクロソフトまたは同社の現・前取締役や執行役員を誹謗中傷しないことも含まれていた。

マイクロソフトは銀行休業日《バンクホリデー》であるレーバーデー前の金曜日の夕方、前日にバリューアクト社と合意を結んだことを明らかにした。そのタイミングでの発表は、衝撃度を薄めるためではないかと憶測する者もいた。ところがその翌日、マイクロソフトはバリューアクト社を仰天させる挙に出た。取締役会が、フィンランドの通信機器大手ノキアの携帯電話事業を七二億ドルで買収する旨を伝えてきたのだ。マイクロソフト取締役会は二〇一三年から、ノキア社買収を検討していた。バルマーが積極的に進めていた案件だった。だが、買収額が高すぎるとして、取締役会は何度かその提案を否決していた。

バルマーの執拗な主張に、結局、取締役会は買収に同意した。だがその前にバルマーは、取締役会の全面的支持は得られないと判断して退任を決めていた。ノキア社の買収は、マイクロソフトCEOとして、バルマー最後の大規模な買収になった。

ノキア社買収の発表を、バリューアクト社との合意と委任状争奪戦の期限終了後まで延ばすことで、ヘッジファンドがその案件に異議を唱えるのを巧みに封じることができた。この買収は、消費者向け製品より法人向け製品に集中すべきだとするバリューアクト社の意見をまったく無視したものだった。買収に不満な株主も、株主総会で現職に代わる役員を選出して不満を表明する機会を奪われていた。そこで彼らは証券会社を通して反対票を投じることにした。買収のニュースが知れ渡ると、マイクロソフトの株価は六・六％下落した。

ノキア社買収の発表のすぐあとに行われた株主との電話会議で、マイクロソフトの法務責任者ブラッド・スミスは、バリューアクト社は合意にサインする前にこの買収のことを知っていたのかという質問を受け、「答えはノーだ。正式な秘密保持契約を結んでいない事業体に、マイクロソフトがデータや非公開情報を開示することはあり得ない」と答えた。

バリューアクト社の増大する影響力

ノキア社の買収はバリューアクト社がマイクロソフトのために用意したビジネスプランにはそぐわないタイプの取引だったが、その後数カ月のあいだに、ソフトウエアの巨人がヘッジファンドの話に耳を傾ける気になっているのが明らかになった。バリューアクト社とその他の株主が、しばらく前から株主還元を増やすように圧力をかけていた。二〇一三年九月なかば、マイクロソフトはついにその圧力に屈して、二二％の増配と、新たに四〇〇億ドルの自社株買いプランを始めると発表した。

後任CEOの人選が始まったことで、メイソン・モーフィットはさらに深くまで関わるようになった。指名委員会の委員長である筆頭社外取締役ジョン・トンプソンはモーフィットの家から一時間ほどのところに住んでおり、二人は二週に一度、CEO選定の進行状況について議論を交わした。

さらにモーフィットは、マイクロソフト経営チームの一人ひとりとミーティングをもつことを許された。その頃バリューアクト社には、マイクロソフト専任の四人のアナリストがいた。モーフィットとアナリストの一人、ジェイコブ・ウェルチはレッドモンドにあるマイクロソフト本社を二～三週間ごとに訪れ、毎回違う役員と面談を行った。

「取締役会議では、ビジネス上の込み入った問題まで踏み込んで議論する時間がない。だが八カ月間、二週ごとにシアトルに通い、経営陣全員と会って事業の詳細について話し合えば、微妙な点まで理解できるものだ」と、モーフィットは言う。「そういうお膳立てがあったから、われわれは最初から速いペースで仕事を進められた。考えてみれば、すぐに取締役会に加わっていたら、これほど良い準備はできなかっただろう。敵対的な瀬戸際政策として始まったものが、調整期間を置くことで、あっという間に建設的なものに変化したのだ」

こうした面談を行うあいだに、モーフィットはマイクロソフトのクラウド部門と企業向け事業部門を統括するサティア・ナデラと知り合った。在籍二〇年を超すナデラはCEO候補の一人で、モーフィットは採用活動をきっかけに、彼を深く知るようになった。

二〇一四年二月、ナデラが新CEOに選任された。モーフィットはそのひと月後に取締役会に加わる予定だった。アクティビストが役員に就くのをナデラが不安がるのではないかと考えたモーフィットは、個人的に彼に会いに行った。取締役になったモーフィットが何に手をつけるか、メディアでは様々な説が飛び交っていた。Ｘｂｏｘ（ビデオゲーム）事業の売却や、Ｂｉｎｇ（検索エンジン）の廃止を望んでいるのではないかという推測もあった。モーフィットは、配下のアナリストが競合企業との比較調査にもとづいて出したマイクロソフトについての結論を、すべて隠さずに披露した。わざと挑発的なプレゼンテーションを行って、マイクロソフトがどこまで耐えられるかを試すこともした。「プレゼンテーションは、数ある問題の一つひとつを痛烈に批判するものだった。だが私はあえてそれを行い、こう言った。〝サティア、これがまさしく私が考えていることだ。だから、メディアが書いていることといっしょくたにはしないでくれ〟」と、モーフィットは語る。

前任のＣＥＯであればこの提案を握りつぶしたかもしれないが、新ＣＥＯナデラと会長に任命されたばかりのジョン・トンプソンの意思で、プレゼンテーションの内容が社内イントラネットに掲載され、全役員と上級管理職が閲覧できるように手配された。モーフィットが初めて会議に出席したとき、プレゼンテーションで提起した問題を役員たちがすでに議論していたことに気づいた。新任のＣＥＯと会長が同席していたので、取締役会は会社が抱える問題を腹蔵なく話し合うことができた。みんな、そうした問題は自分の責任ではないのだから、前任のＣＥＯの決定を弁護する必要はないと考えていた。

ナデラの旗振りで、マイクロソフトは目覚ましい変革の時代に入った。もはやスマートフォン市場に固執しないことを示すために、同社は二〇一五年七月、ノキア社の買収にかかった七二億ドルのほぼ全額を損金処理した。同時に、七八〇〇人が解雇された。この雇用削減は、会社全体で予定されている二万五〇〇〇人の余剰人員削減の一部にすぎなかった。それはナデラ就任後一年半のあいだに実行され、そこには前CEOスティーブ・バルマーやビル・ゲイツと近しい存在だった経営幹部数人も含まれていた。同社はまた、新オペレーティング・システムのWindows10を消費者に無償で提供し、広告事業の大半をAOLに譲渡した。そして、ふたたびクラウド・コンピューティング事業と企業向け製品に全力を注ぐことにした。この間に株価は著しく上昇し、二〇一四年一一月には時価総額が四〇一〇億ドルを超えて、米国企業で二番目の大きさになった。

大幅な株価上昇によって、ポートフォリオに占めるマイクロソフト株の比重が大きくなりすぎたため、バリューアクト社は保有する株式の二五%を売却しなければならなくなった。

「この戦いの勝者がどちらで、敗者がどちらかを知りたがっている傍観者には、そんな問題ではないと言ってやりたい」と、モーフィットは言う。「これは四〇年間偶像視されてきた企業が築いた前提をすべて再検討し、もはや時代に合わなくなったものを廃棄し、時代に適合したものを生み出すことだった。マイクロソフトで起きたことを追っていけば、どれもそうした基本姿勢から発したものであるのがわかるだろう。われわれには必ずしも必要ないが、マイクロソフトにはすべての核となる信念を再検討することが必要だった」

第8章　ヒューレット・パッカードの追い詰められた取締役会

役員室のドラマ

ヒューレット・パッカード（HP）ほど、アクティビストとの対決が必然と思える企業はこれまでなかった。HPは世間の注目を集めた数度にわたる企業スキャンダルに巻き込まれ、二〇一一年までの一〇年間の大半をその対応に費やした。スキャンダルが起きるたびに、取締役会は株主と疎遠になり、株主は次第に会社の業績に不満を募らせるようになった。したがって、そういう会社にアクティビストのラルフ・ホイットワースと彼の率いるヘッジファンド、リレーショナル・インベスターズが目をつけても少しも不思議はなかった。とはいえ、長年にわたって数多くのドラマが繰り広げられてきた取締役会に、ホイットワースが平穏をもたらすことになるとは、このときは誰も想像していなかった。

シリコンバレーのメロドラマ

ＨＰは一九三九年、のちに「シリコンバレー発祥の地」と呼ばれるようになるカリフォルニア州パロアルト市郊外の家のガレージで誕生し、やがて世界有数のパソコンメーカーに成長した。二〇〇二年、競合企業コンパックの買収が大詰めに入った段階で、創業者の一人の息子で取締役でもあるウォルター・ヒューレットが個人的な理由もあってこの買収に異議を唱え、激しい論争が起きた。その数年後には、役員による記者への情報リークを疑い、怪しげな内部調査を行わせたことが明るみに出て、会長のパトリシア・ダンが辞任した。プレテキスティングと呼ばれる諜報活動の手口を使い、雇われた民間調査会社の調査員が役員と記者になりすまして、彼らの通話記録を入手したのだ。

もっともＨＰ取締役会のスキャンダルは、経営トップを含む役員の手で隠蔽されることも少なくなかった。二〇〇五年にパトリシア・ダンは、二〇〇二年に二四二億ドルを費やしたコンパック買収後の業績目標未達の責任を問い、当時のＣＥＯカーリー・フィオリーナ追放運動を行ったことがある。

フィオリーナの後任には、ＨＰの業績改善に貢献し、シリコンバレーの希望の星と目されたマーク・ハードが就いた。ところが、二〇一〇年、リアリティーテレビ番組に出演したこともある契約社員の女性にセクシュアルハラスメントを告発され、彼もまたドラマチックに退場した。ＨＰはハードの経費不正請求と会社の評判を貶めたことを譴責《けんせき》したが、内部調査の結果、その疑惑には根拠がないと判断された。ライバルのオラクル社ＣＥＯラリー・エリソンは、ハードを追放した取締役会の決定を厳しく批判し、まもなくハードを共同社長としてオラクル社に迎え入れ、役員に選任した。「ＨＰ

の取締役会は、スティーブ・ジョブズを解雇したアップルの愚か者以来、最悪の決定を行った」と、エリソンはニューヨーク・タイムズ紙宛てにメールを送っている。

HPの大株主の多くを驚かせたのは、ハードを退任に追い込んだときに、取締役会が競業避止義務契約に署名するよう求めなかったことだった。シリコンバレーで最も優秀な経営者と考えられていたハードが、数日とたたずに最大のライバルともいうべき企業に入社したと聞いて、株主たちは耳を疑った。

二〇一〇年九月に、取締役会がハードに代わってCEOに起用したのはレオ・アポテカーだった。パソコン、プリンター、カートリッジなどの主要商品の消費者離れが進むなか、アポテカーは自分にHPを率いる能力があることを株主に確信させるために悪戦苦闘した。だが、わずか一年足らずでその職を追われることとなった。この間、同社の時価総額は三〇〇億ドル以上減少した。

とりわけ二〇一一年八月一九日には、歓迎されざる発表を重ねて行ったことで、HPの株価は二五%下落した。パソコン事業の分離を検討していること、ヨーロッパ第二位の規模をもつソフトウエア会社オートノミーを一一〇億ドルで買収することなどが明らかにされたのである。買収額はオートノミー株の時価総額に七九%のプレミアムを上乗せしたもので、株主の冷笑を買った。アポテカーは、彼らの怒りの標的になった。

それをきっかけに株価が大幅に下落した。ラルフ・ホイットワースのリレーショナル社は好機とばかりに安くなった株式の購入を始め、最終的に持ち株比率は一・五%に達した。ホイットワースは、このような混乱状態にある企業への投資を敬遠するタイプの投資家ではなかった。彼は一九九九年に、テキサス州の廃棄物処理大手ウェイスト・マネジメントにインサイダー取引や不正会計問題が生じた直後に、同社のCEOに就任したことがある。経営を安定させてCEOを退任したあとも、五年以上役員として働いた。

HPの取締役会を見限った大株主の一部が、もっと深入りするようリレーショナル社をけしかけた。サンディエゴに拠点を置くリレーショナル社は、カリフォルニア州の大手機関投資家と長い付き合いがあり、米国の二大公的年金基金であるカルスターズとカルパースとも親しかった。二つの基金は以前からリレーショナル社に投資を行っており、二〇一一年の時点でどちらも一〇億ドル前後の資産運用を任せていた。

強い影響力をもつこの二大基金は、米国最大手企業の一つであるHPの大株主でもあった。カルスターズは、ホイットワースとリレーショナル社にHPの取締役会改革を進めるよう促した。

「われわれがおもに問題視したのは、オートノミー社の買収を監視する立場の役員がとった、何ともひどい行動だ」と、カルスターズのコーポレートガバナンス担当役員アン・シーハンは語る。「これほどの規模の買収が進んでいたのに、社外取締役として何も行動を起こさなかったのは常軌を逸している。このことは株主に有用な教訓を与えてくれるはずだ。われわれは役員に、買収に対して適切な配慮を行う責任を負わせているのであり、企業を買って自社が大きくなることに心を奪われてうっとりさせるためではない」

のちにHPに委嘱されてオートノミー社買収の事後分析を行ったプロスカウアー・ローズ法律事務所によれば、合意前にHPの取締役会がオートノミー社の経営状態に関する警告をいくつも看過、ないしは無視していたという。報告書には、買収が進むあいだにHPのレイ・レーン会長は、オートノミー社が買収を繰り返すことで急速に成長する「ロールアップ」企業ではないかと強く疑い始めたと書かれてあった。

契約が締結された数日後に、不安を抱いた会長がレオ・アポテカーCEO宛てに次のようなメールを送っている。「いまでもオートノミーという会社のことが気になってならない。これがわれわれの望んでいた解決策になるとは思えないのだ。買収額を検討しているあいだ、取締役会が相手をロールアップ企業ではないかと疑ったことは一度もなかったと思う（少なくとも私にはそういう議論が交わされた記憶はない）」

だが、レーンがメールを送ったときにはすでに手遅れだった。

またもやCEO退場

オートノミー社買収が完了してわずか三週間後に、HP取締役会は、やがて悲惨な結果になることが明らかになるこの買収を主導したCEOの更迭を決定した。二〇一一年九月二二日、アポテカーは解任され、後任には取締役のメグ・ホイットマンが就いた。イーベイ社の前CEOだった彼女は、その年の初頭からHP取締役会に名を連ねていた。ホイットマンは優秀な経営者で、HP復活の旗手と目されていたが、株主のなかには彼女の選任を新たな機能不全の前触れではないかと感じる者もいた。CEOの人選に慎重さを欠き、性急で安直な指名に思われたからだ。

ホイットマンは株主の支持を取り戻そうと早々に仕事に取りかかったが、多くの株主はいまだにオートノミー社買収に対する怒りをくすぶらせており、その一部はホイットマン指名の経緯を苦々しく思っていた。ホイットマンがやった最初の仕事の一つは、当時世界最大の収益をもたらしていたパソコン事業の分離プランを白紙に戻すことだった。プランは、株主にひどく不人気だった。パソコン事業の分離は数年前から検討されていたが、取締役会の意見は分かれていた。最終的には自分の判断でプランを廃止したが役員全員の支持は得ていると、ホイットマンは語った。

パソコン事業分離の可能性に終止符を打って株主の反乱を短期間で阻止したホイットマンだが、次はHPの株主名簿に名を連ねたアクティビストに対処しなければならなかった。二〇一一年一〇月、リレーショナル社のラルフ・ホイットワースは、ホイットマンと会長のレイ・レーンに連絡をして、自分の望みは取締役の席と自社株買い、株主還元、研究開発費の積み増しであると伝えた。また買収戦略については、HPにもっと統制のとれたやり方ができるのを見せてもらいたいとも付け加えた。

ホイットワースは同業のアクティビストほど攻撃的ではないと言われており、コーポレートガバナンスの強化奨励で確固たる評価を築いていた。それでもHP取締役会は、彼が自説を通すために必要なら対決的な手段も辞さない人物であることにも気づいていた。そのやり方についても、四年前にホーム・デポ社の株式一・三％の購入から始めて、役員報酬が業績に見合わないと批判して同社のCEOと四人の役員を退任に追い込んだのを見て、よく理解していた。彼の要求を退ければ、HPもホーム・デポ社と同じ運命をたどる可能性がある。HP取締役会と経営陣の混乱ぶりを考えれば、ホイットワースを取り込むのも悪くないかもしれないと、取締役会は考えた。

少なくとも、多くの株主からの圧力を緩和する助けにはなるだろう。リレーショナル社は機関投資家に人気があり、大口の支援者であるカルスターズやカルパースはHPの株主でもあった。

二〇一一年一一月、取締役会はホイットワースを取締役に加えることにした。この指名によって役員数は一四名に増えた。HPとリレーショナル社のあいだで契約が交わされ、ホイットワースに二年間取締役会の席を与えるのと引き換えに、リレーショナル社はHPのM&Aを要求せず、持ち株比率を一〇％未満に留めることになった。

ホイットワースの役員選任は株主に歓迎されたが、一部の役員はいまだにアクティビストの取締役就任を危惧していた。ホイットワースが尊敬を集める人物で、企業と敵対せずに協調して良い実績を残していることは承知していたが、旧来の組織を内部から引っかきまわす者は取締役会に必要ないと考えていた。ところが、新メンバーの人となりがわかってくると、役員たちは次第に警戒を解いていった。

「ホイットワースが破壊的アクティビストではなく、評判も良いことは知っていたが、これほど適応能力があり、みんなの立場に配慮する人間であるとは思っていなかった」と、当時の役員（匿名）が振り返っている。「主張を通す場合も、それにどんな利益があるか役員全員が明確に理解できるように説明した。声を荒らげたり、脅しをかけたりすることは一度もなかったと思う」

ホイットワースを起用することで株主の怒りを鎮めようとしたHPの試みは功を奏した。「ホイットワースの選任は、ガバナンスや取締役会の再編、近年の業績に対する株主の懸念を払拭しようとするHPの真剣な取り組みの、最初の一歩になった」と、カルスターズのアン・シーハンは当時の声明でそう語っている。「信頼できる大株主が加わったことは、取締役会の討議にバランスのとれた貴重な視点をもたらすだろう。このカリフォルニアの象徴的企業が、会社を引っ張っていく仕事に前向きの変化を生み出そうと真剣に取り組んでいることを株主に強く訴える積極的なメッセージになった」

ホイットワースはまたたく間に取締役会の同僚の信頼を得た。役員たちは、取締役会の議論に参加するときの彼の冷静で思慮深い態度に好感をもち、コーポレートガバナンスの問題についての助言は筋が通っていると感じた。この時期、ホイットワースとCEOのメグ・ホイットマンのあいだには、緊密な協力関係が築かれた。

翌二〇一二年三月に行われた株主総会の議決で、ホイットワースは全役員のなかで最も多い信任を得た。この時点では、彼を引き入れた取締役会の決定は実に抜け目ない措置であるように見えた。

敵意が再燃

だが、ラルフ・ホイットワースを取締役会に迎えたことでもたらされたHPと株主の友好的関係は、長続きしなかった。二〇一二年一一月、HPは不評だった前年のオートノミー社買収に起因する八八億ドルの減損処理を行った。CEOのメグ・ホイットマンによれば、そのうちの五〇億ドルはオートノミー社の買収額を過大に計算した不正会計によるものだが、残りは株価の下落と、オートノミー社買収実現に対する期待度の低下が原因だという。同年八月には企業サービス部門で八〇億ドルの減損処理をしていたから、ホイットマンは年に二度も大きな減損処理を行ったことになる。

このニュースで株価は一二%下がって一株当たり一一・七一ドルとなり、過去一〇年で最低の水準になった。この下落によって、株式時価総額から三〇億ドル以上が失われた。一一月の株価の半値以下となり、ふたたび株主の怒りに火がついた。一週間後、株主の一団が株価下落を理由にHPを提訴し、こうなったのはオートノミー社を買収したせいだと主張した。

一部の株主は、二〇一三年三月に予定されていた株主総会で取締役会の面目をつぶす準備をしていた。年金基金向けのコーポレートガバナンス・アドバイザーであるCtWインベストメント・グループがHPの株主の七五％に書簡を送り、長年取締役だった二人――財務・投資委員会委員長を二〇〇七年以来務めていたジョン・ハマーグレンと監査委員会委員長のケネディ・トンプソン――を再任させないよう奨励した。CtW社が指摘したのは、取締役会が一連の破滅的買収を看過したことと、HPの会計監査法人アーンスト・アンド・ヤングとの癒着だった。「役員が変わっても、取締役会は長年の拙劣な判断や職務遂行能力の欠如、批判的機能の弱体化によって動きがとれなくなっていると感じる」と、書簡には書かれている。ニューヨーク市の年金基金はCtW社の助言を受けて、ハマーグレンとトンプソンの再任に反対する票を投じた。

議決権行使助言会社ISSもまた、株主にハマーグレンとトンプソンの再任拒否を勧めたうえ、レイ・レーン会長の退任も主張した。一方、同じ議決権行使助言会社のグラスルイスは、レーン会長の留任は支持したが、ハマーグレンとトンプソンに加えて、マーク・アンドリーセンと筆頭社外取締役ラジブ・グプタの再任拒否を推奨した。

二〇一三年三月二〇日の定時株主総会で、全役員が再任された。ただし、ハマーグレン、トンプソン、レーンの三名は再任に必要なぎりぎりの得票率で、支持は六〇％を下回った。それに対して、メグ・ホイットマンとラルフ・ホイットワースは九五％を超す支持票を得た。

全役員が再任されたものの、取締役会の勝利とはとても言い難かった。株主はHPに対する不満と役員批判を議決で表明した。ホイットワースは総会の場で、今後数カ月のうちに取締役会には何らかの変化が生じるだろうと語った。「取締役会全体が進化すべきだ。しばらく前から間違いなくそうなろうとしている」

HPがこれまでのやり方を転換したのは、そのわずか二週間後だった。二〇一三年四月四日、ジョン・ハマーグレンとケネディ・トンプソンが辞任し、レイ・レーンが会長職を退いた。オートノミー社買収への投資家の怒りがあまりにも強かったので、それを鎮められるレーンの後任は一人しかいないと取締役会は感じていた。交渉の期間中に役員でなかったただ一人の人物、ラルフ・ホイットワースである。ホイットワースが暫定的に会長に就任した。これはアクティビスト、ホイットワースが上げた大変な成果だった。持ち株比率一％強で大手企業の取締役会に加わったばかりか、取締役になって一年半足らずで会長まで上りつめたのだ。

オートノミー社買収の大失敗がHPに大打撃（クリス・ナトール、リチャード・ウォーターズ、ダン・マクラム）

ヒューレット・パッカード会長であり、長年取締役を務めてきたレイ・レーン氏が木曜日に辞任した。一一〇億ドルを投じたオートノミー社買収に起因する、昨年の八八億ドルの悲惨な減損処理への遅ればせながらの対応である。

レーン氏の後任には、正式な会長が選任されるまでラルフ・ホイットワース氏が暫定的に就任する。二〇一一年に独立社外取締役として取締役会に加わったアクティビストであるホイットワースは、この一〇年で五人目のHP会長となる。レーン氏はわずか二週間前、このシリコンバレーの代表的企業の役員への再任否決を辛うじて免れたところだった。

三月に行われた定時株主総会において、レーン氏の再任に賛成する票は、前年の九六％から大きく下がって五九％に留まった。それでも役員には留任予定である。

「先月の議決の結果を考慮し、進行中のHP立て直しの邪魔にならないためにも、会長を退任する決意をした」と、レーン氏は声明で述べた。

再任には五〇％以上の賛成票が必要だが、ジョン・ハマーグレンとケネディ・トンプソン両氏が株主総会で得たのはわずか五四％と五五％だった。同じ木曜日、それぞれHPで八年間と七年間役員を務めてきたこの二名が辞任する決意をしたことを、HPは発表している。

年金基金カルパースのコーポレートガバナンス担当役員のアン・シンプソン氏はこの退任を歓迎しながらも、株主はさらなる改革が必要であることを明確に意思表示すべきだと述べた。「役員たちにブランデーのグラスと拳銃を持たせて一室に放置しておけとまでは言わないが、彼らには正しい行動をとってくれることを期待したい」

カルパースはHPの株式を直接保有しているほか、ホイットワース氏の投資会社リレーショナル・インベスターズに一〇億ドルを投資しており、HPとは活発に議論を重ねていた。シンプソン氏いわく、「この惨事を取り仕切った者は身を引くべきだ」。そこには、一四年間HPの会計監査を担当してきたアーンスト・アンド・ヤングも含まれている。

議決権行使に影響力をもつISSはHPの株

主に対して、レーン会長と、問題の多い英国のソフトウエア会社オートノミーの買収を指揮した役員二名の再任拒否を奨励した。株主は適正な配慮を怠ったために起きる失敗にもっと関心を寄せるべきだ、とISSは忠告している。

ハマーグレン氏は医薬品卸売大手マッケソンの経営者であり、HPで財務・投資委員会委員長を務めた。元ワコビア銀行頭取のトンプソン氏は監査委員会委員長だった。

レーン氏は二〇一〇年一一月に非業務執行取締役に選任され、二〇一一年九月から会長を務めていた。ソフトウエア会社オラクルの元社長でもある。

HPは、オートノミー社が企業価値を実際より大きく見せるために、財務会計を水増ししたと主張した。それに対して、オートノミー社の創業者で前CEOのマイク・リンチ氏はこの主張を強く否定し、これはHPの経営ミスだと反論している。

こうした退任は、HPの上層部内で近年起きている大変動が表面に現れたものと言える。二〇〇六年の取締役会におけるスパイ・スキャンダルでパトリシア・ダン会長が辞任し、CEOを務めたカーリー・フィオリーナとマーク・ハードはそれぞれ別の理由で退任を余儀なくされた。

ホイットワース氏は木曜日にこう語っている。「レイやジョン、ケンは素晴らしいリーダーで、HPにとって良いことをしようと情熱を傾けていた。今後も優秀な取締役の採用を続け、ガバナンスの強化と、株主のためにわれわれのできる最善のことを、われわれの知っている最善の方法で行っていくつもりだ」

CEOのメグ・ホイットマンの指揮のもと、HPの事業の重点を利益率の高いソフトウエアとサービス財に移行する五カ年計画は二年目に入った。それでも、いまなお世界有数のパソコンメーカーであることに変わりはない。

ホイットワース氏は定時株主総会で、株主から九六％の支持を得た。リレーショナル・インベスターズ社はHPの株式をおよそ八億ドル保有している。

ホイットワース氏は株主総会で、近日中に取締役会の再編を行うと公言している。

（出典：Nuttall, C., Waters, R., McCrum, D., 'Autonomy deal debacle takes toll at HP', Financial Times, 4 April 2013.

カルパースのコーポレートガバナンス担当役員アン・シンプソンは、ホイットワースの有力な支持者の一人だった。一九九六年にこの年金基金が初めて二億ドルの投資を行って以来、リレーショナル社とカルパースは密接な関係を築いてきた。

ところがホイットワースの会長就任をきっかけに、リレーショナル社と長年の後援者であるカルパースのあいだに軋轢が生じた。会長に就任する際の条件の一つに、会長は常に会社の意に沿う票を投じることが謳われていた。カルパースは、自分たちが反対する経営方針や役員人事にも、ホイットワースが賛成票を投じなければならなくなることを心配した。「われわれにすれば、なんとも始末に困る事態だった」と、シンプソンは思い起こす。

その後数カ月のあいだ、ホイットワースとメグ・ホイットマンは、パソコンの売り上げ減少や買収によって損なわれた評判への対処を行いながら、力を合わせて組織改革を進めた。三万四〇〇〇の雇用削減、技術開発にかかる費用増加への対処、経営幹部数名の交代などが実施された。マイクロソフトの元ソフトウエア開発責任者レイ・オジーら三名が役員に就任した。オートノミー社の財務会計の内部調査もホイットワースが主導した。

ホイットワースとホイットマンは膨大な時間をかけて、HPの業績回復のための大規模なプランを共同でまとめた。ホイットワースは、投資先の会社の分割を行った経験があった。二〇一一年には、軍事用電子機器メーカーのL3コミュニケーションズと、コングロマリットのITTの二社で会社分割を行っている。その数年前には、ホーム・デポ社に商業ビル供給事業から撤退するよう圧力をかけたこともある。ホイットワースとホイットマンは手を携えて、大がかりな事業再編プランを推し進めた。それが実現すれば、パソコン販売の衰退期に入っても、HPは生き残れると考えていた。

アクティビストの遺産

だがラルフ・ホイットワースは、そのプランが実現するのを見届けるまでHPに留まることができなかった。二〇一四年七月、暫定的な会長に選任されてからわずか一年余りで、喉頭がん再発のために職を辞したのだ。メグ・ホイットマンが、CEOと正式な会長を兼任することになった。ホイットワースが取締役会に加わってから三年のあいだに、オートノミー社買収によって痛手を受けたにもかかわらず、HPの株価は二五%近く上昇していた。

その後数カ月間で、リレーショナル社はまず、ホイットワースの無期限休職中は新規の企業には投資をしないこと、また継続中の投資についても一部を引き揚げることを発表した。それは、ホイットワースの舵取りがなくなると、同社への投資から撤退する者が出る恐れがあったからだ。投資家と交わした契約書の多くには、ホイットワースが半分以上の時間を同社の業務に割けなくなったら、投資金の返還に応じなければならないという条項が含まれていた。

二〇一四年一〇月六日、ホイットマンはホイットワースとともにまとめ上げた、HP衰退を阻止するプランを発表した。もっともその内容は、当時嘲笑の的になっていた、ホイットマンの前任者レオ・アポテカーの提案と大差なかった。HPを二社に分割し、一社はパソコンとプリンターに、もう一社はビジネスサービスとソフトウエアに事業を集中する。ホイットマンはビジネスサービス事業のCEOと、パソコンとプリンター事業の会長を兼任するという。

ホイットワースは、株主にとっては大きな一歩だと言って、この発表を歓迎した。当日のCNBCのインタビューでは、会社再編にあれほど努力を傾けてきたのに、会長でいるあいだにこの発表ができなかったのはさぞかし心残りだったのではないかと質問された。「そんなことはない。発表を見ることができて本当にうれしい」と、彼は答えた。「覚えているかどうか知らないが、ベルリンの壁が崩壊したのはジョージ・ブッシュ（父）の任期だったのに、みんな、ロナルド・レーガンのやったことだと思っている。だから私は、誰の手柄であるかなんてことはまったく気にしない。取締役会や経営陣を引っ張ってきたのは間違いなくメグだった。それを推し進め、後押ししたのは一人の人間ではない」

HPが大きなニュースに取り上げられたのは、今回ばかりは取締役会内部の騒動や不和のためではなかった。

「アクティビストが役員室に乗り込んできても、いつも秩序を乱したり、損害をもたらしたりするとに味方につけたのは、投資家としての知識や経験のためだけではなく、彼の人柄によるところが大きい。彼は進むべき道を明確に示した。在任期間は短かったが、それでも取締役会に純粋にプラスの影響力を及ぼした。リレーショナル社の人間を迎え入れた取締役会なら、どこもまったく同じ感想をもつはずだ」

第9章　ウォルグリーンズ・ブーツのトロイの木馬

意見の一致

バリー・ローゼンスタインは、好奇心をかき立てられながら英ロンドンに降り立った。この米ニュージャージー生まれのヘッジファンド・マネジャーの関心は、もっぱら米国内の上場企業に向いていた。それでも、いま彼が会いにきた人物は、八時間かけて大西洋を横断するだけの価値があるように思えた。

ローゼンスタインをロンドンに引き寄せたのは、企業買収に情熱を燃やす銀髪のイタリア人実業家ステファノ・ペッシーナだった。ローゼンスタインとジャナ・パートナーズのアナリスト・チームはしばらく前からペッシーナを調査対象にしており、その経歴に強い感銘を受けた。ペッシーナは若い頃に学究の道をあきらめ、四〇年間かけて、家族経営の医薬品卸売会社を世界の医薬品業界でも大手のアライアンス・ブーツへと育て上げた。その守備範囲はヘルスケアと美容用品の販売に留まらず、製造、卸売、流通まで広がっていた。ペッシーナは、攻撃的な拡大戦略にもとづく、大胆で時宜を得た吸収合併を繰り返すことによってそれを築いた。彼が誇りとする一五〇回を超える吸収合併の相手のなかには、彼と三〇年間生活をともにしてきたパートナーであるオルネッラ・バッラがシニアエグゼクティブを務めるブーツ社もあった。ブーツ社の小売店舗はヨーロッパ各都市の目抜き通りになくてはならない存在で、二七カ国で事業を展開している。

二〇一二年、そのブーツ社が強大なライバル、米国最大のドラッグストアチェーン、ウォルグリーンズの吸収合併のターゲットになる。ウォルグリーンズ社がブーツ社の株式の半数をわずかに下回る株をもつと、ペッシーナはウォルグリーンズ社の株式を買い集めて個人筆頭株主となり、自分が新会社のトップに就くよう巧みに買収交渉を操った。ウォールストリートの多くのアナリストが、ペッシーナの野心は次にどこへ向かうのだろうかと想像をたくましくした。

ローゼンスタインとジャナ社のチームが初めてペッシーナの経歴に関心をもったのは、ブーツ社とウォルグリーンズ社の取引が公表されたときだった。そのときから、一夜にして米国の象徴的ブランドの個人筆頭株主に躍り出た七〇代のイタリア人が、彼らの調査対象になった。ペッシーナのことを知れば知るほど、ローゼンスタインとそのチームはウォルグリーンズ社におけるペッシーナの影響力の大きさを思い知らされた。ジャナ社はウォルグリーンズ社の株を買い始め、二〇一三年一〇月までに持ち株は七〇〇〇万ドル分強までに達した。投資としては控えめだが、ローゼンスタインとのミーティングにペッシーナを引き出すには十分な額だった。

「一時間ほど彼と話し合った」と、のちにローゼンスタインはアクティビスト会議のスピーチで語っている。「私は車に戻ると、パートナーの一人に電話してこう言った。〝この株を一〇億ドル買おう〟。

そして、われわれはそのとおりにした」。それは当時のジャナ社としては最大の投資であり、ローゼンスタインとペッシーナの揺るぎない関係の始まりとなった。また同時に、ウォルグリーンズ社とブーツ社に大変動をもたらし、世界の医薬品産業全体に波紋を広げる出来事でもあった。

効かない薬

二〇一二年六月にウォルグリーンズ社が六七億ドルという価格でブーツ社の株式四五％を（残りの五五％を三年以内に取得するオプション付きで）取得することに同意したときには、この米国小売企業の業績は低迷していた。

ウォルグリーンズ社は二〇世紀後半に、中西部を中心とした地域の一小売業者から全米最大のドラッグストアチェーンに成長した。二〇一一年四月には、全米で八〇〇〇を超す店舗を展開し、グアムやプエルトリコなどの海外自治領にも支店をもった。一日当たりの来店者数は六〇〇万を超える勢いだった。

ところが、ウォルグリーンズ社は成長痛とも言うべき苦しみに直面していた。過去三〇年、株主は会社の業績に満足していた。一株当たり利益の毎年二ケタ成長が当たり前だったからだ。だが二〇〇八年になると、その成長率を維持するのに苦心するようになった。

そのうえ、急成長する競合企業とも戦わなければならなかった。二〇世紀後半の堅調な業績は、おもに競争相手が地方の個人営業のドラッグストアや、地域限定の小規模なチェーンに限られていたことが大きい。規模で勝ることで、小規模な競争相手をはるかに凌ぐ効率的な事業運営が可能だった。

二〇一一年には、全米の医薬品小売業の売り上げの二〇％強を占めるまでになった。とはいえ、ライバル企業の追い上げも受けていた。ＣＶＳファーマシーとライト・エイドが全国規模のチェーンとして台頭し、ウォルマートやコストコなど大手量販店がジェネリック医薬品の取り扱いを始め、しかもウォルグリーンズ社より大幅に安い価格で販売していた。一ドルショップやオンラインストアが新たな競争相手として登場し、はるかに低価格でありながら同社に引けを取らない利便性を提供していた。

二〇一一年末、ウォルグリーンズ社はさらなる後退を余儀なくされる。その年一年、同社は重要なビジネスパートナーとの公開討論の渦中にあった。相手は、企業と薬局のあいだに立って被雇用者の処方箋の処理と支払いを取り扱う薬剤給付管理会社（ＰＢＭ）エクスプレス・スクリプツだった。同社との取引はウォルグリーンズ社の大きな収入源になっており、全収益の八％近くを占めていた。両社の契約は二〇一二年一月一日に更新を迎える。ウォルグリーンズ社は自社に有利な契約更新を望んでいたが、相手は交渉に応じなかった。ウォルグリーンズ社は支持を得ようと、エクスプレス・スクリプツ社の顧客である企業の人事部長にじかに働きかけた。それに対してエクスプレス・スクリプツ社は、顧客に見返りを提示して、ウォルグリーンズ社のライバル会社から薬を買うよう奨励した。

両社の協議は決裂し、ウォルグリーンズ社は、エクスプレス・スクリプツ社の購入先ネットワークから除外されることとなった。その損害は甚大だった。二〇一二年の上半期、医薬品の月平均売上高は一〇％落ち込んだ。一方、エクスプレス・スクリプツ社は四月に同業のメドコ・ヘルス・ソリューションズを合併して全米最大のＰＢＭになった。その結果、ウォルグリーンズ社には、メドコ社との取引を失う危険まで生じた。さらに悪いことに、ウォルグリーンズ社が失った取引の大部分を、最大のライバルであるＣＶＳ社が引き継いだ。

ウォルグリーンズ社は、優位な立場を取り戻さなければならなかった。二〇一二年のブーツ社買収は、その目的を達成する助けになると思われた。見たところ、この合併は申し分のない組み合わせだった。両社ともそれぞれの国内市場では大手だが、合併によって互いの国の市場に進出する足がかりを得られる。契約には、ウォルグリーンズ社に、残りの株式五五％を三年以内に現金と株式九五億ドルで買い取る権利を与える条項も含まれていた。

アナリストの目にも希望どおりの魅力的な買収案件と映ったようで、ステファノ・ペッシーナとブーツ社の経営陣は、合併後の新会社の経営にできるだけ大きな発言権を得られるように画策した。ペッシーナは、この買収でウォルグリーンズ社の株式の八％を取得し、取締役会の一員になった。

買収発表においてウォルグリーンズ社ＣＥＯのグレゴリー・ワッソンはこう述べている。「これによって、世界で初めて本物の、医薬品とヘルスケアのグローバル企業が生まれることになる。この世に、これに匹敵するものは存在しない」。もっとも、ウォルグリーンズ社の株主兼役員で、これまでたびたび他社の経営権を奪い取った実績をもつペッシーナのあまりにも大きな存在を考えると、アナリストたちは合併会社でワッソンが果たす役割などあるのだろうかと疑問をもった。

ウォルグリーンズ経営陣の楽観的な見方に反して、買収に対する株主の反応は当初芳しくなかった。発表後、株価は九％以上上下がり、ここ二年間で最低の二九ドルまで落ち込んだ。買収額が高すぎるし、いまはこれほど大きな買収をする時期ではないと考える株主も少なくなかった。

エクスプレス・スクリプツ社との取引消滅がウォルグリーンズ社の株価に与えた影響は大きく、アナリストの試算では年間収益で四〇億ドルを超える損失が出た。アライアンス・ブーツ社の買収発表後、株価が低迷する状況が続き、ウォルグリーンズ社の経営陣はエクスプレス・スクリプツ社との関係継続に向けた努力を始めた。二〇一二年七月一九日に二社が新契約の成立を発表すると、ウォルグリーンズ社の株価は一一・八％はね上がり、経営幹部は危機を乗り切ったと確信した。

租税地変換《タックスインバージョン》回避

ジャナ・パートナーズがウォルグリーンズ社に興味をもち始めたのはその頃だった。ウォルグリーンズ社には確固とした戦略がなく、米国市場における際立った存在感を最大限に活用できていないと考えた。ジャナ社の見立てでは、同格の企業に比べて経営効率が目立って悪く、営業費用を節減すれば相当の経費削減が可能なはずだった。バリー・ローゼンスタインは、ＣＥＯと店長のあいだに一二階層もある管理職の多さを批判した。ほぼ同規模の企業、たとえばブーツ社には五階層しかない。さらにローゼンスタインが着目したのは、ウォルグリーンズ社の利益率だった。ＣＶＳ社の三分の一、世界の同業他社の約半分という利益率には、かなり改善の余地があると考えられた。大きな損失を出したエクスプレス・スクリプツ社との対立も、ウォルグリーンズ社の経営チームが米国の医療制度の変化に後れをとったせいだと、ジャナ社のアナリストは判断した。

そんなこともあって、ステファノ・ペッシーナとロンドンで最初の会合をもったローゼンスタインは、このしたたかなイタリア人こそウォルグリーンズ社の状況を好転させられる人物だと確信した。それでも、ジャナ社にも果たせる役割があるはずだと、彼は考えた。

二〇一四年初め、ジャナ社はウォルグリーンズ社再生プランを作成し、経営幹部に申し入れを行った。おもな提案には、資本配分の変更、ブーツ社完全買収の迅速化、合併後の会社の経営に買収される側の上層部をもっと深く関与させることなどがあった。

だが、議論の的になったのはもう一つの提案だった。ジャナ社は、ブーツ社の買収に租税地変換《タックスインバージョン》を組み込む構想を提案した。法的な観点から小さいほうの企業が大きい企業を吸収し、合併後の新会社の本社を米国外――この場合はスイスのベルン――に置くというものである。そうした手法をとるのは、節税のためである。国外での収益には、米国の約三七・五%の法人税率が適用されない。同時に、国内事業の収益を関係会社間の貸付としてスイスの親会社へ振り替えることが可能になり、それには米国の税率の約半分であるスイスの税率が適用される。これはアーニングス・ストリッピングと呼ばれる手法で、株主には大変な節税になり、英国銀行バークレイズの試算では七億八三〇〇万ドルの節税になるという。

とはいえ、この手法には批判も多く、消費者や政治家にはきわめて評判が悪い。同じ頃、製薬会社のファイザーが、英国のライバル会社アストラゼネカと租税地変換を目的とした買収を進めようとして、英米両国民の反発を買った。前年には米国の後発医薬品大手のアクタビスも、アイルランドのワーナー・チルコット社を買収する際に租税地変換を行った。同じ年に、オバマ大統領はこの問題に対する自身の考えを明らかにして、租税地変換を「非愛国的」と呼んだ。

「一部の企業は租税地を選り好みしているが、それは国家財政に損害を与える行為である」と、二〇一四年七月二六日、毎週行う国民向け演説のなかでオバマは述べている。「歳入不足を招くものでもある。米国の強さを維持するものへの投資を困難にし、国外に隠しもつもののつけを国民に払わせる行為だ。いまはまだ、わが国の税法の抜け穴がこうした行為を合法としているが、それは明らかに間違っている。どこのルールに従うか、どこの税率で払うかを選ぶことなどできないのだ。企業はそのどちらもすべきではない」

ウォルグリーンズ社の取締役会と経営陣は、当初は租税地変換の実行に慎重な態度をとった。消費者の怒りを招くという理由だけでなく、とりわけ米国政府への納税回避と見なされるのを気にしていた。全収益の四分の一近くを、政府の二つの医療関係プログラム、メディケア（訳注：高齢者向け公的医療保険）とメディケイド（訳注：低所得者向け公的医療保険）に依存していたからだ。

二〇一四年二月初旬、ロンドンの投資家会議で顔を合わせたウォルグリーンズ社とブーツ社の経営陣が、ドイツ銀行やモルガン・スタンレーなどの代表を交えて、租税地変換に踏み切るべきかどうかを議論した。ドイツ銀行もモルガン・スタンレーも、議論を聞いて租税地変換が可能であると確信した。この議論の噂が広まり、そのうえにウォルグリーンズ社の経営陣はこの方針に積極的だというアナリストの観測が加わったために、株価が一〇％近くはね上がった。ウォルグリーンズ社はあわてて、租税地変換を実行するつもりはないと声明した。だが、それは必ずしも株主の考えとは一致していなかった。

四月一一日、パリのフォーシーズンズホテルで、米国のビジネスパーソンを中心とした私的な集まりが開かれた。参加者のなかには、ウォルグリーンズ社ＣＥＯのグレゴリー・ワッソンとＣＦＯのウェイド・ミケロン、それにステファノ・ペッシーナとジャナ社の代表者もいた。さらに、ウォルグリーンズ社に投資しているヘッジファンドの代表者も出席しており、ゴールドマン・サックス・インベストメント・パートナーズやオクジフ・キャピタル・マネジメント、アクティビストのコーベックス・マネジメントなどが顔をそろえていた。投資家たちは、租税地変換を組み込んだウォルグリーンズ社とブーツ社の合併を、最終段階まで進めるよう強く求めた。前の月にUBSアセット・マネジメントが、租税地変換を行えば一株当たり利益を七五％引き上げられると予測したからだ。この集まりを最初に報じたフィナンシャル・タイムズ紙の記事には、ウォルグリーンズ社の経営陣は依然として租税地変換に反対しているが、ミーティングは「建設的」だったと書かれていた。

ウォルグリーンズ社、税法上の恩典を求めて海外へ（エド・ハモンド）

ウォルグリーンズ社はヨーロッパ移転の検討を迫る有力な株主グループの圧力にさらされてきた。米国医薬品チェーン大手のこの試みが実現すれば、史上最大規模の租税地変換が行われることになる。

金曜日にパリで開かれた私的会合で、ウォルグリーンズ社の株式の五％弱を保有する株主たちは、スイスに拠点を置くアライアンス・ブーツ社の一六〇億ドル規模の買収を、課税基準の再移転に利用するようウォルグリーンズ社の経営陣に働きかけた。

租税地変換として知られるこの移転を行えば、ウォルグリーンズ社は世界でも有数の高税率である米国における課税所得を劇的に削減できる。

この件に詳しい関係者の話では、租税地変換の検討を拒否するウォルグリーンズ社に不満を覚えたゴールドマン・サックス・インベストメント・パートナーズや、ヘッジファンドのジャナ・パートナーズ、コーベックス、オクジフなどの投資家グループがこの会合を開くよう求めたという。

先月発表されたUBSアセット・マネジメントのアナリストの報告によれば、ウォルグリーンズ社に適用される税率は、ブーツ社の二〇%に対して三七・五%となるので、租税地変換を行えば一株当たり利益は七五%増加するという。もっとも同じ報告には、「ウォルグリーンズ社の経営陣は予想される政治的リスクを考慮して、すぐに実行に移すことをためらっているようだ」と書かれている。

金曜日の会合には、ウォルグリーンズ社のグレゴリー・ワッソンCEOとウェイド・ミケロンCFO、アライアンス・ブーツ社会長であるイタリア人の富豪ステファノ・ペッシーナが出席した。

パリ市内でも高級な8区にあるフォーシーズンズホテルで行われた議論は、内部関係者によれば「建設的」だったという。

現行規則では、外国人株主に全株式の二〇%以上を譲渡する取引を行った米国企業は、国内での課税を免除される。

ウォルグリーンズ社による租税地変換は、米国内で強い政治的反発に遭う可能性が高い。米国ではこうした手法が過去二年ほどのあいだに急速に広まっており、特に医薬品業界で多く使われている。

株主グループは租税地変換の検討を迫ると同時に、ワッソンとペッシーナに対して、合併後の事業の運営はブーツ社の経営チームが大きな役割を果たすことを望んでいるとも伝えた。

イリノイ州に拠点を置くウォルグリーンズ社は、二〇一二年にブーツ社の株式の四五%を現金と株式で構成される六五億ドルの金額で取得した。残りの五五%を翌年に九五億ドルで購入するオプション付きの契約だった。二〇一三年の実績によれば、合併後の事業の売り上げは一一〇〇億ドルになると予想される。

アライアンス・ブーツ社は、英国の「アンカット」など税関連の抗議団体から批判を受けてきた。彼らの主張によれば、二〇〇七年にペッシーナ氏と非公開株投資グループのコールバーグ・クラビス・ロバーツが同社を一二〇億ドルで買収して非公開企業にし、課税額を激減させたという。

ウォルグリーンズ社とアライアンス・ブーツ社はともにコメントを拒否している。

(出典：Hammond, E., 'Walgreens urged to leave US to gain tax benefit,' Financial Times, 13 April 2014.

記事が出たあとも、株価の上昇は続いた。今度ばかりは、ウォルグリーンズ社もこの記事の内容をすぐに否定しなかった。それから二週間後、この問題に関する質問に答えるかたちで、投資家向け広報担当副社長のリック・ハンスはこう語った。「われわれは［租税地変換を］検討することに反対しているわけではない……なぜ反対しなければならないのだ。要するに……そうすることで、高い税金を支払わなくてすむのだ。われわれは、必要以上の税金を払うべきだと主張したことなど一度もない。われわれはそうした手法を最大限に利用して、利益を増やそうとしているのだから」。ウォルグリーンズ社が当初もっていた租税地変換に対する抵抗感は、薄らいだようだった。

ジャナ社の代表者は引き続きウォルグリーンズ社の経営チームと会って、自社の提案について議論を重ねた。経営チームは、経費削減や資本の配分変更など、いくつかの提案には同意した。だが、租税地変換がどれほど世間一般から否定的に見られているかを知っている経営幹部は、ブーツ社買収にそれを組み込むことを躊躇した。

五月二八日、ウォルグリーンズ社取締役会は、ＣＥＯのグレゴリー・ワッソン、ＣＦＯのウェイド・ミケロン、コーポレートセクレタリーで法務および総務責任者のトーマス・サバティーノら、経営チームの一部と話し合いを行った。法務アドバイザーのワクテル・リプトン・ローゼン・アンド・カッツ、財務アドバイザーのゴールドマン・サックスも同席した。経営チームは、ブーツ社買収の第二段階の進捗を速めることとの是非をすでに分析していた。さらに、租税地変換の実行可能性も含めて、買収の組み立てに関するいくつかの代替案も検討してあった。

本社のスイス移転には法的、技術的障害が少なからずあったが、それは決して乗り越えられないものではないという結論だった。税制上の恩典があるのは明らかで、抗い難い魅力があった。それでも会議テーブルを囲む面々の多くが、そうした移転に対する消費者や政治家の反応を気にしていた。これほどの有名企業が、政府への納税を減らしたいという理由だけで移転を行えば、国民の反発を呼ぶのは必至だろう。そうした思いが役員の胸に重くのしかかった。

とはいえ、その案が完全に消滅したわけではなかった。その後数週間、ジャナ社はウォルグリーンズ社経営陣とのミーティングを続け、その他の提案とともに租税地変換を強く推奨した。ウォルグリーンズ社の経営チームもまた、ブーツ社の代表者や双方のアドバイザーを同席させて、租税地変換の実行可能性についての議論を続けた。

六月二四日、決算発表のための電話会議の最中に、経営チームはジャナ社の提案のいくつかを実行すると発表した。ブーツ社買収を最終段階に進めること、二社の経営チームを統合すること、コスト削減とウォルグリーンズ社の資本構成の再評価を行うことなどである。だが、租税地変換については結論が出なかった。

その一週間後、取締役会は特別取引委員会を設立して、租税地変換がビジネスや金融、法律、競争力といった各方面にもつ意味の詳細な分析を行った。委員会は、委員長のビル・フットはじめナンシー・M・シュリクティングとデビッド・ブレイラーという三人の社外取締役で構成され、租税地変換のリスクと利益をあますところなく評価し、租税地変換を実行に移すか否かを取締役会に提言する役目を与えられた。

たっぷり時間をかけて議論してから、委員会は七月三〇日に開かれた取締役会で提言を行った。その内容は、現在財務省とともに租税地変換の実行可能性を詳細に再調査している内国歳入庁の目を逃れることは不可能で、おそらく内国歳入庁はその実行阻止に動くだろうというものだった。租税地変換をすれば、会社は長ければ一〇年ものあいだ訴訟に立ち向かわなければならなくなる、と委員会は警告した。取締役会はこの提言を受け入れた。租税地変換を推し進めようとしたジャナ社の望みは、断たれた。

ジャナ社のプランB

二〇一四年八月六日、ウォルグリーンズ社はブーツ社との合併の日程を繰り上げて年末までに完了すると発表した。グレゴリー・ワッソンが新会社のCEOに、ステファノ・ペッシーナがCEO直属のM&Aおよび戦略担当取締役副会長に就任する。本社はシカゴに置かれる。株主は租税地変換をとりやめる決定を歓迎せず、株価は一四%以上下落した。さらに株主に追い打ちをかけるように、会社は二〇一六年の利益予想をそれまでの八五億ドルから七〇億ドルに引き下げると発表した。その後二日間で、株価は二〇%近く落ち込んだ。

租税地変換の推進に失敗したジャナ社のバリー・ローゼンスタインは、代わりにウォルグリーンズ取締役会に席を求めることにした。彼は、取締役会にはヘルスケアや健康保険の業界に精通した役員が必要だと主張した。

ローゼンスタインの交渉相手である役員のなかには、過去にアクティビストとの戦いを経験した者も何人かいた。二〇〇九年から役員を務めてきたマーク・フリッソーラの本業はレンタカー会社ハーツのCEO兼会長で、当時カール・アイカーンをはじめとしたアクティビストと戦っている最中だった。ジャナ社もハーツ社の株主だったから、フリッソーラは二つの会社で同時にローゼンスタインの攻撃を阻止するという厄介な仕事をするはめになった。また、同じ役員のスティーブン・デービスが本業でCEOを務める全国的なレストランチェーン、ボブ・エバンズ・ファームズは、アクティビストのサンデル・アセット・マネジメントとの対決が天王山を迎えようとしていた。

「そういうことが起きるのは、ヘッジファンドが限界まで成長しようとするからだ。狙うターゲットがだんだん大きくなり、様々な場面で彼らとぶつかることになる」と、(顧客の)組合年金基金を代表してウォルグリーンズ社とブーツ社の合併の中止を働きかけたCtWインベストメント・グループのコーポレートガバナンス担当役員のマイケル・プライス・ジョーンズは言う。「こうした人々はそれぞれの本業でも、別の会社の役員の立場でも、ファンドの前進を阻もうとしている。もし自分がCEOである会社がヘッジファンドとの戦いに負けそうだったら、同じくアクティビストと対決している別の会社の役員室にどんな考え方を持ち込むだろうか」

結局、ウォルグリーンズ社は譲歩した。二〇一四年九月初旬、取締役会はローゼンスタインを役員に選任することを承認し、ジャナ社の推す候補者をもう一人役員に迎えることに同意した。そればかりか、三人目の取締役についても最終決定権をジャナ社に与えるという。ジャナ社は大成功を収めた。一年前にロンドンで初めて会って以来、ローゼンスタインとペッシーナが築いてきた親密な関係の賜物だった。

ジャナ社の保有するウォルグリーンズ社の株式は一%にも満たなかったのに、事実上、取締役会の席を四分の一近く手に入れた。それも、おおやけの場で論戦を行ったり、時間と金を食いつぶす委任状争奪戦をしたりする必要もなく。これは、アクティビストが取締役会に及ぼした影響力の最高記録を塗り替える出来事だった。

この頃には、ジャナ社がウォルグリーンズ社に検討を促した事案の多くが受け入れられ、残りも慎重に検討されたうえで却下された。ブーツ社買収は最終段階に入っていた。またジャナ社の要求に応じて、二〇一七年までに一五億ドルの経費削減を行うことも発表された。それに対して、拠点を海外に移転する租税地変換の提案については夏のあいだずっと検討されていたが、財務省と内国歳入庁がそうした手段を厳しく取り締まることを考慮中であるのがわかった時点で検討は打ち切られた。いまやローゼンスタインが取締役会に加わった。ジャナ社が次にやるべきことは、ウォルグリーンズ社の経営チームをブーツ社の経営陣に置き換えることだった。

退場《ギブン・ザ・ブーツ》

その夏の初めにウォルグリーンズ社は、CFOのウェイド・ミケロンとたもとを分かった。ミケロンはジャナ社との交渉に深く関与しており、租税地変換については何度かジャナ社の代表と衝突もした。ところがミケロンが去ってまもなく出たウォール・ストリート・ジャーナル紙の記事によれば、彼が解雇されたのは、実は二〇一六年の業績予想変更の原因となった会計ミスのためだったという。そうは問屋が卸さなかった。

ウォルグリーンズ社とジャナ社はミケロンが波風立てずに去るものと考えていたかもしれないが、訴えた。業績予想のミスの責めを負わせたことと、二〇一四年一〇月一六日、ミケロンはウォルグリーンズ社を名誉棄損で訴えた。業績予想のミスの責めを負わせたことと、ウォール・ストリート・ジャーナル紙の記事が出たときに弁護しなかったというのが訴えの骨子だった。記事が出た八月中旬に、ミケロンは人材紹介業者と会って、経営幹部の職をいくつか紹介されたところだった。ある大手企業の次期CEOの最有力候補だったのに、記事によって立った悪評のせいでその職を逃したとミケロンは主張した。

ミケロンが法廷で語ったところによれば、彼はウォルグリーンズ社で高く評価され、グレゴリー・ワッソンからはCEO後継者と名指しされ、合併後は新会社の国際業務を統括する社長にならないかと提案されたが、CFOから社長への横すべりには興味がなかったので自主的に退任したという。

ミケロンはまた、夏の初めにワッソンはじめ経営陣が参加して行われた電話会議の最中に、あるアクティビスト（ミケロンは名指しを避けた）に脅されたことがあると語った。そのアクティビストは、ミケロンが強く反対していた租税地変換の実行を主張しており、もしミケロンが二〇一六年の業績予想を水増ししなければ、別のアクティビスト二社が「手段を選ばず［ミケロンを］排除する。［ミケロンを］中傷して、世間に顔向けできないようにしてやる」と言ったという。さらに相手は、「もうその動きが始まっていてもおかしくない」と付け加えたそうだ。

この訴訟は、ウォルグリーンズ社にひどくばつの悪い思いをさせることになった。補強証拠を準備するために、社内連絡に使われた個人のメールやショートメッセージ、それに手書きのメモまで集めているあいだに、世界でも最大手の企業の最上層部に個人的な確執があったことが表面化したのだ。とはいえ、原告の申し立てもそれに劣らず深刻だった。ミケロンが主張するところでは、彼はワッソンやおもな株主から、会社の財務状況をもっと良く見えるように描き直せと強要されたという。ブーツ社買収を完了させる準備段階だったから、会社が実際より強い立場にいるのを見せつけるためだった。

ウォルグリーンズ社は裁判所に申請して、ミケロンの訴訟に関連する、いわゆる極秘の会社情報を非開示にする緊急命令をとろうとした。また、ミケロンの語る事実関係に異を唱え、ミケロンは完全に自由意思で辞任したわけではないと申し立てた。

ウォルグリーンズ社とブーツ社の経営チームは、訴訟によって生じたマイナスイメージが買収の完了を妨げないようにしようと必死だった。彼らは数カ月以内に決着がつくことを望んでいた。ミケロンの訴訟でとりわけ痛手を被ったのはグレゴリー・ワッソンで、この数年、ブーツ社買収のために注いだ努力がすべて無駄にならないよう懸命に活動した。

だがワッソンには、合併後の新会社を統括する時間は与えられなかった。一二月初頭に交渉が成立すると、ウォルグリーンズ社はワッソンの退任を発表した。取締役会が後任を探すあいだ、ステファノ・ペッシーナが暫定的なCEOに就くという。ワッソンは薬学部の学生時代にインターンとして働き始めて以来、三四年間のウォルグリーンズ社の履歴に終止符を打った。つい半年前には世界最大のドラッグストアチェーンのCEO就任が決まっていたのに、いまは自分が買収しようとした企業の人間にその地位を譲り渡すことになったのだ。

この決定は、ワッソンをCEOとして残すとした八月の発表から一八〇度の方向転換だったが、それに驚くアナリストはほとんどいなかった。ペッシーナがジャナ社のような有力な株主に人気があることを知っていたし、その一方でワッソンとそのチームには強い不満を抱いているという噂を耳にしていたからだ。

二〇一四年一二月三一日、買収交渉がまとまり、ウォルグリーンズ・ブーツ・アライアンス社が誕生した。年が明けて約半年のあいだに、ペッシーナとジャナ社がずっと以前から計画していたウォルグリーンズ社の経営幹部とブーツ社の経営幹部の入れ替えがフル稼働した。トーマス・サバティーノはハーツ社に去り、ブーツ社で同じ役割を担っていたマルコ・パグニが後釜に座った。わずか五カ月前にウェイド・ミケロンに代わってCFOになったティモシー・マクレビッシュは退社し、ブーツ社で同じ地位にいたジョージ・フェアウェザーが取って代わった。暫定的なCFOとして十分な働きをし、みずから身を引いたマクレビッシュは、のちにジャナ社の推薦で大手食品メーカー、コナグラの役員となり、その功績を報われた。ウォルグリーンズ社の広報責任者ティム・セリオールも会社を去り、ブーツ社の役員だったアントニー・ロバーツが後を引き継いだ。

ほとんどの経営幹部には高額の退職金が支払われた。たとえばウェイド・ミケロンは、辞任時に退職手当として現金三二〇万ドル、さらに年間賞与を日割り計算した一二〇万ドルを受け取っている。もっとも、のちにミケロンが訴訟を起こすと、会社側はこの退職金に異議を申し立てた。ミケロンの後任であるマクレビッシュには、わずか五カ月間の勤務で二五〇万ドルの制限付き株式が与えられた。

取締役会からも辞めていく者が何人かいた。長年役員を務めてきた者のなかから、マーク・フリッソーラとスティーブン・デービスを含む四人が二〇一五年前半に退任した。二人ともそれ以前に、アクティビストのキャンペーンを仕掛けられたあと、それぞれハーツ社とボブ・エバンズ社のCEOを辞任していた。

デービスはウォルグリーンズ・ブーツ・アライアンス社でCEO指名委員会の委員長を務めた。二〇一五年六月、デービスが去って一カ月後、ステファノ・ペッシーナが正式なCEOに選任された。これによって、ローゼンスタインとペッシーナの計画は完遂された。

「ウォルグリーンズ社はブーツ社を買収したが、実際は逆だった」と、当時行われた投資家会議でローゼンスタインは語っている。「われわれはウォルグリーンズ社の経営陣を一掃した。今後はブーツ社の人間がすべてを差配することになる」

第10章　アライアンス・トラストの土壇場の停戦

毒の入った聖杯

キャサリン・ガレット＝コックスは贈られたばかりの金色のシャンパンボトルをうっとりと眺めた。ボトルには、「ヴーヴ・クリコ・ビジネスウーマン・アワード」の文字が刻まれている。スコットランドの公開会社のなかで六番目の規模を誇るアライアンス・トラストのCEOとして多事多難な数カ月を過ごしたガレット＝コックスだが、どうにか最悪の状況は乗り越えられたようだった。英国の二〇一五年度ビジネスウーマン・オブ・ザ・イヤーに選ばれたのも、その努力に報いるものに思えた。

ところがこの賞は、とんだお荷物つきでもあった。あとで不運に見舞われた受賞者が何人か出たことで、贈られたのは金色のボトルではなく毒入りの聖杯だと言う者が少なくなかった。前年の受賞者ハリエット・グリーンは、受賞後半年足らずで旅行代理店トーマス・クックのCEOを追われている。一九八八年には、靴下や下着などに特化した英国の小売り大手ソックショップの創立者ソフィー・マーマンが栄冠を得た数カ月後に、自分の会社の頂点から引きずり降ろされた。また二〇〇二年に受賞したバーバラ・カッサーニはその半年後に、自分が創立した格安航空会社のゴーフライが意に反してライバル会社のイージージェットに身売りしたために辞任した。

賞を受けたときガレット＝コックスは、自分は前車の轍を踏まないはずだと思い込んでいた。

厄介なディスカウント取引

二〇一五年までの約一〇年間、キャサリン・ガレット＝コックスは創業一二七年のアライアンス・トラスト社を、現代的な国際金融サービス事業に特化した会社に変えようと努めてきた。当時スコットランドの新聞はガレット＝コックスを、ロシアの女帝エカチェリーナ二世にちなんで「キャサリン大帝」と呼んだ。ロンドンのシティーで名を知られたガレット＝コックスは、二〇〇七年にスコットランドの田園地帯にあるアンガスに引っ越してアライアンス社の最高投資責任者（ＣＩＯ）を務め、のちにＣＥＯに就任した。アライアンス社は三三億ポンドの運用資産を保有する英国でも最大手の上場資産運用会社だったが、ロンドンやエディンバラなど金融の中心地から離れたダンディーに本社を置いたため、地方企業と見られることも少なくなかった。ガレット＝コックスの主導のもとでアライアンス社はロンドンでの事業を拡大し、彼女自身も二〇一四年のスコットランド独立を問う住民投票の際、ダンディーの住民が強く独立を望んでいたにもかかわらず、個人的に英国残留支持の運動を行った。

だが、世界的規模のブランドになるにつれて、国際的投資家、特にアクティビスト・ヘッジファンドが関心を寄せるようになった。アライアンス社のような資産運用会社は、自社の株式の価値が運用する純資産価値を大幅に下回っているときにアクティビストの目に留まりやすい。いわゆるディスカウント取引である。資産運用会社の役員は、腕力にまかせたアクティビストの攻撃を受けやすくなった会社を守るために、ディスカウント率を縮小せざるを得なくなる場合が少なくない。アクティビストの目に、特にアライアンス社が魅力的に映ったのは、同業他社に比べてディスカウント率が大きかったからである。

二〇一一年、英国管轄外のタックスヘイブンの島、マン島を拠点にするラクシー・パートナーズはアライアンス株の二%弱を保有すると、取締役会に当時二〇%のディスカウント率を縮小する措置をとるよう要求した。また、アライアンス社の運用実績を強く批判し、社内の投資チームにまかせず、社外のファンドマネジャーを雇うべきだと主張した。さらに、自社株買いを行って発行株式を減らすよう働きかけた。これには株価を上昇させる効果があり、その結果ディスカウント率が縮小することになる。ラクシー社は、低迷する運用実績の責任はガレット＝コックスにあるとして辞任を要求し、二〇一一年と一二年の定時株主総会で二度議決権行使を行ったものの、どちらも大差で否決された。

ところが、ラクシー社のこうした動きが同じアクティビストのエリオット・アドバイザーズの目に留まった。この会社は、創業者の名を社名に用いた二五〇億ドル規模の米ヘッジファンドが英国に置く系列会社で、攻撃的なキャンペーンで知られていた。エリオット社は二〇一一年にアライアンス株を少量取得して、ラクシー社のキャンペーンを傍観した。英国の公共交通運営会社ナショナル・エクスプレスやスイスのバイオテック企業アクテリオンなど、ヨーロッパ企業数社に仕掛けたキャンペーンで手一杯だったからだ。

それでもその後数年、アライアンス社の運用実績が期待を裏切り続けるあいだも、エリオット社はアライアンス株を買い増していった。毎年、エリオット社のポートフォリオ担当者はアライアンス社の大株主と会って、業績改善のために何をすべきか意見を聞いた。二〇一四年はほぼ一年を通して、スコットランド独立をめぐる住民投票によって不透明感が広がったせいもあってアライアンス社の株価が低迷したため、エリオット社は株を買い増していった。二〇一四年末に持ち株比率が一二％に達して筆頭株主になると、エリオット社は本腰を入れて関わる時期がきたと判断した。

それまでの三年間、エリオット社の英国ポートフォリオ担当者のヨーナス・ライデルは、アライアンス会長カリン・フォルセクと二～三カ月おきに会って、運用実績と株価の改善、ならびに経費削減を促してきた。この頃、アライアンス株はその資産価値に対して一四％のディスカウント率で売買されていたが、同業他社は平均七％だった。エリオット社はフォルセクに自社株買いを強く求め、アライアンス社もその要求に従った。同時に組織の再編も行われ、株式投資チームは縮小された。

それでもなお、エリオット社は、アライアンス社取締役会が運用実績の改善とディスカウント率縮小に十分な取り組みを行っているとは思えなかった。二〇一四年一二月、ライデルはフォルセクに宛てた手紙で、その旨を伝えた。「われわれが、貴社取締役会にふさわしい新たな役員候補者の人選を始めていることをお知らせしても驚かないでほしい。われわれには、現取締役会が全株主の最大利益となるグループ全体の戦略的代替案を十分に検討しているとは思えない」と、ライデルは書いた。

それから数カ月間、ライデルとフォルセクは何度か書簡を交わしたが、ライデルは次第に、アライアンス社取締役会が業績回復のために立てたプランに関するフォルセクの回答に不満を募らせていった。

二〇一五年二月初旬、ライデルはエリオット社のチームとともに、アライアンス社の上級社外取締役アラステア・カーと話し合いをもった。ライデルによれば、アラステア・カーは定時株主総会後の懇親会を除けば、アライアンス社の株主と面談するのは今回が初めてだと言ったという。またカーの話では、同僚の非業務執行取締役は経営陣やフォルセクから送られてくる情報を通じてしか株主の意見を聞く機会がないらしい。それこそまさに、取締役会が非業務執行取締役および株主とまったく対話がないというガバナンス上の欠陥を抱えていることの証しであると、ライデルは思った。エリオット社は、取締役会の改革が不可欠だと判断した。

三月中旬、キャサリン・ガレット＝コックスやフォルセクとのミーティングに満足できなかったエリオット社は、対決姿勢を強めることにした。四月二九日に開かれる定時株主総会で選任される役員の候補者を三人擁立すると発表した。管理職スカウト会社のスペンサー・スチュアートが作成したリストには、ロンドンのシティーの大物三人の名前があった。リーガル・アンド・ジェネラル・インベストメント・マネジメントの前資産管理担当責任者ピーター・チェンバーズ、投資銀行SGウォーバーグの元幹部アントニー・ブルック、一九九〇年ドイツ銀行に吸収合併された投資銀行モルガン・グレンフェルの前役員ロリー・マクナマラである。アライアンス・トラストの定時株主総会まで残り六週間、委任状争奪戦が開始された。

個人株主の重み

エリオット社は不首尾に終わったラクシー社のキャンペーンを教訓にして、それとは違うアプローチをとった。まず、ラクシー社よりはるかに大量の株式を取得した。そうすることで多くの議決権を握れるばかりか、このキャンペーンに深く関与していることを他の株主にアピールできる。及び腰でないことがわかれば、彼らも筆頭株主のエリオット社を進んで支持してくれるだろう。次にエリオット社は、ラクシー社のときのように経営改革を要求せず、代わりに取締役会に代表を送り込んで、内部から企業戦略に影響力を及ぼそうとした。また、アライアンス社が最近行った幹部の採用についても、外部に募集をかけずに社内の候補者を選んだことを批判した。

さらに、取締役会の結束が強すぎて排他的であることも非難した。なかでもラクシー社へのキャンペーンと大きく違うのは、キャサリン・ガレット＝コックスの辞任をあからさまに求めなかった点である。アライアンス社の株主の大半は英国人であるから、押しの強い米国ヘッジファンドが、高く評価される英国人CEOを排除すれば黙っていないだろうという計算が働いたのだ。

エリオット社は数週間かけて委任状争奪戦の準備を行い、役員候補者リストを公表した。委任状勧誘代理会社のボウディッカ・プロキシー・コンサルタントと早々に契約を結び、アライアンス社の株主と連絡をとるための電話ホットラインを設置した。同時に、株主の支持を集めるためのキャンペーン用ウェブサイトImproveAllianceTrust.comも開設した。

アライアンス社は個人株主が占める割合が高かったので、両陣営とも、このキャンペーンがよくあるアクティビストとの熾烈な戦いとはかなり様相が異なることを承知していた。アライアンス株の七〇％は、五万にも及ぶ個人株主が保有していた。その大半が長期保有者で、何世代にもわたって一族で株券を引き継いできた者も少なくなかった。

個人株主はおもに三つのグループに分けられる。一つは記名株主で、普通、株券の現物を所有し、株主名簿に氏名と住所が記載されている。二つ目が、株式売買のみに責任を負う仲介業者の顧客。三つ目が、売買とともに投資の助言も行う投資一任型の運用業者の顧客である。

大半の企業では、議決に参加する個人株主の割合は大変低く、通常は二％足らずと言われる。とりわけ二つ目と三つ目のグループの株主は、株主名簿に記載されないので議決に参加することはまずなく、企業が連絡をとって参加を促すこともできない。

アライアンス株の七〇％は個人株主の保有だったから、委任状争奪戦の焦点は両陣営とも、ふだん議決に尻込みする株主の支持を拾い集めることに絞られた。「アライアンス・トラストの個人株主の多くは仲介業者の勘定の陰に隠れているので、名前や連絡先を入手するのは不可能ではないにしても、大変困難だった」と、エリオット社側のソリシターであるボウディッカ社の社長シェリル・キュイジアは語っている。

メディア合戦

エリオット社のキャンペーンの最初のつまずきは、デイリー・テレグラフ紙が役員候補者三人に利益相反の疑いありと報じたことだった。ピーター・チェンバーズは二〇一一年にアライアンス社の会長候補として面接を受けていた（その後カリン・フォルセクがこの職を得ている）。アントニー・ブルックは、アライアンス社の役員だった女性と結婚していた。ロリー・マクナマラには、以前アライアンス社をターゲットにしたヘッジファンド、ラクシー・パートナーズと密接なつながりがあった。

アライアンス社はこの機を捉えて攻勢に転じた。二〇一五年三月二〇日にロンドン証券取引所に行った申し立てでは、エリオット社は目先しか見ておらず、相当の利益を得られるうちに投資を回収して立ち去るために改革を求めているのだと主張した。エリオット社が何度か、発行済み株式の四〇％を、純資産に対して五％のディスカウント率で公開買い付けせよと提案してきたが、アライアンス社はそうしたやり方は長い目で見て有害だと答えて拒否したという。

「エリオット社が提案した解決策は絶対に受け入れられるものではなかった」と、そのときの申し立てでフォルセクは述べている。「それは、エリオット社が今後行う破壊的行動の前ぶれであると取締役会は考えた。いずれ株主という立場を離脱するための布石にすぎず、株主全体の利益にはならない」

それと同時にCEOのキャサリン・ガレット＝コックスは、コスト削減に努力した結果、アライアンス社はすでにわずかな予算で経営できる状態になったと言って、自分の立場を弁護した。低迷する業績についても、改善の方向にあると主張した。この頃には、アライアンス陣営もキャンペーン用ウェブサイトSupportAllianceTrust.comを立ち上げていた。

ところが、アライアンス社の攻撃的対応は当初、裏目に出たように見えた。四・四％の株を保有する大株主の一つである投資運用会社ブレイン・ドルフィンは、アライアンス社の「ひねくれたキャンペーン」戦術を批判した。グラスゴーのサンデー・ヘラルド紙の記事によれば、ブレイン・ドルフィンの投資責任者ジョン・ニューランドは、「われわれはアライアンス社のファンだが、他の人間の話に耳を傾ける用意もできている」と警告したという。

アライアンス社の株主に占める個人株主の割合がきわめて高いために、両陣営ともメディアを通じたメッセージの発信に力を注いだ。そのため、通常は舞台裏でひっそり行われることの多い英国流アクティビズムに比べて、はるかに人目を引くキャンペーンが展開されることになった。アライアンス社側のソリシターであるジョージソンのCEOカス・シドローウィッツは、宣伝の専門家が使う第三者《サードパーティー》テクニックと呼ばれる手法が多用されたことに驚いたという。キャンペーンに直接に関係なさそうな人が人前に出てきて、片方の陣営が有利になるような話をする手法である。ほとんどはキャンペーンの運営者の指示で行われる。「急に人がぞろぞろ出てきて、声高に一方の側の主張を称賛する。これまで英国で行われたものと比べて、このキャンペーンにはたくさんの関係者が利用された」と、シドローウィッツは言う。

二〇一五年三月の最終週、アライアンス社はいくつかの方面から批判を浴びた。公然と不満を述べたのは個人株主のロビー団体シェアソックで、エリオット社の候補者をろくに吟味せずに高圧的な対応をとったとアライアンス社を非難した。また、三年前にアライアンス社取締役会を追われたティム・イングラムは、その報復とばかりに株主に公開書簡を送って、エリオット社の三人の候補者を支持するよう呼びかけた。彼は書簡のなかでアライアンス社の「みじめな」運用実績を批判し、社外のファンドマネジャーを使っていればもっと良くなったはずだと述べた。さらにイングラムは、自分が辞めたときから倍増しているガレット＝コックスの報酬についても攻撃した。業績が低迷していた期間であるのに、CEO就任以来、ガレット＝コックスには六〇〇万ポンド以上が支払われたという。

過熱する票集め

四月に入っても両陣営の競り合いは続いた。アライアンス社は株主に何通かの文書を送って、投資先企業におけるエリオット社の実績を批判する一方で、自社の投資チームが過去半年のあいだに業績を回復させたことを強調した。その批判に対して、エリオット社は一二ページに及ぶ反論で応じた。さらに、キャサリン・ガレット＝コックスに狙いを絞り、彼女が二〇〇八年にCEOに就任してから六年間のうち五年は、アライアンス社の実績が同業他社を下回ったことを指摘した。

どちらの陣営にも様々な支持者が結集した。合わせて一・五兆ポンド以上の資産を運用する年金基金を顧客に抱えるコーポレートガバナンス関連のアドバイザー、PIRCの名でも知られるペンションズ・アンド・インベストメンツ・リサーチ・コンサルタンツが、ガレット＝コックスの役員報酬の問題でエリオット社側についた。PIRCは、定時株主総会でガレット＝コックスの役員報酬を否決するよう株主に呼びかけた。

またエリオット社の推す役員候補者は、アライアンス社の業績と経費に不満をもつ議決権行使助言会社ISSの後ろ盾を得た。ISSは、候補者がいずれもエリオット社とは縁のない独立した人物であることに満足し、取締役会に歓迎すべき要素を付け加えるだろうと述べた。同じ議決権行使助言会社であるグラスルイスは、候補者のうち、ピーター・チェンバーズのみに投票すべきだと株主に推奨した。他の二人は、「ガバナンスの問題」を抱えているという。アントニー・ブルックは別の企業の取締役会で報酬委員を務めた前歴があり、ロリー・マクナマラは別の仕事を多く抱えていてアライアンス社での職務に十分な時間を割けないことが懸念された。

同時期に、アライアンス社の前会長レスリー・ノックスはサンデー・テレグラフ紙に宛てた手紙で、エリオット社の推す候補者には反対票を投じる意図を明らかにした。エリオット社の投資計画期間は短すぎて、株主全体の利益にはならないという理由だった。アライアンス側には他に、第三位の大株主で、同じダンディーに拠点をもつDCトムソンが味方についた。コミック誌『ザ・ビーノ』『ザ・ダンディー』やスコットランドの新聞数紙の発行元で、アライアンス株を五・五％保有していた。

アライアンス社をめぐるキャンペーンと英国の総選挙がともに票集めに奔走する最終局面に入り、ビジネスと政治が並走する日々が続いた。スコットランド国民党党首のニコラ・スタージョンはキャサリン・ガレット＝コックスに手紙を書き、婉曲的にではあるがアライアンス社側を支持し、目先の利益しか考えないアクティビスト・ヘッジファンドへの懸念を表明した。さらに、食品・日用品大手ユニリーバCEOのポール・ポールマンや、航空・防衛企業BAEシステムズ会長のサー・ロジャー・カーなど、実業界の著名人数人もアライアンス支持にまわった。

だが、株主総会を翌週に控えた二〇一五年四月末、アライアンス社は大きな後退を余儀なくされた。合わせて四％の株式を保有する大株主の二社、アバディーン・アセット・マネジメントとリーガル・アンド・ジェネラル・インベストメント・マネジメントが、エリオット社支持をほのめかしたのだ。これでエリオット社は、アライアンス社大株主のほとんどの支持を取りつけたことになる。アライアンス社を支持するのは、ダンディーの隣人、DCトムソンだけになった。

大株主がどちらに票を投じるか、両陣営とも把握できる段階まで来た。だが、最大の議決権所有者——株式の三分の二を保有する五万の個人株主がどちらを支持するかはまだわからなかった。あるいは、議決に参加する気があるのかどうかも。

これも英国のアクティビスト・キャンペーンには異例のことだが、エリオット社は独自に株主名簿作成係を雇っていた。株主に委任状勧誘書類を送る際、記入済みの書類はアライアンス社ではなく、自社の名簿作成係宛てに送ってくれるよう依頼する。そうすることで、敵対的株主も定時株主総会前に個人株主の動向の大筋を把握できる。二つの陣営が相争う英国の議決ではこういう例はほとんどなく、普通はアクティビスト側の弱点になる。

定時株主総会の前日になると、僅差とはいえ、エリオット社が無視し難い支持を集めたことを両陣営ともに認めるところとなった。エリオット社は最後にもう一度妥協案を提示するために、アライアンス社を訪ねた。今度ばかりはアライアンス社取締役会も進んで取引に応じた。エリオット社がキャンペーンを終わらせる見返りに、アライアンス社はヘッジファンドの推す候補者二人を取締役会に受け入れ、さらに一人、独立取締役を加えるために人選を行うことになった。もっともエリオット社は、これがガレット＝コックスCEOと経営チームに与えられる「執行猶予」であると宣言した。年内に運用実績が改善しなければ、もう一度現状からキャンペーンを再開することになる、と。

シャンパンで二日酔い

翌二〇一五年四月二八日、ダンディーのガーダインシアターで開かれた定時株主総会で、株主はアライアンス社の経営陣をブーイングで迎えた。この現代的な建築の劇場に大挙して押しかけた個人株主は、買収が自分たちの利益になるかどうかを判断する機会を奪われたからだ。その多くが、六週間に及ぶキャンペーンに会社が使った費用が、宣伝活動や広報の専門家、仲介業者、アドバイザーへの支払いを含めて三〇〇万ポンドに達したという報告に耳を疑った。さらに株主の怒りを煽ったのは、新任の役員アントニー・ブルックが会場で発した「アライアンス・トラストについて知っているのは、新聞で読んだことだけだ」という言葉だった。

取締役会が妥協の産物として発表した和解案の内容を聞いて、株主の多くがこれは明らかにエリオット社の勝利だと思った。その後まもなく、エリオット陣営でヨーナス・ライデルを補佐して働いたポートフォリオ・マネジャーのマーク・レビンは、攻撃的キャンペーンで知られる米国のヘッジファンドが、表立った対決の少ない英国の企業社会にも適合できることを証明したとして賞賛された。ラクシー社によるキャンペーンを研究したレビンとライデルは、その際キャサリン・ガレット＝コックスが短期間で収益を得ようとするヘッジファンドの手法を批判し、相手をよそ者として嘲笑することで、多岐にわたる要求を巧みに退けたことを学んだ。そこでエリオット社はもっと巧妙な提案を行った。ガレット＝コックスの首を求めることはせず、低迷する業績を回復するために取締役会に新たな視点をもたらす候補者を擁立したのだ。そのおかげで、アライアンス社の主要株主をキャンペーンの味方に引き入れ、予想以上の数の個人株主からも支持を集められた。

「特定の方向への行動を強制することなく、現在の状況をもう一度考え直してみる必要があると説いたエリオット社のアプローチは多くの共感を呼んだ」と、エリオット社の広報コンサルタントを務めたカマルコ社の共同経営者エド・ガスコイン＝ピーズは言う。「資産運用会社を買収しようとするときは、攻撃的姿勢を控えることが大切になる。相手は長期保有型の投資を運用する会社だから、比較的穏やかで、周囲の状況を考えた買収をすべきなのだ」

もっとも、アライアンス社の敗北はビジネスウーマン・オブ・ザ・イヤーの選考には影響しなかったようで、ガレット＝コックスは株主総会の二週間後に賞を受けた。フィナンシャル・タイムズ紙によるる受賞後のインタビューで、彼女はこう語っている。「ビジネスの世界に生きる人間に浮き沈みはつきものです。大事なのは、その波にどう取り組むかです」

その後の数カ月、アライアンス社の運用実績は回復するどころか、落ちるばかりだった。中間決算はまったくの期待外れで、競合他社にも後れをとった。そのあいだ、エリオット社は持ち株比率を一四％に増やし、舞台裏から圧力をかけ続けた。二社間の合意によって、エリオット社は二〇一六年五月の定時株主総会までおおやけにアライアンス社を非難することを禁じられていたが、アライアンス社の株主や経営チームと非公式の面談を続けることの禁止は合意の条件にはなかった。

二〇一五年一〇月、ついにアライアンス社は白旗を揚げ、その一二七年に及ぶ歴史でも最大級の改革を行うと発表した。二〇％近い経費削減と、自社株買い戻しによるディスカウント率の縮小だった。さらにファンド運用部門を信託本体から切り離し、このまま業績不振が続けば、信託を監視する委員会が半年の通告期間をもって社内の投資チームを解散できるとした。

会長のカリン・フォルセクは声明のなかで、組織再編の一環として、取締役会は完全な独立性を保つために非業務執行取締役のみで構成されると明かした。これによってガレット＝コックスは役員の席を失い、さらに会社全体を統括するCEOの廃止に伴ってファンド運用部門の長に降格された。二カ月後、フォルセク自身も会長の座を退いた。

賞を受けてから半年とたたずに、ガレット＝コックスはヴーヴ・クリコの呪いの新たな犠牲者になったわけだ。

IV

結論

第11章　アクティビストの行進

にわか景気の米国

ここまで、近年世間を騒がせたアクティビスト・キャンペーンの詳細を一〇例ほど紹介してきた。それぞれの事例によってアクティビストの成功の度合いは様々で、取締役会の席を確保してターゲット企業内で大改革を行うこともあれば、金のかかる委任状争奪戦と買収戦争に一敗地に塗《まみ》れることもある。これまで見てきたターゲット企業側の対応もまた、にべもない拒絶から、攻撃側との親密な関係の構築まで様々だった。CEOが職を去り、役員が席を失うこともあったし、その一方で社員のレイオフや株主還元の増加、事業の分社化、さらには会社自体の売却を強いられることもあった。

紹介したキャンペーンの多くは本書執筆の過去五年間に行われたもので、その間にヘッジファンド・アクティビズムにもいくつか大きな変化が生まれた。投資家と企業の相関関係のかたちばかりか、アクティビズムそのものの将来にも憂慮すべき事態が生じている。この章では、どんな力が米国のアクティビストを取り巻く状況を形づくっているのか、今後アクティビストがどんな行動をとる可能性が高いのかを見ていきたい。そのあとで、これまでもたびたびアクティビストの拡大に肥沃な土地を提供すると見られていたヨーロッパやアジアで、アクティビスト・ヘッジファンドが影響力を広げていくのに、どんなチャンスがあるのかを考えていきたい。

内なる黄金を積み上げる

ここ五年ほどの米国のヘッジファンド・アクティビズムは、ゴールドラッシュを思わせる雰囲気に包まれている。多くの投資戦略が末端投資家への大きなリターンを実現することに失敗しているのに対して、アクティビスト・ヘッジファンドは数少ない希望の星となった。この期間、ごく少数のアクティビストによる目覚ましい成功例は、この分野全体の知名度を大きく引き上げた。これによってアクティビストに資金運用をまかせる投資家が増え、その結果、アクティビストの財力ともいうべき運用資産が大きくふくれ上がった。

二〇一二年以来毎年、この分野がヘッジファンド業界で一、二を争う業績を上げており、会社もその経営陣も、米国のビジネス界で広く知られる存在となった。

ヘッジファンドの行動を追っている調査専門会社ヘッジファンド・リサーチ（ＨＦＲ）によれば、アクティビスト・ファンドは二〇一二年に平均二〇・九％、二〇一三年には一六・一％の利益を上げたという。全ヘッジファンドの平均が二〇一二年は六・四％、二〇一三年は九・一％だから、それを優に凌駕した数字だ。同じく二〇一四年には、全ヘッジファンドの平均三・〇％に対して、アクティビスト・ファンドは六・六％、二〇一五年上半期は全ヘッジファンドが平均二・五％だったのに対し、アクティビスト・ファンドは五・三％の利益を上げている。

もっとも、いくら数字が目を見張るものであっても、それがすべてを物語っているわけではない。ＨＦＲのデータは、数年間で五〇〇〇万ドル以上の運用を行う七四社のアクティビスト・ファンドを追跡することで得たものである。したがって、ファンドでも比較的新しいものや小規模のものはデータに含まれていない。そうした新参ファンドのほとんどは評価も定まっていないし、ビジネス界の有力者とのつながりもないので、実効性で劣る場合が多い。ＨＦＲのデータは、いわゆる算術平均をもとにしたものであるが、利益の中央値はそれよりかなり低くなる。つまり、少数の特に成功したファンドが平均値を引き上げているのであって、ほとんどのファンドがそのレベルを下回る。パーシング・スクエア・キャピタル・マネジメントのファンドの一つを例にとれば、ビル・アックマンがアラガン社とハーバライフ社を相手に立てた功績のおかげで、二〇一四年は輝かしい年となった。四〇・四％という利益は、どんな戦略をとるヘッジファンドと比べてもひけをとらない、その年最優秀の業績と言えよう。また、もう一つの強力なヘッジファンド、バリューアクト・キャピタルは二〇〇〇年から一四年にかけて、手数料を差し引いて、年平均一七％の利益を得ている。

二〇一四年のパーシング社のように、アクティビストに特に好調な期間があると、アクティビスト・ファンド分野全体の平均利益を上げるだけでなく、この戦略への注目度も高まり、投資家がさらに多くの資金運用をアクティビストにまかせるようになる。ＨＦＲの指標となる七四のファンドは、二〇一五年中盤には合わせて一三〇〇億ドルを運用している。これは二〇一二年の運用額の二倍である。

こうした資本の流入は、ファンドの運用手段に大きな影響を与える。歴史ある最大手のアクティビストが、ふくれ上がる資金をうまく活用できなくなることもある。新たなターゲットを海外に求めるものもあれば、ファンドに流れ込む資金の上限を決める会社もあった。ジャナ・パートナーズなどは二〇一四年の春に、自社最大のファンドの解散を決めている。

資本流入がもたらすもう一つの結果は、新たなファンドの組成ラッシュである。北カリフォルニアでの金鉱発見が一八四九年に米国全土はもとより世界中の何十万もの探鉱者に合図の鐘を打ち鳴らしたように、アクティビスト・ファンドへの資本流入がこの分野への人の流入を促した。調査会社のアクティビスト・インサイトによれば、二〇一一年に行われたキャンペーンには世界で一一八のアクティビストが関与したという。それが二〇一四年には二九三、二〇一五年には三七八と増え続けている。ほとんどが規模のごく小さな組織ばかりで、この分野の資産の大半を握っているのはわずか十数の会社である。

新規のファンドの多くは、世間の注目を集めるアクティビストとともに働いてその技術を学び、独り立ちした人々が設立したものだ。ビル・アックマンの補佐役を務めた二人もそれぞれ自分で運用を始めている。スコット・ファーガソンは二〇一二年にパーシング社を離れてセイチェム・ヘッド・キャピタル・マネジメントを立ち上げ、ミック・マクガイアは二〇一〇年にマルカート・キャピタル・マネジメントを創立した。パーシング出身の二人は、どちらも三〇億ドル前後の運用を行っている。

一方、カール・アイカーンのかつての秘蔵っ子で、二〇〇八年にアイカーンによってヤフーの取締役会に送り込まれたことのあるキース・マイスターも、二〇一〇年末に自分のファンド、コーベックス・キャピタルを設立した。このファンドは最初の数年間で、ソロス・ファンド・マネジメントやブラックストーン・グループといった大手投資会社から集めたものを中心に、八〇億ドルの資産を運用している。これもアイカーンのもとから独立したアレックス・デナーは、二〇一三年にサリッサ・キャピタルを立ち上げている。さらに最近になると、第三の世代まで現れている。ニック・グラジアノはマイスターーとともにアイカーンの薫陶を受けたことのあるコーベックス社のパートナーだが、二〇一六年に自分のファンドを設立すると発表した。

もっとも、ヘッジファンドの社員だけが新ファンドを立ち上げているわけではない。少ないとはいえ、アクティビストがどんなやり方をして、どれほど大きな成功を収めるのかを目のあたりにし、自分にもチャンスがあると考えたアナリストや弁護士、銀行員も参入している。たとえば、長年JPモルガンでM&A案件の提案や仲介を行ってきた二人、ダグラス・ブラウンスタインとジェームズ・ウールリーは、二〇一五年一月にハドソン・エグゼクティブ・キャピタルなる会社を設立した。二人は、企業の経営幹部や役員と一緒に仕事をした経験を活用して、これまで以上に建設的なアクティビズムのかたちを生み出したいと語っている。

近年のアクティビスト・ファンドへの資本流入がもたらしたものの一つに、アクティビストのターゲットになる企業がだんだん大きくなっていることがある。初期のアクティビストはターゲットを中小企業に限定していたが、いまは一流優良企業を狙うケースが増えてきた。ファクトセットがまとめたデータによれば、二〇一一年の米国でアクティビストがターゲットにした企業の株式時価総額の平均値は一億九三〇〇万ドルだった。それが二〇一三年には四億七五〇〇万ドル、二〇一五年には七億七五〇〇万ドルまではね上がっている。

ここ何年かで最も資産を増やしていると思われる古参のアクティビストは、さらに大きなターゲットを狙うよう背中を押されている。二〇一五年一〇月、デュポン取締役会の席を取り損ねて数カ月もしないうちに、ネルソン・ペルツはトライアン・ファンド・マネジメントがゼネラル・エレクトリック（GE）の株式二五億ドル分を取得したと発表した。要するに、米国の巨大コングロマリットの一%を所有したわけである。相手は、アイカーンが仕掛けたアップル、バリューアクト社のマイクロソフトに次いで三番目に大きいターゲット企業であり、トライアン社にとっても会社史上最大の投資だった。

同時に、もう少し歴史の浅いファンドが大手企業に対する大胆なキャンペーンを行って名を上げようとする例も見かける。獲物が大きければ評価は急上昇するし、資本の流入のきっかけになる可能性もある。激しく乱立する分野だけに、大がかりなキャンペーンに参加しただけでも知名度を上げる助けになる。何種類かの戦略を並行して行っているヘッジファンドも、ときにはアクティビスト・キャンペーンに手を染めることがある。その結果、あとからカリフォルニアのゴールドラッシュに駆けつけたアマチュアの探鉱者のような経験の浅い参入者が増え、その多くが失敗を味わう。キャンペーンの資金を集めるのに苦労する者もいれば、お粗末なターゲット選択をして、金のかかる委任状争奪戦で一敗地に塗れる者もいる。

アクティビストが管理する資金は二〇一一年から倍増しているとはいえ、彼らのターゲットは中位の企業でもその四倍の企業価値をもつ。したがってアクティビストが大きな獲物を狙えば、取得できる株式の比率はそれだけ低くなる。ファクトセットによれば、二〇一一年にアクティビストが保有するターゲット企業の持ち株比率は平均一〇・三％だったのに、二〇一五年には同八・一％まで減少している。

こうした傾向もあって、アクティビストがターゲット企業の株式の五％未満の保有でキャンペーンを始めるケースが増えている。こうすれば、アクティビストは企業に相応の投資をしたことになり、経営トップや管理職に改革を提案することができる一方、米国証券法にもとづく13D報告書の提出を行わなくてもすむ。バリューアクト社やジャナ社がマイクロソフトやウォルグリーンズ社に仕掛け、どちらも一％以下の持ち株で取締役会の席を手に入れたキャンペーンがヒントになり、他のヘッジファンドも同様の行動を試みるようになった。ファクトセットによれば、二〇一一年にアクティビストが五％未満の持ち株で始めたキャンペーンは六三だったが、二〇一五年には九カ月間で一一五も行われたという。現在行われている全キャンペーンの四分の一近くが、ターゲット企業の株式五％未満で始められている。

どんなに規模が大きく、収益が高い企業でも、アクティビストの監視の目を逃れることはできないのだ。

平和の勃発

バリューアクト社のマイクロソフトに対するキャンペーンは、これほど大きな企業を狙ったときにアクティビストがどう行動するかの事例となっただけでなく、ターゲット企業にとっても攻撃してくるアクティビストにどう対処するかのヒントになった。新任CEOの足場を固めると同時に、不満を抱く株主をなだめる必要のあったマイクロソフトは、メイソン・モーフィットを取締役に選任することで、ダメージの大きい委任状争奪戦を回避した。

近年は和解で終わるケースが大変増えている。ファクトセットによれば、二〇一一年に米国で行われたアクティビスト・キャンペーンの三分の一（三五・一％）が、ヘッジファンドと企業の手打ちで終わっている。二〇一五年には、それが半数を超えた（五一・七％）。取締役会の多くが、スターボード・バリューとの戦いで一掃されたダーデン・レストランツの役員の運命を目のあたりにして、委任状争奪戦をして傷を負うより、アクティビストと和解し、取締役の席を一つか二つ譲ったほうが苦労がないと考えたのだ。

和解をするまでの期間も短くなっている。アクティビスト・インサイトの調べによると、アクティビストが最初に意図を明らかにしたときから取締役会と休戦になるまでの平均期間は、二〇一〇年には八三日だったのに対して、現在は五六日になっている。カール・アイカーンは、二〇一五年八月に要求を出してからわずか一八日後にシェニエール・エナジーの取締役会に二つの席を手に入れた。同じ夏、ネルソン・ペルツは、トライアン社がシスコシステムズの株式を七・一％買い集めたことを公表した六日後にシスコ社の取締役会の席を二つ確保することができた。

和解までの期間の短縮は、取締役会側が進んで譲歩するようになったことだけでなく、アクティビストが13D報告書を提出する前にターゲット企業との交渉を始めようとする傾向が強まったことを示している。たとえばバリューアクト社のジェフリー・アッベンは、二〇一五年九月に21世紀フォックスの取締役会に招じ入れられる一年近く前から、経営陣に名を連ねるルパート・マードックCEOの一族と知り合いになる努力を行ったという。

アクティビストの企業との接し方にも変化が生まれている。公開書簡は他の株主の支持を得るために考え抜かれたものになり、以前よりとげとげしさが大幅に薄れ、対決姿勢も弱められた。喧嘩を売るような調子が鳴りを潜めたことで、ターゲット企業と建設的な話し合いができるようになった。

和解が増えたもう一つの理由に、取締役会側の防衛戦術の進化がある。敵対的役員候補者のリストを突きつけられたとき、取締役会によっては、その候補者の一人ないし二人は協働しやすい相手だと判断する場合がある。防衛意識の高い企業は交渉の一環として、株主の議決によって内紛の種になる候補者が選出される危険を冒すよりは、協働が可能と見られる候補者を受け入れる妥協案を出すことがある。第6章で見たように、デュポン社はトライアン社の候補一人ないし二人を受け入れる妥協案を出したが、ネルソン・ペルツだけは拒否した。結局、双方は妥協点を見いだすことができず、ペルツはあと一歩で株主によって役員に選出されるところだった。

いくつかの極端なケースでは、アクティビストの攻撃にとうてい耐えられないと判断した取締役会が、提携が可能な信頼できる別のアクティビストと連絡をとり、自社に投資を行うよう要請する場合もある。アクティビストを取締役会に入れなければならないのであれば、せめて自分たちで人選したいという思いから発した戦術である。これまで建設的かつ長期的な視野で投資を行ってきたアクティビストを選べば、役員たちとはほとんど共通点をもたないアクティビストの攻撃から身を守る助けになってくれるだろう。それも、自社の大株主に評判の良いアクティビストであればもっといい。

もっとも一般に、取締役会は以前のようにアクティビストに対して木で鼻をくくったような態度をとらなくなった。アクティビストやそのリストにある候補者が、取締役会に新鮮な視点と経験をもたらす可能性があるからだ。それに、彼らが自社の大株主と親密な関係にある場合は、株主たちが何を考えているかを知るための手がかりを提供してくれるかもしれない。もし企業戦略に関する問題でアクティビストと見解の相違があれば、相手を取締役会に参加させて、他の役員と同じく企業秘密を知る権利を与えたほうが、自分たちの考えをアクティビストに理解させるには得策であると考える取締役会が増えている。

和解が増えた理由にはもう一つ、アクティビストと協働することに、役員や経営陣が慣れてきている点がある。過去に良い結果に終わった経験があれば、もう一度アクティビストやその仲間とともに働くことにさらに抵抗を感じなくなるだろう。

もっともコーポレートガバナンスの専門家のなかには、振り子があまりにも大きく揺れて、取締役会が席を譲ったり、要求をのんだりして、アクティビストとの和解に積極的になりすぎていることに不安を抱く者もいる。それほど大きな持ち株もないアクティビストの影響力を増大させれば、会社の経営がそうした小株主の目的や投資期間に合わせたものになりかねず、株主全体の利益がおろそかにされる危険が生じる。

和解が増えることで、委任状争奪戦が行われるケースが減少している。その結果、キャンペーンが株主議決まで行けば、会社側が勝つ確率が高くなった。アクティビストが有利であれば、会社側は和解に持ち込もうとするからだ。議決権行使助言会社ＩＳＳの調べでは、二〇一四年一年間にアクティビストが委任状争奪戦に勝った事例は六七％だったのに比べ、二〇一五年上半期は四六％に下がっている。

血で血を洗う、大接戦の委任状争奪戦は過去のものになったのだ。

友だちのふりをした最高の敵

アクティビストの力の源泉はふくれ上がる資産だが、彼らが米国の役員室で影響力を増しているもう一つの重要な要因は、大手機関投資家との緊密なつながりである。この巨大な有力株主は当初アクティビストには懐疑的だったが、近年は積極的に支援するようになっている。ミューチュアルファンドや年金基金といった機関投資家とアクティビストの親密な間柄を見て、自分たちが孤立無援で無防備な立場に置かれていると感じる取締役会は少なくない。

そうした流れを如実に示しているのが、金融情報提供会社モルガン・スタンレー・キャピタル・インターナショナル（ＭＳＣＩ）の取締役会に代表を送り込もうとしたバリューアクト社の試みだった。バリューアクト社は二〇一二年一〇月に株式の取得を始め（最終的には八・三％の持ち株に達した）、一年後に取締役会の席を一つ渡すよう要求した。ＭＳＣＩが拒否すると、二〇一五年一月にバリューアクト社ＣＥＯのジェフリー・アッベンはＭＳＣＩの筆頭社外取締役ロドルフ・バリーに書簡を送って、自分の要求が拒絶されたことに憤りを感じると書いた。

アッベンはその書簡をこう締めくくっている。「貴社取締役会は経営陣やアドバイザーを通さず、直接、貴社の大株主と接触をもつことを強くお勧めする。経営陣の業績はもとより、貴社のガバナンスの大きな変化についても、彼らがどんな意見をもっているか耳を傾けるべきだ。変化のなかには、バリューアクト社の代表の取締役会への参入、社外取締役の構成の変更などが含まれる」

三週間後、大株主たちと話し合ったＭＳＣＩはアッベンに回答を送った。ＭＳＣＩはアッベンを取締役会に受け入れたばかりか、さらに二つの席をバリューアクト社に与えるという。この劇的とも言える譲歩は、有力なアクティビストと機関投資家の関係がどれほど強いものかを如実に物語っている。

アクティビストと機関投資家は長年、つかず離れずの関係を結んできた。リレーショナル・インベストメンツやナイト・ビンクなどいくつかのアクティビストは、もともとカルパースはじめ、ヘッジファンドに創業資金を出資する年金基金の支援を受けていた。それでも、おしなべてアクティビスト・ヘッジファンドと機関投資家が協調して動くことはごく稀である。そのおもな理由の一つは、機関投資家は自分たちがヘッジファンドと一蓮托生にあると見られ、出資企業にポイズンピルを発動されるのを恐れるからである。大手投資家はまた、短期的な利益しか考えていないと思えるアクティビストを警戒しており、彼らがおおやけに企業を非難する行為は、内輪で企業と関わりをもつことを好む自分たちの手法とは相反すると考えがちだった。

だが、企業側がポイズンピルを使わなくなり、アクティビストが大手の資金運用機関に提案を行うようになると、アクティビストと機関投資家の関係は改善された。アクティビストは長期的な株主価値の創出を要求に加えたり、ターゲット企業の明らかなガバナンスの欠陥に的を絞ったりして、機関投資家の気に入るかたちのキャンペーンを行うようになった。

同時に大手機関投資家は、年金基金の加入者や個人投資家といった基金の投資元から、自分たちが投資する企業の説明責任を強化せよと迫られていた。実質本位の上場投資信託など費用の安い投資商品の台頭があり、ファンドマネジャーは自分たちのとる高い手数料に見合う価値のある投資を行っていることを示す必要もあった。

米国最大の資産運用会社ブラックロックなど一部の運用会社は、投資先企業の取締役会や経営陣との協調を図るために、コーポレートガバナンス・チームに大きな費用をかけている。チームはアクティビストとの話し合いの場も設定する。投資先企業が適正な対応をしていないと判断した機関投資家は、その不満をアクティビストのキャンペーンを応援して表明することもある。アクティビスト・インサイトの調べでは、ゴールドマン・サックスは委任状争奪戦の約三分の二でアクティビストの支持に回っているという。キャピタル・グループやJPモルガン、フィデリティ投信は争奪戦の半分以上で、ブラックロックも三分の一以上でアクティビストを支持している。

もっとも、そうした状況も変わり始めている。いまや取締役会は、機関投資家と強力な関係を結ぶことにこれまで考えられなかったほどの力を注ぐようになった。会長や筆頭社外取締役、上級管理職が多忙な定時総会前の時期に、アクティビストに先回りされないよう積極的に大株主と会う機会を増やしている。

つまりアクティビストは、図らずも取締役会の大株主に対する説明責任意識を高める役割を果たしているわけだ。もしそうした企業側の努力が続けば、アクティビスト側は緊張状態を生み出して利用することが難しくなるかもしれない。

ヨーロッパの水面下で

長いあいだ、英国およびヨーロッパ諸国で成功を収めるためにアクティビストは様々な可能性を追求してきた。アクティビスト・ファンドの数が増え、そこへ流れ込む資本がふくれ上がっていくのを見て、多くの論者が米国にはその資本を注ぎ込むのにふさわしい企業が十分な数あるのだろうかと疑い始めた。そうなると、次に新しいターゲットを探しに出向く場所は、当然のことながらヨーロッパということになる。

ごく稀ではあるが、米国の大手アクティビストがヨーロッパの企業にゴリ押しの提案を行って、すわ米国によるヨーロッパ上陸作戦の開始か、と大見出しになることがある。そう疑われるのは、ヨーロッパの企業が表向き米国企業とよく似ており、同じ資本市場で事業展開しているためである。投資事業のグローバル化によって、両地域にまたがって投資を行う事業体も少なくない。ヨーロッパ企業のもう一つの魅力は、英国を筆頭に、大量の株式が売買されている点である。そのおかげで、アクティビストは注目を浴びずに株式を取得できるし、事がうまくいかないときは売却もできる。

だがこれから見ていくように、ときおりアクティビストが意を決して大西洋を渡っても、現地の同業者との激しい競争に直面するばかりか、企業文化の違いによって、提案を行っても母国よりはるかに冷たく迎えられる場合が多い。

英国のアクティビズム——やがて来るだろう、おそらく

米国と同じアングロサクソン系の英国は、ヘッジファンド・アクティビズムが育つ次の苗床であるとさかんに吹聴されてきた。ところがこれまでのところ、その予言は実現していない。英国におけるアクティビストの公開キャンペーンの数は、ここ数年ほぼ一定してはいるが、むしろ減少傾向にある。アクティビスト・インサイトによれば、二〇一二年には三八の公開キャンペーンが行われた。それが、二〇一三年には二七、二〇一四年には二一、二〇一五年には二四に減っている。

その半分以上を英国のアクティビストによるキャンペーンが占めており、成功の確率も海外の競争相手より高い。アクティビスト・インサイトの調べによると、二〇一〇年から一五年のあいだに行われた一六三の公開キャンペーンのうち、部分的にせよ成功を収めた比率は、国内のアクティビストによるものが六四・九%、海外のアクティビストによるものが四八・七%だった。

なぜ米国流アクティビズムが機能しないのか、なぜ近い将来も機能しそうもないのかという疑問には、いくつかの現実的な答えがある。まず何より、英国企業の株主は米国企業の株主と比べてはるかに強い権利をもっているので、アクティビスト・キャンペーンを打ったり、それを支持したりする動機に欠けるという点がある。

二〇一五年から一六年初頭にかけての株主総会シーズンの米国企業に関わる最大の話題は、プロキシー・アクセスの制度化だった。これは、一定数の株式（普通は三%）を保有する株主には、一定期間（約三年）会社側が送付する委任状勧誘書類に、定時総会への株主提案として一定程度（約四分の

一）の役員候補者を記載できるとした規則である。米国企業はすぐに、この規則を株主の圧力に追従するものと位置づけた。もっとも、行使されるのは稀だとしても、英国企業ではすでに類似した措置が広く採用されていた。

英国の上場企業の株主は、自身が（あるいは株主グループの一員としても）企業の五％の株式を保有していれば、取締役会と株主の全体会議を招集する権利をもっている。米国の企業では、これは全企業に共通する権利ではない。なかにはそうした規定を設けているところもあるが、投資家が会議を招集するために越えなければならないハードルは英国に比べてはるかに高い。

さらに言えば、アクティビストが英国でなかなか成果を上げられないのには、強力な文化上の理由がある。株主に多くの権利が与えられていることもその一つではあるが、英国企業の取締役会が大株主たちときわめて密接な関係をもっている点が大きい。米国の取締役会に比べて、はるかに頻繁に定期的な会合をもち、電話で話し合っている。英国やヨーロッパ大陸に広く行き渡ったビジネス文化は、公然とした対決をできるだけ避ける傾向がある。振る舞いの派手な米国のアクティビストは、いつのまにか英国企業の投資家から孤立しているのに気づく。自分たちのやっている取締役会叩きや経営陣叩きが、企業の株価のためにならない有害な行為と見なされているからだ。

国内のヘッジファンドであれ海外の子会社であれ、英国でもアクティビストの活動は行われているのだが、企業との話し合いは大学内での交渉のようで、非公開で行われる場合が多い。第10章で見たように、エリオット・アドバイザーズは英国の文化風土に合うようにアプローチの仕方を変えている。対決姿勢で始まり、13D報告書の公開提出、CEOと取締役会に宛てた舌鋒鋭い書簡へと続く米国流のキャンペーンと比べて、英国のアクティビズムはだいたいが互いによく知り合った者同士の穏やかな議論から始まる。公開キャンペーンがとても少ないのはそのためで、内輪で行われる英国のアクティビズムでは多数派になり得ない。

それでも例外はある。ロンドン生まれで、のちにニューヨークに拠点を移した（それでもまだコーヒーより紅茶を好んでいる）エドワード・ブラムソンは、英国企業に公開で喧嘩を売ることで知られている。もっとも従来の米国のアクティビストとは違い、ブラムソンのシャーボーン・インベスターズは普通、一度に一つの企業しかターゲットにしない。その企業の株式を取得して最大株主になるまでは、キャンペーンを始動しなかった。通常は自分自身が取締役に選出されるよう働きかけるが、会長を目指すことも少なくない。

二〇一一年、ブラムソンは英国第四位の大手資産運用会社F&Cに対するキャンペーンを成功させた。一九%の株式を買い集めたあと、自分が取締役会に入ることを要求し、結局会長に就任した。勢いづいたブラムソンは続いて未公開株式投資会社スリーアイ（3i）グループとエレクトラ社に対して公開キャンペーンを行った。エレクトラ社の取締役会の席は手に入らなかったが、ブラムソンは二〇一五年にさらに働きかけを強め、エレクトラ社の株式を三〇%近く取得し、言葉を武器に公開戦争を行った。彼は僅差で戦いに勝利して取締役会の席を獲得、エレクトラ社の会長を辞任に追い込んだ。

おもに小規模企業に狙いを定める英国のアクティビスト・ヘッジファンド、クリスタル・アンバーもまた、英国のアクティビズムの慣習に逆らって、近年何度も新聞の見出しになった。二〇一〇年と一五年の二度にわたって、ジェームズ・ボンドが主役の映画シリーズで知られるパインウッド・スタジオの株式を大量に保有して、会長のマイケル・グレードの退任を迫った。クリスタル・アンバー社はまた、アイルランドの航空会社エアリンガスと老舗チョコレートメーカーのソーントンズにも改革を求めた。だが何より話題となったのは、二〇一四年一二月に他の海外投資家と共同でスーパーマーケット・チェーンのセインズベリーに仕掛けた公開キャンペーンだった。この件によってクリスタル・アンバー社の知名度は大いに上がった。

こうした公開の小競り合いという例外はあるものの、内輪の恥がおおやけにさらされるのを嫌う英国の株主の性向を考えれば、衆目を集める対決はあくまで例外であり、主流にはなり得ないようだ。

ヨーロッパ大陸の参入障壁

英国が米国流アクティビズムにあまり機会を提供しないと言っても、ヨーロッパ本土にはそれに輪をかけて不吉な兆候しか見えてこない。アクティビスト・インサイトの調べでは、二〇一〇年から一五年にかけてヨーロッパ大陸諸国では一二一の公開アクティビスト・キャンペーンしか行われていない。同時期に英国でも一六三、米国ではおよそ二五〇〇のキャンペーンがあったのとはまさに対照的である。

ヨーロッパ大陸のビジネス文化も英国と同じく節度を重んじており、投資家はあからさまな敵意を示すことにためらいを覚える。もっとも、アクティビズムの不在は、企業の所有形態に大いに関係がある。たとえばドイツでは、二〇一五年までの五年間に国内で二八回の公開アクティビスト・キャンペーンが行われているが、公開会社を保有しているのが創業者一族である場合がきわめて多い。古くから株式持ち合い制度が発達しており、外国企業の乗っ取りを防ぐために企業が互いに株式をもち合っている。この慣習を終わらせる試みはこれまで何度も行われてきたが、いまでもそれがアクティビズムを拒む障壁になっている。

アクティビストが乗り越えなければならないもう一つの障壁は、ドイツの取締役会の二重構造である。上部には監査役会があり、ドイツの法律でメンバーの半分は社員、もう半分は株主で構成されるよう定められている。その下に執行役会があって、会社の経営方針に直接影響力を行使する。アクティビストも監査役会のメンバーにはなり得るが、会社の経営にもっと大きな影響を及ぼす執行役会には参加できない。そのために、膨大な資金力をもち、利益の伸び率や株価パフォーマンスで世界のライバル会社に後れをとっている企業が少なくないのに、ドイツ企業に挑戦する大胆なアクティビストはほとんど現れない。

とはいえここ数年、少ないとはいえ一か八かの運試しをする例もある。二〇一五年一月に、米国企業サウスイースタン・アセット・マネジメントがスポーツ用品大手アディダスの株式を買い集めたのをはじめ、二〇一四年にはスウェーデンのアクティビスト、セビアン・キャピタルがドイツ鉄鋼大手のティッセンクルップの株式を一六％取得して取締役会の席を手に入れた。もっとも、セビアン社はティッセンクルップの株式の六分の一をもっていたにもかかわらず、取締役会の二〇の席のうち一つを得ただけだった。ドイツ最大手の企業はどこも、アクティビストに目をつけられるのを避けるために、自社株買いや増配を行ってこうした動きに応じている。企業側はまた、法律事務所や投資銀行と契約して、ターゲットにされた場合に備えている。

国境を越えたフランスでは、アクティビスト・インサイトによれば、二〇一〇年から一五年にかけて一九のアクティビスト・キャンペーンが行われている。なかでも注目を集めたのは、米国のアクティビスト、P・ショーンフェルド・アセット・マネジメントが二〇一五年にメディア大手のビベンディの株式〇・八％を取得、株主還元を増やすように要求したケースだ。ビベンディ社の会長および筆頭株主であり、かつては企業乗っ取り屋として鳴らしたバンサン・ボロレは、アクティビストの前進を阻むために、一族で保有する株式を一二％まで増やした。結局ボロレは増配を行うことに同意して、株主の議決権行使を回避した。

ビベンディ社をめぐる争議におけるもう一つの問題は、二〇一四年に制定されたフランスのフロランジュ法の導入である。この規定は、三分の二以上の反対がない限り、企業が二年以上自社株を保有する株主に、短期保有株主の二倍の議決権を与えることを許している。また、それまでは使えなかったポイズンピルを企業が使うことができるようにもなった。この二つの措置は、短期保有中心の株主を無力化し、フランスの企業を乗っ取りから守るためのものである。アクティビストがこの二段階株主制度をもつフランス企業をターゲットにして成功するためには、インデックス型投資信託や年金基金といった長期保有型株主とうまく協調する必要がある。もっとも、フロランジュ法のために企業買収にかかる期間が長引くことで、思いどおりに行かない買収案件を途中で放り出す機会をアクティビストに与えてしまう、と主張する者もいる。

イタリアとスイスはどちらも近年、ほんのひと握りのアクティビスト・キャンペーンの舞台になっている。おもなターゲットの一つになったのはスイスの大手銀行ＵＢＳで、二〇一四年と一五年にナイト・ビンクが狙いをつけた。もっとも全般的に見て、同族支配の企業が過剰集中していて結束の強いイタリアとスイスの実業界だけに、この二国の企業はアクティビストにすれば扱いにくいターゲットと言える。

北欧もまた、海外のアクティビストには決して都合のよい狩場ではない。それでもヨーロッパ最大で、最も成功しているヘッジファンドの一つ、スウェーデンのセビアン・キャピタルは一五〇億ドルの資産を運用している。経営者クリスター・ガーデルの采配のもと、このヘッジファンドは企業の筆頭株主になるために、ときには三分の一にも達する大量の株式を購入する。セビアン社が活動する北欧では、長期にわたって投資を行うことを明確にすれば、企業は筆頭株主に取締役会の席を一つ提供するのが慣習となっている。セビアン社は同時に一五ほどの企業に投資し、四年から五年のあいだその立場に留まることを目指す。ただしガーデルは、企業に公然と戦いを仕掛けたことは一度もない。ヨーロッパを拠点とするアクティビストの大半と同じく、舞台裏で企業に影響力を行使するのを好んでいるからだ。

今後もヨーロッパは冒険好きな米国のアクティビストの関心を引き続けるだろうが、その複雑怪奇な構造と、あからさまな対決を嫌がる体質の特異な市場を受け入れる覚悟のないアクティビストは、成功にはいたらず挫折するだろう。

アジアの門戸はほんの少し開いている

ヨーロッパ同様、アジアでアクティビストの公開キャンペーンが行われるのは稀である。アジアの企業の多くは個人か一族による閉鎖的な支配が行われているうえに、大手投資家が騒動を起こすことはほとんどない。海外のヘッジファンドがアジア企業に仕掛けた数少ない活動を見ても、押しの強い戦術はCEOや役員を大変丁重に扱う企業文化のなかでは不評を買うことが多かった。とはいえ、アジア企業が将来のアクティビスト・キャンペーンの最上のターゲットになる可能性を示す兆候は、わずかだが見られる。

ヨーロッパの株主の権利が米国よりも強く、そのために「波風を立てる」アクティビストの需要が少ないのに対して、通常アジア企業の投資家の権利は米国よりも制限されている。コーポレートガバナンスの面で、概してアジア企業はヨーロッパや米国の企業よりはるかに遅れている。ガバナンス調査会社GMIレーティングス（のちにMSCIに買収された）による重要な調査のなかに、先進国市場と新興市場合わせて三八の市場を、企業のガバナンス実施の質にもとづいてランク付けしたものがある。上位一〇位までは、ヨーロッパと北アメリカ諸国、それにオーストラリア、ニュージーランド、南アフリカが占めている。だが、アジアの四大経済国、中国、日本、インド、韓国はそれぞれ、三四位、三五位、二〇位、二八位となっている。

アクティビストは他の株主と共有する不満を巧みに利用し、企業のガバナンスの欠陥を糧《かて》にして繁栄する。したがって、ガバナンスに問題の多いアジア企業は有望なターゲットと見なされることがよくある。アジアの国の多くではいまのところ実行される頻度は低いが、将来アクティビズムが受け入れられる可能性を高める変化が進行中の二つの国に注目してみよう。日本と韓国である。

ヘッジファンド出づる国

日本の首相、安倍晋三は、二〇年以上続く自国の景気低迷を逆転させるには、海外の投資家の目を引きつける企業にすることが必要だと主張した。それを実現するために、自己資本利益率（ＲＯＥ）として知られる投資家の資本から生まれる利益を増やし、取締役会の経営方法を改善するよう企業に奨励した。

手始めとして、二〇一四年に機関投資家の行動指針（日本版スチュワードシップ・コード）を導入し、投資先の企業にもっと説明責任を果たさせるよう投資家をけしかけた。指針では、議決権行使の方針と、いかに行使したかを詳細に開示するよう投資家に求めている。そうすることで、特に問題が起きたときなどに、投資家が投資先企業の戦略と業績に建設的関与をするよう仕向けているわけだ。これまでのところ、二〇〇社ほどの機関投資家がこの行動指針を導入している。最初に導入したうちの一つは、一兆三〇〇〇億ドルの資産を運用する世界最大の年金基金、年金積立金管理運用独立行政法人（ＧＰＩＦ）だった。日本の株式の三〇％以上を保有する海外の機関投資家もまた、この指針を受け入れている。

安倍晋三の次のプランは、企業そのものに焦点を絞ったものだった。二〇一五年六月、金融庁と東京証券取引所は共同で、コーポレートガバナンス・コード（企業統治指針）を導入した。その目的は、日本企業の取締役会の機能を米欧企業に近づけることである。そこでは少なくとも二人、独立社外取締役を選任し、経営トップの報酬や後任選びの討議に参加させることが企業に求められた。この指針はまた、取締役会が自社の株主と意思疎通をすることも奨励している。

この二つの指針によって、アクティビストが増殖する土壌がつくられた。これらの指針は株主の当事者意識をさらに活性化させる環境を創り出しただけでなく、日本企業がガバナンス遂行や責任のとり方を改善するよう期待されていることを明瞭に示した。

その一方で、安倍は日本経済の通貨供給を増加させ、円安に導いた。これは日本の株価、特に輸出産業の株価を上げるためのものだった。その結果、日本企業は景気低迷時よりはるかにアクティビストに狙われやすいターゲットになった。

日本のデフレがこれほど長引いたのは、企業が莫大な資金を使わずに貯め込んだせいでもあった。現在、日本の国内総生産（GDP）の四〇%に相当する額が企業のバランスシート上に留め置かれている。だがふたたびインフレ傾向に転じたのを見た安倍は、日本企業が報酬の引き上げだけでなく、増配や自社株買いで資金を日本経済に還元することを望んだ。それがひ弱な経済の刺激剤になると、彼は信じた。

そうした経緯から安倍は、株主還元を増やすよう企業に圧力をかけるアクティビストを歓迎した。安倍と、強硬な対決姿勢で知られるサード・ポイント社のダン・ローブとの好奇心をそそる同盟が形成された。ローブは安倍だけでなく、麻生太郎財務相や黒田東彦日本銀行総裁とも面会している。彼はそれを、日本企業のバランスシートに貯め込まれた現金の山を狙ってほしいというゴーサインと受けとめた。

日本の企業をより開かれたものにしようとする安倍の努力の効果が初めて試されたのは、二〇一五年初頭だった。ローブは、サード・ポイント社が世界最大のロボット・メーカーで、株式時価総額で日本第一〇位に位置するファナックに相当額の投資を行ったと発表した。ローブはファナック社の売上高営業利益率が四〇%に達し、今後の世界的なロボット需要の伸びを考えれば絶好の立場にあると賞賛した。ただし、八五億ドルの現金を保有した無借金経営は「非論理的」資本構成であるとして、自社株買いを行うよう促した。

ファナック社は、必ずしもローブ向きのターゲットではないように見える。変化に抵抗し、守りに徹する日本企業の典型とも言えるからだ。一九七〇年代に富士通から独立し、以来、個性的な創業者、稲葉清右衛門とその息子が閉鎖的な経営を行ってきた。長年、株主はぞんざいな扱いを受け、経営陣からの情報伝達は四半期ごとの最新情報に限られた。だが二〇一五年時点では、発行済み株式の半分以上を海外の投資家が所有していた。

三月になると、ファナック社は投資家向け広報活動を担う部門を開設し、国内、海外双方の投資家への情報伝達を改善すると発表した。また、株主への配当を税引き後利益の三〇%から六〇%へ倍増することも明らかにした。ファナック社は、これはサード・ポイント社の要求に応じたものというより、新しいコーポレートガバナンス・コードに見合う措置であると言っているが、ダン・ローブの意向に沿うものであることは認めている。このこと自体、米国のアクティビストにとっては大勝利と言っていい。ファナック社に対するキャンペーンに勇気を得て、サード・ポイント社はそれからまもなく、日本の自動車メーカー、スズキと、続いて小売り大手のセブン&アイ・ホールディングスへの投資を発表した。

日本企業を集中して狙うまでは、サード・ポイント社の実績は成功から失敗まで様々だった。二〇一三年、サード・ポイント社はソニーに一一億ドルを出資して、この日本のコングロマリットからエンターテインメント事業を分離して、コストを削減させようとした。ローブの要求ははねつけられたものの、二〇一四年にソニー株を売り払ったとき、サード・ポイント社はこの奇襲で二〇%の利益を手にしたと報じられている。

米国のファンドだけが、日本企業の手元資金に引き寄せられたアクティビストではなかった。香港を拠点とするオアシス・マネジメントは、手元資金豊富な別の三社——任天堂、京セラ、キヤノンに改革を迫った。ファナック社を加えると、この四社は資金蓄積において日本の四大宝庫となり、合わせて二九〇億ドルを保有していた。その間に、日本で最も著名なアクティビスト村上世彰が、活動休止期間を終えてふたたび企業をターゲットにする事業に復帰した。彼は二〇〇〇年代初めに目立った活動をしていたが、二〇〇七年にインサイダー取引で有罪を宣告された。だが二〇一五年になると、村上は日本企業の内部に地位を得ることと、長女の絢とともに活動することで信用を取り戻そうとした。他の日本人アクティビストは村上よりはるかに知名度が低い。ヨーロッパのアクティビストと同様、いちごアセットマネジメントやみさき投資、あすかアセットマネジメント、タイヨウ・パシフィック・パートナーズらは、水面下で活動するほうを好んでいる。

日本における株主と取締役会の関係が進化したことが、これまでよりアクティビストをこの国に引き寄せる要因になるように思える。とは言っても、ヨーロッパと同じく、戦略書を現地の習慣に合わせて書き換えられる海外のアクティビストだけが、成功のチャンスをつかむことができるだろう。ダン・ローブの例をとれば、彼はソニーに対する攻撃的だが失敗に終わったキャンペーンから教訓を得た。一年後に日本へ戻ったローブは、日本の企業社会のなかでどう振る舞えばいいかを教えてくれるアドバイザーを高給で雇っている。彼はそのアドバイスを忠実に守り、可能な限り日本の政治家との有意義なミーティングを行った。ファナック社での成果は、その当然の結果と言えよう。

ソウル・サーチング《ソウル・サーチング》を求める投資家

海外の投資家が間違いに活動を行っているもう一つの国は韓国である。日本と同様、韓国企業もこれまで頑強に変化を拒絶してきた。とりわけ海外の投資家に変化を要求された場合は頑なになった。

それでも米国のアクティビストが成功した例は、稀とはいえ存在する。二〇〇六年にカール・アイカーンが別の米国ヘッジファンド、スティール・パートナーズと組んで、韓国唯一のたばこ製造会社、KT&Gの株式を合わせて六・六%取得したことがある。両社は当初、一〇〇億ドルの規模で敵対的買収を行おうとした。だがそれが失敗すると、KT&Gに対して、薬用ニンジン事業に投資して、もっと株主還元を増やすよう圧力をかけた。これに抵抗するKT&Gの経営陣を労働組合、それに韓国大統領まで支持した。大統領は、元国営企業が敵対的買収者に乗っ取られそうだと国民に警告した。

それでもスティール・パートナーズのウォーレン・リヒテンシュタインは、KT&Gの役員席を勝ち取った。これは高い外国人出資比率がなければ実現できなかったことだ。役員でいるあいだに、リヒテンシュタインは取締役会を説得して増配を行わせ、不動産ポートフォリオの一部を売却させた。アイカーンは一年とたたずにKT&Gの株式の大半を売却し、三三%の利益を得た。

だが日本と違って、たとえ個人株主の支持が得られそうな場合でも、韓国の体制はアクティビストに対して閉鎖的な市場を再生産し続けている。その傾向を最も明瞭に表しているのが、二〇一五年に米国のアクティビスト、ポール・シンガー率いるエリオット・マネジメントと、とりとめがないほど広い分野で事業を展開する同族経営コングロマリット（財閥《チェボル》と呼ばれる）のなかでも韓国最大のサムスン・グループとのあいだで行われた熾烈な戦いである。

その年の五月にサムスン・グループは事実上の持ち株会社である第一毛織と、韓国最大の建設会社サムスン物産の合併を発表した。ところがサムスン物産の株式七％を保有していたエリオット社は、サムスン物産の価値を七〇億ドルも過小評価していると主張して、この合併に反対する訴訟を起こした。エリオット社に言わせれば、この合併は健康のすぐれない会長の李健煕から息子で後継者である李在鎔へスムーズな権力移譲を行うために組み立てられたもので、サムスン物産の株主が損をかぶることになるという。

ソウルの裁判所に合併を妨害する試みを阻止されたエリオット社は、次に株主に議決権を行使して反対票を投じさせるキャンペーンを始めた。エリオット社には、世界最大級の年金基金であるオランダの公的年金運用部門APGやカナダ年金制度投資委員会（CPPIB）、さらに英国の資産運用会社アバディーン・アセット・マネジメントなど数多くの海外の投資家が加勢した。エリオット社のキャンペーンには、ISSやグラスルイスといった議決権行使助言会社が後ろ盾になった。

もともとエリオット社はキャンペーンによって短期的な利益を得るために動いたのだが、そこには株主の権利をめぐる戦いの意味も含まれていたため、韓国の多くの一般投資家がエリオット社を支持した。なかには、合併に反対するために株式を購入した個人投資家もいた。多くの人々がオンラインのフォーラムに参加して、キャンペーンやそれが韓国の株主の権利にもたらすものについて論議した。

株主全体を見ると、三分の一は海外の投資家、三分の一は個人投資家、残りの三分の一が一二％を保有する韓国の公的年金基金、国民年金公団などの機関投資家という色分けだった。海外の投資家はほとんどエリオット社側についたが、個人投資家については双方が味方に引き入れようと懸命な努力を行った。一般投資家は影響力をほとんどもたないので、それまで韓国では「アリ」と呼ばれていたところがこのキャンペーンでは、彼らの支持を獲得する競争が主戦場となった。

どうやらサムスンは、半世紀以上前に行われたアクティビスト・キャンペーンをきちんと研究していたようだ。ルイス・ウォルフソンがモンゴメリー・ワードの好意的な社員を説得して戸別訪問をさせ、キャンペーンを自分たちに有利に動かした例である。今回サムスンは、五〇〇人ものサムスン物産の従業員を動員し、アクティビストではなく会社側が有利になるように票集めをやらせた。オンラインのフォーラムには、従業員がスイカやウォルナッツケーキを手土産に株主を訪問して、合併を支持してくれるよう説得を行った例が山ほど紹介された。個人投資家にはメールが次々と送られ、同時に彼らに向けた広告が地元新聞の第一面に掲載された。

合併を進めるには、会社側は三分の二の賛成票が必要だった。結果はそれを少し上回る数となり、六九・五％が賛成にまわった。それでも長期的な影響は広範囲に及んだ。僅差の勝利は、かつては圧倒的な強さを誇った「チェボル」にも海外の投資家が影響力を発揮できることを証明した。同時に、個人投資家も株主の権利が脅かされたときは行動を起こすことが明らかになった。さらに、キャンペーンが国民年金公団のような国内の投資家にも、コーポレートガバナンスの基準を守るために積極的な役割を演じるよう圧力をかけたことも付け加えておくべきだろう。

アクティビストにとっては、このケースは韓国の大企業に対する影響力を得るにはいまだに大きな障害があることを示した例かもしれないが、かつては崇敬の対象だった「チェボル」に対する幻滅が広がっている気配もはっきり感じ取れた。大胆不敵なアクティビストなら、そこを突く誘惑に駆られるかもしれない。

日本や韓国のようなアジア諸国内で進行している改革は、取締役会の席を狙うアクティビストにはそれほど魅力的なものではないかもしれない。それでも、こうした国々はいずれバランスシート・アクティビズムの洗礼を受ける機会が増すだろう。敵対的投資家が企業の貯め込んだ現金を狙い、増配や自社株買い、企業買収などでその現金を株主に再分配させようとするはずだ。

アジア企業の手元資金の誘惑、政府も個人投資家も企業に対して以前ほど敬意を払わなくなった社会状況、外国人株主の増加などを考えると、アジアがアクティビズムの新たなフロンティアになろうとしているようにも思える。

第12章　期待の重荷

誰が見ても、ここ五年ほどはアクティビスト・ヘッジファンドが光り輝く時代だった。その短い期間に、彼らは市場の外野に位置する投資家から、世界でも最大級のM&Aの原動力となる存在へと変身した。有力な経営者をその地位から引きずり下ろしたりしながらも、その声価は急上昇した。カール・アイカーンやネルソン・ペルツ、ビル・アックマンといった、かつては扇動家とか挑発者といって切り捨てられていたアクティビストが、いまやウォーレン・バフェットら崇拝される投資家と同列になぞらえられたりする。

調査専門会社HFRによれば、彼らが委託されて運用する資金は二〇一〇年には総額で四七〇億ドル足らずだったのが、二〇一五年には一三〇〇億ドルと三倍近くになっている。積み上げた資金量が大きければ大きいほど、アクティビストがターゲットにした企業に行使する力は大きくなる。本書を通して見てきたように、以前なら取締役会に近づくためだけでも激しい戦いをしなければならなかったのに、いまでは抵抗も弱まり、役員室の扉には入り込める隙間ができている。

だがこうした勝利は、今後も成功し続けるだろうという期待の重荷をアクティビストに背負わせてもいる。また、良い時代はいつまでも続かないことを伝える兆候もいくつか見られる。

まず、彼らの大きな投資利益を考えてみよう。過去五年、アクティビストはヘッジファンドの各事業分野で最高とも言える業績を上げてきた。それが、これほど大量の資金を引き寄せることができたおもな理由の一つだった。だが、そうした大きな利益は、これまでアクティビストに好意的だった市場状況を変えてしまう原因にもなる。市況の変化はあっという間に起きる。

たとえば二〇一五年は、ヘッジファンド全体の業績も低かったが、特にアクティビスト・ファンドには悪い年になった。HFRの調べでは、アクティビストの利益はわずか〇・二四%で、とりわけいくつかの有名ファンドの数字は低かった。パーシング・スクエア・キャピタル・マネジメントのファンドは二〇一四年には四〇%近い利益があったのに、ファンドの一つは二〇一五年になると二〇%というここ一一年間で最悪のロスを記録した。この業績不振は二〇一六年まで続き、HFRのアクティビスト指数では第1四半期はマイナスの利益になっており、業績もさらに悪化した。ファンドマネジャーたちはこの数字をその年限りの一過性のものとして、将来利益はもっと増えると投資家に信じ込ませようとしているが、最近資金元に加わった者のなかには心配で手を引いてしまった者もいるかもしれない。

こうした事実がアクティビストの弱点の一つを浮き彫りにする。ファンドの業績が株式市場と連動しているように見えることだ。近年アクティビスト・ファンドが大きな利益を得た期間は、特に米国においては、株式市場の値上がりの期間と一致する。本来ヘッジファンドは従来の株式市場や債券市場とは連動しない利益を提供して、投資家のポートフォリオを多様化するものとされていた。ところがアクティビズムは、他のヘッジファンドの戦略より、公開会社の資産と密接に結びついている。今後もう一度、株式市場で反落が起き、株価が全面的に急落したら、アクティビスト・ファンドもともに損害を出すことが大いに考えられる。そうしたファンドの投資家はパニックを起こし、資金を引き揚げようとするかもしれない。新規のファンドや小規模ファンドには特に大きな痛手となり、解散するところも少なくないだろう。

これには前例がある。二〇〇〇年代中盤のアクティビスト投資の最初の波は、世界金融危機の岩にあえなく砕けた。二〇〇八年はほとんどのアクティビスト・ファンドにとって恐るべき年となり、多くが生き残れなかった。HFRの指数では、二〇〇八年のアクティビスト・ファンドの利益はマイナス四〇・一％で、その間に投資家がファンドから引き揚げた資金は四三億ドルに上った。二〇〇九年にはファンドも立ち直り、三〇％の利益を生み出したが、それでも投資家の引き揚げた資金は一二三億ドルに達した。二〇〇八年から一〇年間は、多くのファンドの指数が六五から四八に下落した。新規、または小規模のファンドが疲弊し始めた証しははっきり表れている。二〇一六年二月、創業一〇年で一三億ドルを運用していたヘッジファンド、オレンジ・キャピタルは、主力ファンドが二〇一五年一一月までに手数料を引いてマイナス七・四％の利益しか生み出せず、廃業を宣言した。

アクティビストが近年もっていて、近いうちに失われるであろう強みは、低金利の融資を活用できる点である。世界金融危機以来、各国政府は超低金利政策を維持してきたが、それはとりもなおさず安く金を借りられるという意味である。アクティビストはそこから直接的、間接的利益を得ていた。企業の株式を大量に購入するための資金を借りることが可能になった。また、投資先企業に、金を借りるかあるいはすでにふくれ上がったバランスシートを利用して自社株買いや増配のかたちでもっと多額の株主還元をするように要求することもできる。アクティビストがそうした要求（正確にはバランスシート・アクティビズムと呼ばれる）をするのは、目先の利益しか考えていないと批判されたときが最も多い。だが、米国の連邦準備制度理事会（FRB）のような各国の中央銀行は次第に金利を引き上げており、そうした戦略も成功させるのが困難になりつつある。

ここ何年かでアクティビストに都合のよい、低金利と関連のあるもう一つの傾向が、M&Aブームである。二〇一五年には世界で総額五兆ドルを少し超える買収が行われた。二〇一四年より三七％も増えており、調査会社ディールロジックが一九八〇年にデータをとり始めて以来、最も高い年間取引高である。

アクティビスト・キャンペーンの多くはM&A取引と密接につながっており、形態としてはアクティビスト側が企業にライバル会社を買収するよう圧力をかけるか、企業自体をライバル会社に売却せよと迫るか、すでに進行している買収交渉を頓挫させるかの三つがある。金利が上がれば、資金を手に入れるのにかかる費用も上がるので、M&Aの規模も縮小されがちである。そうなれば当然、アクティビストの活躍の場も減ることになる。

金融上、あるいは経済的理由はさておき、アクティビストがこれまでの勝利の代償として耐えなければならない苦難は、企業の取締役会と大株主の力関係のなかで果たしてきた役割が変化していることに関連がある。

アクティビストは、企業と株主間のコミュニケーションの欠如をうまく利用して影響力を増していくことができた。彼らは特に、株主が経営方針に口を出すのを嫌っていると思われる取締役会や経営陣をターゲットにした。アクティビストがそうした企業に委任状争奪戦を仕掛けると、他の株主も凝り固まった取締役会をほぐすためにアクティビスト側を支持することが多かった。

だが、アクティビストの攻撃を受けたときに、狙われやすい弱点を減らす方策を探していた経営者たちは、次第に機関投資家の機嫌をとるようになった。つい数年前には、投資信託や年金基金のマネジャーたちは、定時株主総会の準備段階で企業の幹部からわずか五分の電話をもらうだけでも幸運だったのに、いまではCEOや取締役が一年を通して、大株主と定期的に話し合う機会を設けている。経営陣と主要株主に強いつながりができたことで、アクティビストに利用されやすい弱点が取り除かれ、他の株主へのアクティビストの訴求力も弱まらせた。

こうした趨勢が、取締役会と株主のあいだの不協和音を利用し、株主還元という短期的措置の要求で繁栄してきたアクティビストが成功しにくい世界を創り出した。今後はそれに代わって自主的な改革を行う企業を手助けし、株主全体の利益のために行動することに強みをもつアクティビストがはるかに優位な立場になるはずだ。

その後どうなったか？

本書に列挙したキャンペーンで主要な役割を果たした人物と企業のその後を、ここで見ておこう。

【ビル・アックマン】

バリアント・ファーマシューティカルズ・インターナショナルのマイケル・ピアソンとの関係は、アラガン社を買収しようとした当初の目論見で頓挫したが、両者はその後も密接に協働を続け、パーシング・スクエア・キャピタル・マネジメントはバリアント社の主要株主となった。だが、両者の関係は次第に緊張をはらむようになり、製薬業界に深刻な問題が生じた二〇一五年にはピークに達した。アックマンは状況がさらに悪化した二〇一六年春に、バリアント社の取締役に就任した。

【アラガン】

アクタビス社に買収されたあと、新会社はアラガンPLCと改名されて、アラガン社のもともとの拠点であったアイルランドに本社を移転した。それからわずか数カ月後に、アラガン社はファイザー社による総額一六〇〇億ドルの買収に同意した。これは製薬業界では過去最大、史上三番目の大型買収になるはずだった。ところが二〇一六年春、米財務省が租税地変換に対して厳しい姿勢をとるようになったために、この合併は撤回された。

【アライアンス・トラスト】

ダンディーに本社を置くこの投資運用会社は、二〇一五年末に一億三〇〇〇万ドルの自社株買いを行うと発表した。これによって、ディスカウント率は一二％から八％に縮小されることになった。同時に、運用実績にも向上が見られた。経営陣の刷新が功を奏したと考えられる。

【スティーブ・バルマー】

マイクロソフトのCEOを退任する数週間前、バルマーは個人的にバスケットボール・チーム、LAクリッパーズ買収のために二〇億ドルのオファーを出した。二〇一四年八月、正式にオーナーに就任したのはマイクロソフトの役員を退く一週間前だった。

【ダーデン・レストランツ】

新しい取締役会と経営陣は、かねて作成されたプランに従い、オリーブガーデンなどチェーン店の業績回復に取りかかった。二〇一五年を通した売り上げは、一部にはファストフードのライバル、チポトレ・メキシカン・グリルの食中毒問題の追い風もあって、予想以上の成長を示した。

【デュポン】

二〇一五年末に向けて、新CEOのエドワード・ブリーンは、アクティビストのダン・ローブが狙っていたライバル会社ダウ・ケミカルの買収に同意した。総額一三〇〇億ドルの買収によって生まれた新会社は三分割されるように計画されていたが、それに伴いデュポン社の拠点であるデラウェア州では大規模な人員削減が行われる。

【エリオット・マネジメント】

この米ヘッジファンドの英国の子会社は、資産運用会社アライアンス・トラストにおける持ち株比率を一五％まで増やし、ディスカウント率に目を光らせ続けた。その一方で、創業者ポール・シンガーの後継者として、ジョン・ポロックを共同CEOに指名するプランに着手した。

【キャサリン・ガレット＝コックス】

アライアンス・トラストの前CEOである彼女は降格人事を受け入れ、同社の資金運用部門の長となった。だが、二〇一六年三月、ビジネスウーマン・アワード受賞後一〇カ月でアライアンス社を退社した。

【ヒューレット・パッカード（HP）】

二〇一五年末、このパソコンのパイオニアは二つの会社に分割された。一方は企業向けハードウェアとサービスに、もう一方はコンピューターとプリンターに特化することになった。この分割に伴い、両社を合わせた総従業員数の一〇％にあたる、三万の人員削減が予定されている。

【カール・アイカーン】

齢《よわい》八〇代を迎えてもこの著名なアクティビストの勢いは衰えを見せず、AIG、イーベイ、ファミリー・ダラー、ゼロックス、シェニエール・エナジー、ペップ・ボーイズなどに対して旺盛にキャンペーンを仕掛けている。また、ドナルド・トランプの大統領選挙戦を熱心に支持、トランプは財務長官候補としてアイカーンの名に言及している（訳注：二〇一七年に発足したトランプ政権でアイカーンは（財務長官ではなく）規制改革担当の特別顧問に就任したが、同年辞任した）。

【ジャナ・パートナーズ】

ジャナ社は二〇一五年四月、自社が決定権をもつウォルグリーンズ・ブーツ・アライアンスの役員の一人に、USフーズの社長兼CEOで、二〇一〇年にウォルグリーンズ社が買収したニューヨークの薬局チェーン、デュエイン・リードの元会長兼CEOのジョン・レデラーを指名した。

【エレン・クルマン】

フォーチュン誌の世界で最も影響力のある女性ランキングの常連だったクルマンは、二〇一五年一〇月にデュポン社CEOを退任、取締役会からも退いた。その後も、ユナイテッド・テクノロジーズの役員には留まった。

【ダン・ローブ】

ヤフーの役員辞任後は同社と距離を置いた。サード・ポイント社は主要な投資先をダウ・ケミカル社などに変え、さらに日本市場への影響力強化にも注力している。

【マリッサ・メイヤー】

一連のテクノロジー企業買収ではヤフーの運命を好転させることができず、二〇一六年は投資家の厳しい視線にさらされながらのスタートとなった。ヤフーは中核事業を売却する計画を立てており、CEOとしてのメイヤーの立場はとうてい盤石とは言えない（訳注：ヤフーは二〇一七年にベライゾン・コミュニケーションズに買収され、買収完了とともにメイヤーも退任した）。

【マイクロソフト】

力強い業績と、大成功を収めたＷｉｎｄｏｗｓ10の発売によって、二〇一五年の株価は二〇％前後上昇した。Ｗｉｎｄｏｗｓ10は、最初の半年で一億一〇〇〇万のデバイスにダウンロードされた。

【メイソン・モーフィット】

バリアント社の会計処理に対する厳しい批判記事が出たあと、同社は火消しに大わらわとなり、二〇一五年一〇月に、退任して一年余りのモーフィットを取締役会に呼び戻した。だが、モーフィットが作成に手を貸した、インセンティブの多い経営幹部の報酬体系が一部の非難を浴び、マイケル・ピアソンは大きなリスクを背負うことになった。

【サティア・ナデラ】

ＣＥＯ就任から半年もたたずに、女性は報酬の増額を要求すべきかどうかという会議でのナデラの発言がオンラインで流れ、論議を呼び起こした。のちに彼はその発言を謝罪した。とはいえ、彼のマイクロソフトでの経営はほぼどの方面からも賞賛された。

【クラレンス・オーティス】

ダーデン・レストランツのＣＥＯ兼会長を退任したあと、引き続きいくつかの企業や非営利団体で役員や理事を務めた。そうした組織には、ベライゾン・コミュニケーションズや少年・少女クラブ全国理事会が含まれる。彼はまた、栄養食品会社ヘルシー・ダイニングの役員でもある。

【マイケル・ピアソン】

バリアント社のＣＥＯは、自分が創業した会社が一部の医薬品の高価格を政界から糾弾され、同時に不正な会計処理も非難を浴びた多難な二〇一五年をなんとか乗り切った。ただし、株価は急落した。

その年ピアソンは入院し、重症肺炎を患って治療休暇をとるはめになった。二〇一六年春に復帰したが、それは投資家としてバリアント株を相次いで投げ売りしたあとすぐに引退を発表するためだった。

【ネルソン・ペルツ】

エレン・クルマンがデュポン社CEOを退任したのち、ペルツは初めてクルマン以外のデュポン社経営陣と会った。トライアン・ファンド・マネジメントは持ち株を増やし、さらに一二〇万株を購入した。エドワード・ブリーンをCEOに就任させるデュポン社の決定は、ペルツをなだめるための動きかと思われたが、ブリーンはコスト削減やダウ・ケミカル社との合併などを次々と進めた。

【パーシング・スクエア・キャピタル・マネジメント】

アラガン社買収に失敗したパーシング社は、バリアント社のキャンペーンに資金を投入した。当初株価は上昇し、抜け目ない戦略に見えた。しかし一連の疑惑が株価の暴落を招き、バリアント社が打撃を受けたため、二〇一五年はパーシング社のファンドの一つが二〇％目減りする最悪の年になった。

【ステファノ・ペッシーナ】

ペッシーナはウォルグリーンズ・ブーツ・アライアンス社の常勤CEOに就任すると積極的に株を買い続け、二〇一五年一〇月、ライバル会社のライト・エイドを九四億ドルで買収した。ところが、その買収は反トラスト法に抵触する可能性があると見た米国当局が綿密な調査に乗り出した。ペッシーナは今後も買収を続けると述べている。

【デビッド・パイオット】

アラガン社が買収されて失職すると、パイオットはゴールデンパラシュートと呼ばれる最高額に近い退職金を受け取り、様々な役員活動に自分のほとんどの時間を費やすようになった。母校であるロンドン・ビジネススクールに五三〇万ポンドを寄付し、今後はアフリカに眼科病院を設立し、本を執筆する予定である。

【リレーショナル・インベスターズ】

このヘッジファンドは持ち株を売り、利益を株主に還元し続けているが、二人の創業者、ラルフ・ホイットワースとデビッド・バチェルダーは日々の業務から距離を置いた。

【バリー・ローゼンスタイン】

二〇一五年春、ジャナ・パートナーズが半導体メーカーのクアルコム社に対し、それまでで最大の額となる二〇億ドルを投資したとき、ローゼンスタインはウォルグリーンズ社を引き合いに出し、クアルコム社を、進むべき道を見失った象徴的ブランドだと語った。ところが、クアルコム社はジャナ社からの投資を受けたあとも混迷を続け、その後半年で、株価は二五％以上下落した。

【ジェフリー・スミス】

ヤフーにアジア関連資産のスピンオフ計画を再考させたあとも、二〇一六年一月には同社に対するキャンペーンを一段と強めた。取締役会に手紙を出して経営陣の変更を求め、中核であるインターネットビジネスを売却またはスピンオフするよう圧力をかけた。二〇一六年の初め、スターボード・バリューは、ダーデン社の株式を五％強に減らす計画を立てていると発表した。

【スターボード・バリュー】

ダーデン社に資産ポートフォリオを売却するよう圧力をかけたあと、小売業のメイシーズにも同じことをさせようとした。だが、ダーデン社と同様、メイシーズの取締役会は、二一〇億ドル相当の不動産をスピンオフする提案を拒否した。

【サード・ポイント】

二〇一一年に初めてヤフー株を購入した際に反トラスト法にもとづく報告を怠った件については、二〇一五年八月に米国連邦取引委員会と和解した。その間、サード・ポイント社はターゲットとなる企業を日本で探し続けた。

【トライアン・ファンド・マネジメント】

ウォール・ストリート・ジャーナル紙の記事によると、トライアン社はデュポン社とダウ・ケミカル社の合併決定において重要な役割を担ったという。最終的に、この二社をどのように三分割するかについて情報を提供したのは、トライアン社だった。

【バリアント・ファーマシューティカルズ・インターナショナル】

不成功に終わったものの、アラガン社買収キャンペーンが知れ渡ると、バリアント社は注目され、株価は急騰した。支援者が増えたこともあり、バリアント社は、アラガン社が約一一〇億ドルで買収しようとしていた薬品メーカーのサリックスを買収した。ところがその後、同社の会計処理を疑問視した空売り投資家の標的となると同時に、特定の薬品の薬価設定の件で連邦政府から召喚状を送られる事態となった。その結果、株価は暴落した。

【バリューアクト・キャピタル】

バリューアクト社はバリアント社の主要な投資元であり、この製薬会社に降りかかった災難のあおりを受けて業績が悪化したアクティビストの一つになった。運用資産のバランスを回復させるために、成績好調だったマイクロソフト株の四分の一を売却しなければならなかった。このサンフランシスコを拠点とする投資会社は、二〇一六年初めにロンドン証券取引所のＦＴＳＥ株価指数の対象となる銘柄の一つ、ロールス・ロイス社取締役会に席を得ている。

【ウォルグリーンズ・ブーツ・アライアンス】

ライト・エイド社買収が独占状態をつくりかねないという連邦取引委員会の懸念を払拭するために、ウォルグリーンズ社は米国のいくつかの地域で閉店すべき店舗のリストを作成した。その数は数百にも上ったが、それだけ削減したあとも、合併後の新会社は一万を超す直販店を抱えている。

【グレゴリー・ワッソン】

クラレンス・オーティスと同じく、ワッソンもＣＥＯ経験者としてベライゾン社の役員に就任した。二〇一四年末にウォルグリーンズ社を退いたワッソンは、二〇一五年後半にＰＮＣフィナンシャル・サービシズ・グループの役員になった。

【メグ・ホイットマン】

史上最大の巨大テクノロジー企業の分裂をヒューレット・パッカードで目のあたりにしたホイットマンは、自分がＣＥＯとして指揮をとる、企業サービスに特化したヒューレット・パッカード・エンタープライズを、進化するクラウド・コンピューティングの世界で競い合える存在にすることに専念した。

【ラルフ・ホイットワース】

病気療養のためにヒューレット・パッカードの会長やリレーショナル・インベスターズのほかの仕事から退いたのち、妻とともに癌研究のための慈善団体「免疫療法財団」を設立した。

【ヤフー】

不振にあえぐ中核のインターネット関連事業と、価値の上がったアジア関連資産をどのように分離させるかを検討しており、先行きは不透明である。そのうえ残念なことに、安定勢力だったベテラン取締役陣は退任、CEOのマリッサ・メイヤーに対する投資家の信頼は過去最低の水準を示し、収益も減少し続けている（訳注：マリッサ・メイヤーの項の注記を参照）。

参考文献

以下の記事や書籍のおかげで、私は本書の構成要素の背景情報と、（別途明記されている場合は）その一次資料を手に入れることができた。

'An investor calls', *The Economist*, 7 February 2015　米国企業の取締役会におけるアクティビストの影響力の増大に関する詳細な分析。彼らのターゲットになった企業の業績のデータも含まれている。

'Nelson Peltz tight-lipped on DuPont' CNBC (http://video.cnbc.com/gallery/?video=3000183711), 27 July 2013　ネルソン・ペルツへのインタビュー。このなかでトライアン・ファンド・マネジメントのCEOは、デュポン社の株式購入の噂を否定しなかった。

David Benoit, 'Dow, DuPont deal cements activists' rise', *The Wall Street Journal*, 11 December 2015　デュポン社とダウ・ケミカル社のM&Aならびに予定された分割へのネルソン・ペルツとトライアン・パートナーズの影響力の大きさに関する記事。

David Benoit and Kirsten Grind, 'Activist investors' secret ally:big mutual funds', *The Wall Street Journal*, 9 August 2015　増加しているアクティビストとミューチュアルファンド・マネジャーの提携に関する記事。

David Benoit and Liz Hoffman, 'Ackman – Valeant alliance proved unwieldy', *The Wall Street Journal*, 19 November2014　バリアント社とパーシングによるアラガン社買収キャンペーンの最中、しばしば見られたビル・アックマンとマイケル・ピアソンの緊張関係を分析した記事。

David Benoit and Matt Jarzemsky, 'Darden bondholders protest plan to spin off real estate', *The Wall Street Journal*, 22 July2015　ダーデン・レストランツが不動産資産の分離を進めようとした際に生じた一部株主の反発の詳細を紹介した記事。

Andrew Bounds, 'Alliance Trust boss Katherine Garrett-Cox wins VeuveClicquot award', *Financial Times*, 12 May 2015　二〇一五年度英国ビジネスウーマン・オブ・ザ・イヤーを受賞した直後のキャサリン・ガレット＝コックスへのインタビュー。だが、そのわずか数カ月後に、彼女は退任することになる。

Jacob Bunge, 'DuPont's swing voter: the small investor', *The Wall Street Journal*, 6 May 2015　デュポン社とトライアン社双方が行った個人投資家の懐柔努力に関する記事。

Jacob Bunge and David Benoit, 'For DuPont's CEO, highstakes vote looms', *The Wall Street Journal*, 13 April 2015　エレン・クルマンへのインタビュー。ここで彼女は、トライアン社が短期的目標を推し進めるために、デュポン社内部で「シャドーマネジメント体制」を築こうとしたと主張した。

Nicholas Carlson, *Marissa Mayer and the Fight to Save Yahoo!*（Twelve, 2015）　マリッサ・メイヤーがヤフーのCEOになるまでと、就任後数年の活動を時系列で追った書籍。

William Cohan, 'Starboard Value's Jeff Smith: The investor CEOs fear most', *Fortune*, 3 December 2014　ダーデン・レストランツ取締役会の席を独占し、みずからも役員に就任したスターボード・バリュー社のジェフリー・スミスのプロフィール。

Nadia Damouniand and Mike Stone, 'Fidelity moves to end DuPont proxy battle – sources', *Reuters*, 30 March 2015　ミューチュアルファンドのフィデリティ投信がトライアン社とデュポン社の双方に休戦するよう圧力をかけたことを報じた記事。その後、ネルソン・ペルツはただちに交渉をスタートした。

Anupreeta Das, 'Activist investor sends ripples to make waves', *The Wall Street Journal*, 7 October 2012　バリー・ローゼンスタインのプロフィール。ヨガやサーフィン、ブルース・スプリングスティーンへの関心についても触れている。

Steven Davidoff, *Gods at War: Shotgun Takeovers, Governmentby Deal and The Private Equity Implosion*（Wiley, 2009）　買収に関するニューヨーク・タイムズ紙の記事「ディール・プロフェッサー」をもとにした書籍。アクティビストの興隆を促した状況について語られる章が含まれている。

Stephen Gandel, 'Nelson Peltz woos DuPont shareholders with criticism and carrot cake', *Fortune*, 22 April 2015　デュポン社の議決権行使の準備段階で行われたトライアン社の株主集会の詳細に関する記事。

Jay Greene, 'ValueAct pressure may have played role in Ballmerleaving', *The Seattle Times*, 23 August 2013　スティーブ・バルマーとジョン・トンプソンへのインタビューを含む、バルマー退社に果たしたバリューアクト社の役割を推測した記事。

Ed Hammond, 'Walgreens urged to leave US to gain tax benefit', *Financial Times*, 13 April 2014　ヘッジファンドのグループとウォルグリーンズ社の経営陣の会合を報じた記事。この場で、投資家たちはアライアンス・ブーツ社の租税地変換を働きかけた。

Eyk Henning, 'Activists hit block on German boards', *The WallStreet Journal*, 26 October 2015　ドイツ企業の取締役会の構造が、アクティビストのターゲットになりにくい理由を掘り下げた記事。

Jonathan Laing, 'How Nelson Peltz gets results', *Barron's*, 4 July 2015　トライアン・パートナーズのネルソン・ペルツとピーター・メイ、エド・ガーデンのプロフィール。

Dana Mattioli, 'Activist pushes for split of Darden Restaurants', *The Wall Street Journal*, 9 October 2013　バーリントン・キャピタル・パートナーズがダーデン・レストランツを二つの別会社に分割するよう要求した事実を最初に明らかにした記事。

Vipal Monga, David Benoit and Theo Francis, 'As activism rises, US firms spend more on buybacks than factories', *The Wall Street Journal*, 26 May 2015　資本投下と資本収益率を比較するデータなどを用い、アクティビストが企業の資本管理に与えた影響を査定した記事。

Ronald Orol, *Extreme Value Hedging: How Activist Hedge Fund Managers Are Taking on the World* (Wiley, 2009)　アクティビスト・ヘッジファンドの出現から世界金融危機直後までを概観した書籍。

Patricia Sellers, 'Carol Bartz exclusive: Yahoo "f-ed me over"', *Fortune*, 8 September 2011　解任直後にフォーチュン誌がキャロル・バーツに行ったインタビュー。ここで彼女は元同僚であるヤフーの取締役たちを「まぬけぞろい」と呼んだ。

Michael Siconoffi, 'Walgreen shakeup followed bad projection', *The Wall Street Journal*, 19 August 2014　ウォルグリーンズ社のCFOと薬品部門の責任者の退任は、重大な予測ミスの咎を受けたものと断定した記事。

Lawrence Strauss, 'Jana Partners' Rosenstein', *Barron's*, 17 May 2014　バリー・ローゼンスタインへのインタビュー。ジャナ・パートナーズの経営幹部の一人が語った「カール・アイカーンがハンマーを持って乗り込んできても、バリーはビロードの手袋をはめて応じるだろう」という言葉が引用されている。

Kara Swisher, 'Ready to rumble or make nice? Activist shareholder Daniel Loeb could strike sooner than Yahoo thinks', *All Things Digital*, 9 February 2012　委任状争奪戦を仕掛ける前に、ダン・ローブがヤフーを調査し、連携を行おうとした経緯を報じた記事。

Kara Swisher, 'Not so Scott free? Yahoo's other big shareholder – Cap Re – leaning toward supporting Loeb over Thompson ResuMess', *All Things Digital*, 10 May 2012　ヤフーに対するキャンペーンを仕掛けたサード・ポイント社をキャピタル・リサーチ社が支持したことを報じる記事。

Ashlee Vance, 'Oracle chief faults HP board for forcing Hurd out', *The New York Times*, 9 August 2010　ラリー・エリソンがニューヨーク・タイムズ紙にメールを送り、ヒューレット・パッカード取締役会がマーク・ハードを退任に追い込んだのを非難したことを報じた記事。
Jen Wieczner, 'The leader of Europe's activist invasion,' *Fortune*, 1 September 2015　スウェーデンの投資会社セビアン・キャピタルのクリスター・ガーデルが、アクティビズムへのアプローチと、スウェーデンであまり人目につかずに行われたキャンペーンについて語ったインタビュー。

本書で利用したアクティビストの最新動向を示す統計値と数多くのデータは、以下のウェブサイトが提供してくれたものである。

Activist Insight（www.activistinsight.com）
Activist Shorts（www.activistshorts.com）
FactSet（www.factset.com）
Dealogic（www.dealogic.com）
HFR（www.hedgefundresearch.com）

［著者紹介］

オーウェン・ウォーカー（Owen Walker）

米国、英国およびヨーロッパ大陸においてビジネスと投資関連の問題を取材してきた、受賞歴のあるジャーナリスト。フィナンシャル・タイムズ紙のロンドン特別報道班で編集者として働いている。それ以前はフィナンシャル・タイムズの米国の企業経営幹部向けの専門出版社であるアジェンダの編集長を務めていた。

［訳者紹介］

染田屋 茂（Shigeru Sometaya）

1950年東京生まれ。東北大学文学部卒業。 1974年から86年まで早川書房編集部に在籍。その後、ミステリーを中心とした英米小説・ノンフィクションの翻訳に従事する。主な訳書『極大射程』スティーヴン・ハンター、『「移動」の未来』エドワード・ヒュームズ、『DEEP THINKING　人工知能の思考を読む』ガルリ・カスパロフほか。

［翻訳協力］

繁松緑　増谷史子　西崎さとみ　中沢理恵子　石橋倫　山田眞紀子

アクティビスト
取締役会の野蛮な侵入者

2021年1月6日　1版1刷

著　者　　オーウェン・ウォーカー
訳　者　　染田屋 茂
発行者　　白石 賢
発　行　　日経BP
　　　　　日本経済新聞出版本部
発　売　　日経BPマーケティング
　　　　　〒105-8308　東京都港区虎ノ門4-3-12
ブックデザイン　水戸部 功
DTP　　キャップス
印刷・製本　凸版印刷

ISBN978-4-532-32163-5

本書籍に関するお問い合わせ、ご連絡は下記にて承ります。

https://nkpb.jp/booksQA
Printed in Japan